근대 일본의 전쟁과 전쟁영웅

야마무로 겐토쿠(山室建德)
이형식
후쿠마 도시아키(福間良明)
정 형
이권희
김정희
이규수

근대 일본의 전쟁과 전쟁영웅

2014년 2월 20일 초판 인쇄
2014년 2월 25일 초판 발행

엮은곳 _ 단국대학교 동양학연구원
펴낸이 _ 장호성
기 획 _ 이재석
제 작 _ 김남필
편 집 _ 성두현 · 박보혜
펴낸곳 _ 단국대학교출판부
등 록 _ 1968.2.27 : No. 제03-00095호
주 소 _ 경기도 용인시 수지구 죽전로 152
전 화 _ 031-8005-2405
팩 스 _ 031-8021-7154

값 20,000원

ISBN 978-89-7092-518-9 93910

* 이 저서는 2013학년도 단국대학교 교비 지원으로 출판되었다.

동양학연구총서 ⑧

근대 일본의 전쟁과 전쟁영웅

단국대학교 동양학연구원 편

단국대학교출판부

간행사

동양학연구원은 아시아권 문화에 관한 통합적 연구 개념의 정립과 전문 연구인력의 양성과 아시아학을 토대로 한 국제적 연구 주체의 창출을 통한 아시아학의 대중화 · 세계화를 목표로, 확대되어가는 CT(Culture Technology) 분야의 기본 컨텐츠 제공을 통한 인문학 연구와 학제 간 융합연구를 지향하고 있는 단국대학교의 대표적 교책연구원이다. 단국대학교는 지난 2007년 개교 60주년을 맞이하여 향후 10년간의 수행목표를 제시한 발전계획 「A+비전 2017」을 공표하고, 이를 통해 특성화 학문분야의 선정 및 이에 대한 집중적인 지원계획을 확정한 바 있다. 그 중에서 동양학 분야를 특성화 지속추진 분야로 선정하였고, 연구의 외연과 경쟁력을 높이기 위해 현재 연구원 자체적으로 연구1, 2팀을 구성하여 동아시아의 역사와 문화 전반에 걸친 심층적이면서도 심도 있는 연구를 수행하고 있다.

연구2팀은 '동아시아 3국의 전쟁과 전쟁영웅연구'라는 대주제 하에 정형 교수(일어일문학과)를 연구책임자로 향후 5년간의 계획으로 일본학 분야의 연구를 진행하고 있다. 연구2팀의 연구는 최근 한중일 3국을 중심으로 하는 동북아지역연구 성과에 대한 비판적 성찰을 바탕으로 초광역적 문화공동체 창출이라는 초국가적 현상에 대한 올바른 이론의 구축이 절실해짐에 따라 동아시아, 특히 일본의 편협한 내셔널리즘의 근원에 대한 분석을 전쟁과 전쟁영웅을 중심으로 접근함으로써 개별적·특수적 문화구조에서 오는 분단성을 극복하고, 이를 바탕으로 공동체적 문화의 창출과 새로운 역사인식의 구축이라는 문제의식에서 출발하였다. 학문적으로는 동아시아 3국의 사회, 역사, 문화 등에 대한 심층적 이해를 중심으로 일본의 국가적 애착 및 민족적 자긍심을 강조하는 사회통합의 방법으로서 이용되어 온 근대 일본의 전쟁과 전쟁영웅, 나아가 전쟁책임에 관한 언설이 다양한 영역의 담론의 장을 통해 어떻게 창출되고 변용되어 왔는지를 규명함을 목표로 한다. 현대사회는 외적 환경이 유사해짐으로서 나타나는 사상과 이념의 수렴현상 속에서, 통합의 주체로 자리매김 하기 위한 공동체적 가치의 창출과 확산이 그 어느 때보다 중요시되고 있음에 주목했기 때문이다.

또한 본 연구는 한중일 동아시아 3국의 '피해자와 가해자'라는 인식론적 구도에서 비롯되는 종래의 연구시점과는 달리, 한국사회에 뿌리를 둔 주체적 연구와 더불어 국제적으로 통용되는 객관적이며 보편적인 연구방법론을 추구한다. 이는 종래의 타국에 대한 경계론적 시각, 혹은 이국적인 취미에 의한 정보의 취득이라는 '지(知)'의 차원을 넘어, 보편적 인류로서의 동아시아 3국 사회와 문화에 대한 '이해와 배움'이라는 인식론적 지평의 확대를 의미하는 것이기도 하다.

이 책은 연구2팀의 2012년도 연구 주제인 '근대 일본의 전쟁과 전쟁연구'에 대한 연구 성과물을 중심으로 엮은 것으로, 정형, 이규수, 이권희, 이형식, 김정희 교수의 연구 논문 5편과, 2013년 2월 동양학연구원에서 개최한 학술심포지엄에 초청되어 귀중한 연구발표를 해주신 리쓰메이칸(立命館)대학의 후쿠마 요시아키(福間良明) 교수, 데이쿄(帝京)대학의 야마무로 겐토쿠(山室建德) 교수의 옥고를 더한 총 7편의 연구논문으로 구성되어 있다.

구체적으로는 일본 내에서의 군신(軍神) 창출의 과정은 물론이거니와, 군신으로 추앙된 조선인 특공대원을 소재로 제국일본이 팽창해가는 과정에서 어떻게 군신을 창출해냈고, 군신 창출 과정에서 식민지의 지식인과 문화인이 어떻게 동원되었는지, 또한 창출된 군신상이 어떻게 변용되었는지, 식민지출신 군신(전쟁영웅)을 전쟁동원에 어떻게 이용하고 이미지화시켜 나갔는가를 매스 미디어의 분석을 통해 밝히고자 한 야마무로와 이형식의 연구, 국가적 애착 및 민족적 자긍심을 강조하기 위해 다시금 주목받고 있는 중세의 전쟁영웅 구스노키 마사시게가 근대 국민국가를 창출해 가는 논리 속에서 통합의 기재로써 어떻게 이용되었는지를 근대기를 대표하는 역사학자 미카미 산지의 역사관과 교육관 속에서 고찰하고 있는 김정희의 연구, 일본의 전쟁과 전쟁영웅이 황도(皇道)이데올로기를 바탕으로 하는 국가주의·군국주의 교육사상을 최고의 가치로 삼았던 근대 일본의 공교육의 장을 통해 어떻게 창출되고 변용되어 왔는지, 또한 1894년의 청일전쟁, 1904년의 러일전쟁 등의 전쟁을 수행함에 있어 국민의 사상과 총력을 한데로 집약시키기 위해 구축된 다양한 국체 이데올로기 형성에 주도적 역할을 담당했던 공교육의 실태에 대헤 그 구체적 예를 창가(唱歌) 교육을 중심으로 살펴 본 정형, 이권희의 연구, 전후 일본사회의 전쟁책임과 전후배상을 둘러싼 '과거극복'의 문제를 재조명한 후쿠마와 이규수의 연구 등, 과거의 분열과 갈등해결을 위한 기제로서의 공동체적 전쟁영웅이 일본사회의 통합에 어떻게 자리매김 되어 왔는가에 대한 심층적 분석을 통해 '우리'라는 집단적 아이덴티티의 형성과, 우리와 다른 타자를 구별하는 국가적 애착 및 민족적 자긍심을 강조하는 일본사회의 통합의 논리를 규명하고 있다고 감히 자평한다.

끝으로 본 연구를 진행함에 있어 물심양면으로 지원을 아끼지 않으신 단국대학교 장호성 총장님께 깊은 감사의 말씀을 드리며, 어려운 여건 속에서도 이 책이 출판되기까지 최선을 다해주신 단국대학교 출판부 관계자 여러분께도 감사의 말씀을 전하는 바이다.

2014년 2월

단국대학교 동양학연구원장

서 영 수 배상

서 문

20세기 인류사는 한마디로 전쟁의 세기라고 말할 수 있다. 근대 이후 동아시아 사회는 일본의 제국주의화, 중국의 반식민화, 한국의 식민화라는 격렬한 갈등과 분쟁의 과정을 겪어 왔다. 제국과 식민지의 대립, 나아가 장기간에 걸친 전쟁의 참화는 격심한 사회적 변동과 더불어 동아시아 사회 구성원들에게 수많은 역사적 과제를 남겼다. 일본은 패전과 더불어 전쟁 책임과 전후 보상 문제를 비롯해 동아시아에 대한 고정된 이미지와 부조리한 의식을 극복해야 하는 역사적 책무에 직면할 수밖에 없었고, 동아시아는 식민지 또는 반식민지 경험의 청산과 새로운 국가 건설이라는 격동의 과정을 경험하게 했다.

동아시아 사회는 국가 사이의 대립과 갈등을 극복하고 상호 소통을 통해 화해와 공존의 장으로 나아가야 하는 과제를 안고 있다. 그러나 제국과 식민지 경험이라는 유산은 현대사회에 여전히 심각한 영향을 미치고 있다. 왜곡된 천황제 이데올로기는 동아시아 전역에 죽음과 공포의 기억을 강요하고, 전쟁으로 인한 정신적 상흔은 아직도 치유되지 못하고 있다. 전쟁 책임 소재의 규명과 전후 보상 문제 등 해결해야 할 역사적 과제도 많이 남아 있다. 따라서 전쟁을 둘러싼 근대 동아시아 국가 상호관계에 관한 역사적 성찰은 현재 동아시아 사회가 안고 있는 문제의 기원을 밝힐 수 있다는 점에서 현재적 의미를 지닌다.

일본 사회는 역사왜곡 문제에 대해 여전히 개선의 움직임을 보여주지 않는다. 오히려 과거 군국주의 체제로 되돌아가려는 분위기이다. 현 일본정권은 집단적 자위권 행사 확보에 박차를 가하고 있다. 집단적 자위권이란 일본이 공격받지 않더라도 미국 등 타국에 대한 공격을 자국에 대한 공격으로 간주해 일본도 군사적 대응에 나선다는 개념이다. 이를 위해 현재 일본의 일부에서는 '애국심'이라는 명목으로 국가에 최선을 다하고, 국민의 권리보다 책무와 책임을 중시하는 풍조가 횡행하고 있다. 또한 많은 정치가들이 자위대를 군대로 받아들여 국민은 국방의 책무를 다해야 한다는 내용으로 개헌을 주장하고 있다. 과거사 문제는 단지 흘러간 과거일 뿐, 미래의 평화체제 구축에는 관심이 없다. 침략 사실을 부정한 자국사 중심의 새로운 역사해석이 일본의 미래를 밝힌다고 강변한다. 이러한 주장은 각종 미디어를 통해 과거와는 비교가 안되게 공공연하게 확산되고 있다.

특히 이들은 교과서를 통해 두 가지 역사인식 전파에 주력하려는 움직임을 보이고 있다. 하나는 과거 일본의 부정적 측면을 내세운 '자학사관'으로부터 탈피해야 한다는 것이고, 다른 하나는 '역사를 배운다는 것은 그 시대 사람들이 무엇을 생각하고 있는가를 배우는 것이지 당시의 사실을 현대 인간이 비판하는 것이 아니다'라는 것이다. 한 개인이나 이념 단체가 특정 매체나 논평에서 상식 밖의 역사관을 표명하더라도, 그들의 의식세계에서는 '상식'으로 받아들여질 수도 있다. 그러나 교과서는 다르다. 침략전쟁을 미화하는 교과서는 자국 청소년의 역사인식을 왜곡시킬 뿐만 아니라, 결국 동아시아의 평화 구축에도 심각한 해악을 끼치기 때문이다. 역사의 진실을 왜곡하는 서술로 청소년을 오도하는 것은 용서받을 수 없는 일이다. 역사적 사실을 부정 은폐하는 교과서로 배운 학생들이 그들의 의도대로 일본을

'사랑'하게 되더라도 그것은 어디까지나 허구로 가득 찬 애국심일 뿐이다.

일본의 네오내셔널리스트가 주장하는 '자유주의사관'의 본질은 자국중심사관, 자국찬미사관이다. 이들이 어떠한 역사인식을 지니고 있는가는 단지 개인의 사상의 자유로 치부하기에는 너무도 현실적이고 국민적인 문제이다. 네오내셔널리스트들은 중·고등학교의 많은 역사교과서가 근현대사 부분에서 일본의 제국주의적 침략과 식민지 지배, 전쟁 책임, 전쟁 범죄 등을 과도하게 강조하여 전체적으로 일본의 '어두운' 면만을 부각시키고 있다고 비판한다. 그들은 이를 '코민테른 사관'과 '도쿄재판사관'이 결부된 '반일 망국적', '자학적'인 역사서술이라 주장한다.

역사의 부정적 측면을 서술하는 일은 결코 '자학사관'이 아니다. 주지하듯이 독일의 역사교과서에는 나치즘의 범죄나 비인도적 행위에 관해 상세히 서술하고 있다. 독일인들은 선조들이 저지른 과거의 침략과 비인도적 행위를 배움으로써 현대 독일을 개척할 수 있었다. 또 역사를 기술하는 일에 아무리 공정을 기한다 하더라도 현재의 가치관이나 세계관으로부터 완전히 객관적일 수 없다. 오히려 현재의 가치기준으로 검증하면서 역사를 배우는 것이야말로 미래의 역사 행로를 밝히는 작업과 연결된다.

더욱이 네오내셔널리스트들은 역사왜곡과 더불어 '주변국'의 문제, 예를 들면 북방영토, 독도, 조어도 등의 영토문제와 북한에 의한 일본인 납치문제를 악의적으로 부각시킨다. 이런 인식의 근저에는 동아시아에 대한 경계와 적개심이 팽배되어 있고, 일본의 주변국가인 한국, 북한, 중국과의 평화적 외교의 수립이라는 시점이 결여되어 있다. 근린제국은 동아시아의 평화적 공존을 이루어나갈 대상이 아니라, 어디까지나 경계상대라는 의식을 강요하는 것이다. 이것은 이웃나라는 단지 일본의 국가주권을 침해하는 '위험한 국가'라는 인식으로 연결되어 방위력의 강화와 국방의무가 강조되기 마련이다.

왜곡된 주장과 교과서의 이데올로기, 그것에 영향을 받은 대중의 감정적인 동의는 결국 일본의 보수화나 군사적 재구축화로 이어질 것이다. 일본 사회의 위기상황에 대처하여 자국사를 재조명하겠다는 명분에서 출발한 네오내셔널리스트의 움직임은 일본 군국주의의 부활이라는 맥락과 결부되어 있음을 결코 간과해서는 안 된다. 왜곡된 역사인식을 아무런 여과장치 없이 받아들이게 될 '보통 일본인'의 출현은 동아시아인 모두에게 특히 일본인 스스로에게 커다란 비극의 단초가 될 가능성이 높다.

이러한 문제의식에 바탕으로 두고, 이 책은 근대 일본의 전쟁과 전쟁영웅 창출과정의 특징과 역사적 의미를 재음미하기 위해 기획되었다. 총 7편의 글은 근대 일본의 군신상의 변천과정을 비롯해 군국주의 교육을 통해 어떻게 전쟁영웅이 창출되고 전쟁 수행에 활용되었는지, 그리고 일본의 전쟁 책임 문제의 원점이 어디에 있는지 등을 인문, 사회과학 전공자들을 중심으로 학제적으로 접근했다. 이 자리를 통해 그동안 공동연구에 참여한 연구자 여러분의 노고에 감사와 우정의 마음을 전하고 싶다.

전후 동아시아는 이제 하나의 중요한 공통 가치관을 발견해야 한다. 전쟁에 반대하고 평화를 지켜야 한다는 가치관이다. 이것은 20세기 전쟁에서 죽어간 수많은 사람들의 생명을 마주 대하는 우리의 역사적 사명이자 책임이다. 우리는 평화라는 숭고한 가치를 다음 세대로 전달하면서 동아시아의 평화를 정착시키고 평화로운 한일 관계를 견고하게 구축해 나갈 필요가 있다. 우리의 연구가 동아시아의 평화를 지향하는 사람들이 모여 평화를 지키고 다음 세대에 공존과 상생의 가치를 심어줄 수 있는 첫걸음이 되기를 바라마지 않는다.

2014년 2월

연구진을 대표하여

단국대 일본연구소 소장 정형

목 차

제3장 학도병상(學徒兵像)의 변용

- 후쿠마 도시아키(福間良明)

제4장 근대 일본의 전쟁영웅(戰爭英雄) 창출

- 정형

제5장 근대 일본의 교육과 전쟁

- 이권희

일본 근대 군신상(軍神像)의 변천*

야마무로 겐토쿠(山室建德)

머리말 : 이야기로서의 역사

> "월터 로레이 경이 어느 날, 창문으로 거리에서 벌어지고 있는 일을 바라보고 있었다. 얼마 지나지 않아 다른 목격자가 같은 사건을 전혀 다르게 보고한 것을 읽고서는 쓰고 있던 역사 원고를 불태워 버렸다. 이 유명한 일화도 단지 망둥어를 회치자고 덤벼드는 역사가에게는 신경쇠약 증세와도 같은 우스운 이야기에 지나지 않겠지만, 그의 놀라움과 슬픔은 아주 건강한다."(小林秀雄, 「歴史と文学」)[1)]

고바야시 히데오(小林秀雄)는 여기서 역사서술을 단념한 월터 로레이 경(Sir Walter Raleigh, 현재 일본에서는 이렇게 표기한다)의 '놀라움과 슬픔은 아주 건강하다'라고 공감하고 있다. 필자도 같은 생각을 갖고 있다. 자신에게는 분명 이렇게 보인 사항도 타인들에게는 전혀

---

* 본 논문은 2012년 4월 13일 단국대학교 일본연구소 주최 제30회 학술심포지엄 「한일 근대기의 전쟁영웅상의 창출과 변용」에서 구두 발표한 「日本近代における軍神像の変遷」을 논문의 형태로 가필한 것을 이권희가 번역한 것이다.

1) 『小林秀雄全集』第七巻, 新潮社, 2001, p.204.

다르게 보이는 것은 흔히 있는 일이다. 게다가 역사로서 후대에 남는 것은 다종다양(多種多樣)했을 목격담 가운데 극히 일부분이다. 로리와 마찬가지로 매일 매일의 생활 속에서 느껴도 좋을 사항임에도 후세의 우리들은 눈앞의 사료와 과거의 진실과의 괴리에 너무 둔감한 것이 아닐런지. 원래 이 일화를 로리 자신이 읽었다면 실제와는 다르다고 반론했을지도 모르겠다. 이 문장 자체도 어디까지나 '일화'이지 '진실'과는 거리가 멀 가능성이 없다고는 말할 수 없다.

'역사의 진실'이라는 것이 확고하게 실재하고 있어, 그것을 사람들이 올바르게 파악하거나 왜곡하거나 하는 것은 아니다. 객관적인 '진실'은 일어난 순간에 사라지고, 영원히 어둠 속에 묻혀 버린다. '역사'라는 것은 모두 목격자가 주관적으로 재구성한 정보에 의존하고 있다. 대부분의 단서는 특정한 라이터의 기억을 문자화한 기록 속에만 존재한다. 영상과 음성 기록이 있다 하더라도 그것은 극히 한정된 시간에 특별한 시점에서 녹화·녹음된 장경(場景)에 지나지 않은 것이다. 기록으로 남겨진 것은 실제 일어난 사건의 극히 일부분에 대한 편향된 견해일 뿐이다. 대부분의 사태는 기록조차 되어 있지 않다.

그렇게 때문에 필자 자신도 고야바시 히데오가 묘사한 로리와 마찬가지로, '진실의 역사'를 이야기하는 것은 단념할 수밖에 없다고 생각한다. 사료를 많이 수집하면 역사의 진실에 다가갈 수 있다고 생각해서는 '단지 망둥어를 회치려 덤벼드는 역사가'가 될 뿐이다. 그러나 로리와는 달리 역사서술 그 자체를 단념하려는 것은 아니다. 단념하고 있지 않은 것은 '다른 목격자가 같은 사건을 다르게 보고한 것을 읽는다'는 레벨에서 역사를 되돌아본다는 것이다. 문장이 된 세계, 정보화된 공간을 끊임없이 독립된 영역으로 의식하며 바라보고 싶다, 그것이 허구에 지나지 않는다고 해서 역사탐구를 포기하는 것이 아니라 당시 사람들이 그렇게 이해하려 했던 이야기, 그렇게 보았을 경위를 파헤쳐 보고 싶다. 현실에서 일어난 사건을 직접 견문할 수는 없지만 거기에 당시 사람들의 의식이라는 빛이 투영되어 그 빛에 의해 지면에 비쳐진 그림을 확인하고 싶은 것이다.

그렇다면 그러한 '진실'과는 거리가 먼 '역사'를 되돌아보는 것에 무슨 의미가 있을까. 거기서부터 이와 같은 역사가 있었다고 믿고 있는(적어도 믿고 있다고 여기고 싶은) 인간이 있었다는 사실만큼은 명확히 밝힐 수가 있다. 거기에는 회상록과 같이 개인이 되돌아보는 역사와 같은 경우도 『성서(聖書)』처럼 기독교라는 같은 종교를 믿는 자가 공유하는 역사도 있을 것이다. 그리고 여기에서는 같은 말과 문화를 갖고 있는 일본이라는 나라의 '역사'를 생각해 보고 싶은 것이다. 끝자락에서 보고 옳던 그르던 공통의 역사를 갖고 있다는 것만으로도 사람들은 결속을 한다. 가까운 예를 들면 가족이 그 전형이다. 부모가, 반려자가, 아이들이 왜 둘도 없는 소중한 존재일까. 그 이유는 분명하다. 소중한 추억, 즉 '역사'를 많이 공유하고 있기 때문이다. 마찬가지로 공통의 역사를 경험함으로써 국민으로서의 질서가 만들어진다. 그 때문에 같은 올림픽의 피거스케이트 경기라 할지라도 김연아의 활약을 응원할지 아사다 마오(浅田真央)가 노력하는 모습에 감동할지, 나라가 다르면 다른 사건으로 보인다는 것이다.

이와 같이 역사를 바라볼 경우, 일기와 편지, 혹은 기밀문서처럼 동시대에는 극히 일부분만의 사람들만이 읽었을 특수한 사료보다도 신문이나 잡지처럼 다수의 독자를 갖고 있는 흔한 재료 쪽이 훨씬 중요하다. 보다 많은 국민이 이해하고 공감할 것을 기대하며 문장을 쓰고 있기 때문이다. 그리고 오늘날 대다수의 국민이 올림픽을 텔레비전으로 시청하듯이 과거의 국민들은 전쟁을 신문·잡지 등을 통해 알았다. 전선(戰線)의 장병을 제외하고 대다수의 일본 국민은 1945년 3월 10일 이후 본격화하는 무차별 공습이 시작될 때까지 전쟁을 직접 경험해보지 못했다. 전쟁은 매스 미디어의 정보를 통해 상상하는 것이었다. 그러한 의미에서도 신문·잡지는 중요한 사료이다. 통상의 역사 분석에서는 드물고 귀한 사료 쪽이 중시되지만, 여기에서는 그렇지 않다. 또한 사건의 진상보다도 과거의 일본인이 무엇을 생각하고 어떻게 느끼고 있었는지에 대한 해명이 중심이 된다. 따라서 동시대에는 기밀이었던 사료를 구사하여 서로 대립하는 세력의 내부 동향을 동시에 파악할 수 있다는, 후세가 되어 비로소 가능한 시점에서 역사를 본다는 방법도 여기에서는 취하지 않겠다. 이러한 관점에서 일본 국민의 역사이야기로서 '군신(軍神)'이라는 문제를 생각해 보고 싶다.

1. 거울로서의 군신(軍神)

오늘날 일본에서는 거의 잊혀지고 있지만, 패전 이전의 일본에서는 '군신'으로서 많은 국민들로부터 추앙을 받은 군인이 있었다. 이들 군신은 군부와 정부의 인정에 의해 탄생한 것이 아니다. 신문이나 잡지에서 우연히 그렇게 불리게 된 것이 통례이다. 처음 군신이 된 히로세 다케오(廣瀨武夫)의 전기에는 "이 존호(尊號)는 사람들이 모여 평의(評議)하여 수여한 것이 아니라 소위 하늘의 소리, 즉 하늘의 명이기 때문에 영원히 전해질 것이다"[2] 라고 쓰여 있다. 군신을 현창하는 사람들에게 있어서도 군신으로 선택된 기준이 무엇인지는 분명치 않았

2) 井田麟鹿編, 『七生報国廣瀬中佐』, 廣瀬家, 1928, p.3.

던 것 같다.

여기에서 말하는 '하늘의 소리'를 생각함에 있어 흥미로운 기술이 있다. 미국과의 전쟁에서 일본이 열세에 몰린 1943년에 어느 학생이 쓴 소설의 구상이다. 그는 나중에 야마다 후타로(山田風太郎)라는 저명한 소설가가 된다. 이 해 5월 앗쓰섬에서 옥쇄한 부대가 '야마사키 군신부대(山崎軍神部隊)라 불리게 된 것을 들은 그는 다음과 같은 줄거리를 8월 말의 일기에 적고 있다.

야마사키 부대는 전멸했지만, "만약 불행하게도, 중상을 입었지만 죽음에 이르지 못하고, 인사불성인 채로 포로가 된 자가 있다면 어떨까." "그들은 적의 엄중한 감시 하에 자결할 기구도 없이 어쩔 수 없이 굴욕을 맛보며 혀를 깨물며 계속해서 죽는다. 그 가운데 예를 들어 야마사키 부대장 본인이 있으면 어떨까. 그도 또한 혀를 깨물었지만 적의 군의에게 발견되어 결국 죽지 못하고 본국으로 송환된다. 고통스러운 포로생활. 마침내 일미혈투로부터 수년이 지나 양국 간에 평화협정이 이루어지고 그의 신병은 일본으로 송환된다." 그러나 "포로수용소를 탈주. 한 목사의 도움으로 숨어 지내면서 또 수년. 마침내 어비를 얻어 망향의 마음을 이기지 못해 몰래 조국 땅을 밟는다. 지조는 쇠하였고 단지 일본의 산하 속에 조용히 그 만년을 맡기려 하는 것이다."

쇼와 3□년, 야마사키 부대장의 묘 앞에 망연히 서 있는 한 노인이 있었다. "향이 피어오르는 여닉가 끊이질 않고 그 날도 또 무덤 앞에서 울고 있는 소녀가 있고, 눈망울을 밝히는 소년이 있다. 아동들에게 그의 순충(殉忠)을 가르치는 노교사가 있다. 아아, 그는 이미 일본의 사표(師表)가 되었고, 영웅이 되었고, 신이 되어 찬앙(讚仰)의 대상이 된 것이다."

> "고민과 자조와 적요(寂寥)"가 교차하는 가운데 종일 그곳에 서 있던 그는 마침내 자결을 결의한다. "순충 야마사키 중장은 쇼와 18년(1943년) 5월 29일로부터 영원히 일본 국민의 가슴 속에 살아 있다. 그 환영을 스스로 깨버릴 수는 없다." "그 다음날 아침, 참배한 한 일본인은 무덤 앞에 굽은 노추(老醜)의 한 덩어리를 보았다. 그 육체는 보기 흉했지만, 얼굴에는 잔잔한 미소가 남아 있었다." 신문에는 다음과 같은 3면 기사가 작게 실렸다. "주소, 성명불명의 한 노인이 군신의 묘 앞에서 액사(縊死)해 있었다. 아마도 자기의 인생과 군신의 죽음과의 차이에 절망했기 때문일 것이다."[3]

여기서 그리고 있는 세계는 군신이라는 존재를 생각하는데 있어 중요한 단서를 제공해 준다. 군신이라는 것은 일본 국민의 마음속에 살아있는 영광이고 역사이다. 실태는 이러이러했다, 라는 설명으로 깨버릴 수 있는 '환영(幻影)'이 아니다. 군신의 실상과 그들을 군신으로 만든 보이지 않는 원동력을 찾아, 겉으로 나타난 허상을 계속해서 벗겨가더라도 아무것도 안 나올 것이다. 지금부터 말하려는 것처럼, 군당국의 장치에 의해 군신이 만들어졌다고는 단언할 수 없다. 군신은 전장의 진상을 은패하고 국민을 전쟁으로 내몰기 위한 권력자의 소도구에 지나지 않았다고 단정하는 사람이 있다면 그 사람의 생각 자체가 일본이 패전한 후에 만들어진 '환영(幻影)'에 지나지 않는다고 할 수 있을 것이다. 주역은 군신 그 자체가 아니라 군신과 같은 시대를 산 일본 국민이다. 군신은 그들의 '환영'에 의해 만들어진 존재이다. 그렇다고 한다면 군신을 거울로 하여 전쟁에 패배하기 전의 일본의 국민의식을 조명해 밝히는 것도 가능하지 않을까.

---

3) 『戦中派虫けら日記』, ちくま文庫, 1998, pp.235~237.

군신에는 세 가지 유형이 있다. 첫 번째는 전선의 지휘관으로서 전사한 영관급(佐官級) 장교이다. 그들은 부하를 아끼는 행동으로 인해 전사한 훌륭한 인격의 소유자로서 존경을 받아왔다. 두 번째는 전쟁의 귀추(歸趨)를 좌우하는 큰 작전을 지도한 것으로 유명한 장군들이다. 세 번째는 쇼와 초기가 되어 등장하는 새로운 타입의 군신이다. 그들은 집단에서 자신의 목숨을 걸고 작전을 수행한 젊은이였다.

2. 부하에게 추앙받은 고결한 지휘관

1) 히로세 다케오(廣瀨武夫) 중령(中佐)

1904년 2월부터 시작된 러일전쟁은 해상 전투로부터 시작되었다. 그러나 바로 러시아의 함대는 공고(鞏固)한 요새(要塞)로 만들어진 여순항(旅順港)으로 숨어들었다. 이에 대해 일본 해군은 여순항의 입구가 지형적으로 좁았기 때문에 야음을 틈타 노구선(老朽船)을 침몰시키고, 러시아 함대를 봉쇄하는 작전을 취했다. 2월 24일 미명에 5척의 배에 의해 이 작전이 결행되었다. 그러나 러시아 측에 발견되어 포격을 받았기 때문에 목적을 달성하기 직전에 배는 침몰·좌초해 버렸습니다. 그 작전의 개황(槪況)과 배에 타고 있던 77명의 계급과 이름이 27일에 공표되었다. 이 무렵 아직 본격적인 충돌은 일어나지 않은 상태였고 전사자 수는 그다지 많지 않았다. 그 때문에 폐쇄작전뿐만 아니라 실전에 참가한 장졸(將卒) 한 사람 한 사람의 경력과 활약상이 자세하게 소개되었다. 그 중에서도 특히 폐쇄작전에 큰 지면을 할애했다. 적에게 반격할 기회를 주지 않고 러시아군의 눈앞에서 감행된 대담한 작전이야말로 일본인이 세계에 자랑할 만한 특질이 가장 잘 체현되었다고 간주했기 때문이다. 예를 들면 『국민신문(国民新聞)』은 "폐쇄대의 대담한 행동은 사실상 우리들의 무사적 정신을 발휘하여 우리 국민적 성격의 가장 정화한 부분을 표창하기에 유감이 없는 것"이라 하며, "우리 국민이 충심감사(衷心感謝)의 마음으로 세계 열국이 탄상(嘆賞)의 마음을 가지고 이 쾌보를 받아들이는 것, 결코 그 이유가 없지 않을 것이다"라고 했다. 그 때문에 결과는 예상대로가 아니더라도 "이 일거로서 적을 기사(気死)시키기에 충분하다"라고도 평가하고 있다.4)

이 작전으로 침몰했다고 되어 있던 5척의 배에는 장교가 한 사람(중령 한 명, 소령 1명, 대위 2명, 중위 1명)씩 지휘관으로서 승선하고 있었다. 그 가운데에서도 총지휘를 한 당시 44세의 아리마 료키쓰(有馬良橘) 중령(中佐)과 부지휘관(副指揮) 자격이었던 37세의 히로세 다케오(廣瀬武夫) 소령(少佐)은 특히 주목을 받아, 그들의 경력과 성품이 잡지기사의 좋은 소재가 되었다. 특히 히로세에 대해서는 근엄실직(謹嚴實直)한 군인이라기보다는 많은 사람들로부터 사랑받는 쾌활한 호남(好男)이라는 것을 방불케 하는 일화가 많이 소개되었다. 그는 일약 전국에 알려진 인기 유명인이 되었다.

그리고서 한 달 후인 3월 29일 두 번째 여순폐쇄작전의 결과가 각 지면을 통해 발표되었다. 그 중에서 히로세 중령(廣瀬中佐, 전사에 의한 승진)이 행방불명이 된 부하 스기노 병조장(杉野兵曹長)을 선내를 세 번에 걸쳐 수색을 했지만 발견하지 못하고 보트로 옮겨 탔을 때

4) 『国民新聞』, 1904년 2월 29일.

적탄에 맞아 전사한 것이 보도되었다. "중령은 평시에도 늘 군인의 귀감이었을 뿐만 아니라 그 최후에 있어서도 만세불멸(万世不滅)의 훌륭한 귀감을 남겼다고 해야 할 것이다"라는 것이 거기에서의 평가이다.

이 저명인의 전사에 신문과 잡지는 지면을 크게 할애했다. 특별히 눈에 띠는 활약을 했다고도 할 수 없는데 어디가 주목을 받았던 것일까. 『도쿄아사히신문(東京朝日新聞)』에는 '군신 히로세 중령(軍神廣瀨中佐)'이라는 제목이 붙여지고, "특히 그 전사는 그 부하 한사람을 구하기 위해 일어났다. 부하 한 사람의 죽음을 보기보다도 스스로 자진해 죽었다 …… 중령이 일본 무사의 혼은 바로 이런 것이라고 보여준 그 죽음, 이것은 이미 일본에 대한 큰 공이다"[5] 라고 하고 있다. 혹은 폐쇄대의 임무가 "이미 대용자(大勇者)가 아니라면 불가능"한데, 히로세의 행동은 그와 같은 "용(勇)에 더해 인(仁)을 가지고 한 것"[6] 이라고도 받아들여지고 있다. 즉, 군인으로서의 전공보다도 '일본 무사의 혼'과 '인(仁)'을 보여줬다고 인식되어, 히로세의 죽음은 커다란 반향을 불러일으킨 것이다.

히로세 중령의 영구(靈柩)는 각지에서 다수의 영접을 받았고, 4월 13일에 도쿄에서 성대한 장의(葬儀)가 치러졌다. 장송의 행렬은 '집집마다 조기를 걸고 그 연도에 사람 울타리를 만들며 1리가 넘는 양 측을 가득 매운 사람들'에 의해 보내졌다. 행렬의 용사들이 "그 꿰매지 못한 얼굴에 감추기 힘든 비통한 모습을 띠며 가슴을 울리는 군악대의 슬픈 음악 속에 엄숙히 행진해 가는 모습은 실로 지극히 숭고하고 몹시 비장하여, 이러한 장열은 도쿄시민이 많이 볼 수 없는데, 새삼

5) 『東京朝日新聞』 1904년 3월 30일.
6) 『讀賣新聞』 1904년 4월 2일.

군국의 백성, 이 '군신'으로까지 추모하는 사람의 장례식에서 이것을 본다, 그렇다. 종종 감정이 극에 달해 많은 사람 가운데 눈물을 훔치는 성인남성이 많았다."[7] 는 광경이 펼쳐집니다. 식장에서도 "회장 전체가 엄숙한 가운데 부인석에서 울음소리만이 들렸다."[8]라는 모습이었다.

이리하여 근대 일본에서 최초의 군신이 탄생하였다. 그 특징은 군인으로서 특히 빛나는 활약을 한 것도 아닌 점에 있다. 따라서 전의(戰意)와 적개심을 고양시키는 효과를 전혀 동반하지 않았다. 훌륭한 인격의 소유자인 지휘관이 부하를 깊게 생각하는 마음에 죽었다는 것에 눈물을 흘린다는 이야기이다.

2) 다치바나 슈타(橘周太) 중령(中佐)

일본 육군은 4월 29일 이후 남만주(南滿洲)로 진공을 시작해 여순을 제외한 요동반도(遼東半島)를 점령한다. 그리고 봉천(奉天) 남방에 있는 요양평야(遼陽平野)에 주둔하고 있던 러시아군의 주력과 일대 결전을 벌이는 작전을 8월 하순부터 개시했다. 일본과 러시아 양군을 합쳐서 35만 명에 달하는 장병이 충돌한 이 회전(會戰)의 결과, 일본군은 간신히 요양을 점령했지만, 힘을 온존한 채로 북상한 러시아군을 추격할 힘이 없었다. 일본 측의 사상자만으로 약 2만 4천명(전사자 5, 557명)에 이르는 대전쟁을 일본은 지금껏 경험해 본 적이 없었다. 신문 지면은 전사한 장병의 경력과 품성을 그린 기사로 연일

---

7) 『東京朝日新聞』 1904년 4월 14일.
8) 『万朝報』 1904년 4월 14일.

채워졌다. 이러한 비통한 기운이 퍼져 있던 가운데 히로세 중령에 이은 두 번째 군신이 등장한다. 요양 바로 앞에 있던 수산보(首山堡)의 러시아군 방어진지에서 벌어진 공방전을 지휘하다가 8월 31일 40세의 나이로 전사한 다치바나 슈타(橘周太) 소령(少佐, 전사 후 중령(中佐)으로 진급)이다.

그의 경우는 히로세 중령처럼 사후 곧바로 군신이라 불린 것은 아니었습니다. 여순 폐쇄작전에 종사했던 군인은 수십 명에 불과했고, 그 전원의 씨명(氏名)이 신문에 게재되는 등 주목을 받는 존재였다. 이에 비해 요양회전(遼陽會戰)은 훨씬 대규모의 전투였고, 다치바나 중령은 그 중 한 명의 장교에 지나지 않았다. 그러한 그를 칭찬하는 기사가 9월 9일 이후 주요 신문에 일제히 실리게 된다. 다치바나의 품성을 소개하는 것은 그와 특히 친했던 교육총감부(教育總監部)의 참모 소데하라 간조(柚原完藏) 소령이었다. "그의 군신이라 칭양 받는 히로세 해군 중령은 그 최후의 용장이기 때문만이 아니라 평소의 경앙(敬仰)할만한 일이 많았기 때문에 사람들에게 깊이 흠모(欣慕)를 받았던 것이고, 이 다치바나 중령 또한 그러한 평소의 성격과 행실이 참으로 탄미(嘆美)할 만한 것이 많고, 그야말로 육군에서의 히로세 중령이라 생각된다"라고 소데하라는 말했다. 이것을 계기로 다치바나 중령의 모범적 군인상과 부하에게 추앙받으며 죽어간 경위를 자세히 소개하는 기사가 실리게 되었다. 거기에서 다치바나는 히로세와 비교가 되고 있지만, 히로세와는 달리 다치바나에 대한 국민적 반향은 별로 보이질 않았다. 다치바나의 경우는 해군에 대한 대항심에서 육군에서도 '군신'을 내고 싶다는 육군의 의향이 작용하고 있었던 것처럼 보인다.

그러나 마침내 해군의 히로세에 대한 육군의 군신으로서 다치바나의 이름은 널리 침투해 가게 된다. 그 최대의 매체가 된 것은 소학교의 국정교과서였다. 아마도 육군과 해군은 대등하게 취급해야 한다는 균형감각이 다치바나를 히로세와 나란히 군신으로 만든 것일 것이다. 그들의 이야기는 적과 싸워 이긴 훈훈한 이야기가 아니라 가열찬 공격을 받아 죽어가는 지휘관의 이야기이다. 전의고양으로 이어질만한 밝은 영웅담이 아니라 고난과 눈물로 만들어진, 죽으러 가는 여정의 이야기이다. 그 가운데 일본인의 참모습이 발견되고, 그것이 후세의 일본인에게도 공감을 불러일으키며 두 사람은 군신으로서 정착했다고 할 수 있을 것이다. 다치바나가 군신이 된 것이 육군 주도에 의한 것이라고 해도 역시 일본 국민이 좋아하는 캐릭터를 고른 것이다.

3) 동상 건설

근대 일본 최초의 군신이 된 히로세에 대한 열광은 그의 사적(事蹟)을 영원토록 후세에 전해야 한다는 기운을 부추겼다. 전기(傳記)류나 동상이 몇 개 만들어지기는 했지만 가장 유명한 것은 도쿄 만세이바시(万世橋)에 건립된 동상이다. 해군 병학교(兵學校)에서 히로세와 동기생이었던 다카라베 다케시(財部彪, 당시 대본영 참모)가 중심이 되어 전사 후 6년 후에 완성시켰다. 대좌(台座)의 높이 7.3미터, 동상의 신장 3.6미터라고 하는 당당한 동상이었다.[9)] 이 동상은 1947년에 철거되지만, 그 때까지는 도쿄의 명소 중 하나였다.

또한 다치바나 슈타(橘周太)의 동상도 다이쇼(大正) 8년(1919년) 2월에 2개가 만들어져, 그가 교장을 역임했던 나고야 육군 유년학교

---

9) 『報知新聞』 明治四十三年 五月 二十九日

(名古屋 陸軍 幼年學校)와 고향인 나가사키현(長崎縣)의 산 위에 안치되었다.10)

여기서 흥미를 끄는 것은 군신 히로세와 다치바나를 후세에 전하는 가장 좋은 수단이 동상 건립이라 생각했던 점이다. 이 당시는 아직 신사를 건립하려고는 아무도 생각하지 않았고, 비문 같은 종류보다도 동상이라고 생각했었다. 본인의 모습을 충실하게 재현한 동상을 옥외에 두는 것이 중요하다고 의식했던 것이다. 공공장소에 역사를 돌이켜 생각하도록 하는 수단으로서 거대한 동상을 건립한다는 방식은 메이지 이후 서구로부터 막 도입된 방법이다. 그 이전 일본에서는 시비(詩碑)나 가비(歌碑) 등이 인연이 있는 토지에 세워진 적은 있었어도 사람 모습을 한 동상이 세워진 적은 없었다. 속인(俗人)의 상이 전혀 세워진 적이 없었던 것은 아니지만 그것을 공중의 면전에 놓는다는 전통은 존재하지 않았다. 널리 일반 사람들의 눈에 보이는 것으로 만들어진 조소(彫塑)는 불상과 같은 종교관계에 거의 한정되어 있었다. 신도(神道)에서는 그와 같은 전통은 없었지만, 대륙으로부터 전래된 양식을 계승한 불교에서는 불상과 인왕상(仁王像)과 같은 초인간적인 존재가 조각으로 만들어졌다.

즉, 메이지시대가 되고 나서 위인의 동상이 만들어지게 되었던 것은 서구문명의 영향을 받아 일본사회 속에서 개인의 존재가 그 사람의 풍모와 관련해서 강하게 의식되었다는 것을 나타낸다고 할 수 있을 것이다. 군신이라는 존재는 그러한 새로운 자의식과 관련하여 정착해 갔다.

10) 江崎惇, 『遼陽城頭夜は開けて』, スポニチ出版, 1981, pp.212~213.

3. 현대사를 상징하는 장군

1) 노기 마레스케(乃木希典)의 순사(殉死)

1912년 7월 서거한 메이지 천황의 영구(靈柩)가 궁성(宮城)을 출발한 것은 9월 13일 밤이다. 선두부터 맨 끝의 행렬이 통과할 때까지 한 시간 반이나 걸렸다고 하는 대장례 행렬이었다. 그날 밤은 도쿄 아오야마(青山)에서 장례 의식을 거행하고, 다음날 미명에 능으로 정한 교토 모모야마(桃山)를 향해 출발할 계획이었다. 일본 전체가 근대국가 건설의 아버지라고도 할 만한 천황의 장렬(葬列)에 온통 마음을 쓰고 있던 밤에 노기 마레스케(乃木希典)와 그 부인은 자택에서 자결을 했다. 노기 마레스케는 러일전쟁에서 수많은 희생자를 내면서도 여순(旅順)을 공략했던 장군으로서 유명했다. 노기 부처가 메이지 천황을 따라 순사했다는 것은 바로 그 날 밤 호외를 통해 보도가 되었다.

이 보도는 사람들 사이에서 커다란 놀라움을 일으켰다. 오쿠 야스카타(奥保鞏) 원수(元帥)는 이것을 전한 부관에게 "그런 말도 안 되는 일이 어딨어" 라며 일언지하에 질타를 했지만, 상세한 내용이 전해지자 "얼굴색이 새파래져 평소 침착했던 원수도 아주 상심한 모습"이 되었다고 한다.[11] 다음 14일 이른 아침 정우회(政友會) 의원(代議士)이었던 '노다 다이카이(野田大塊[우타로, 宇太郎])는 얼굴을 씻고 있었는데 때마침 야채가게의 일하는 아이가 와서는 "노기 씨는 어젯밤 자실

11) 『東京日日新聞』 1912년 9월 14일 호외.

한 것 같다."라고 해서 "무슨 말도 안 되는 소리를"이라며 그 자리에서 꿀밤을 한 방 먹여 돌려보냈는데 아이는 크게 분개하며 가게로 돌아가 호외를 가지고 와서 내밀었다'[12]고 한다. 후세의 일본인은 아무런 놀라움 없이 노기 마레스케의 순사를 역사의 한 장면으로 당연하게 받아들이고 있다. 그러나 이것을 처음 안 동 시대의 인간에게는 타인으로부터 이야기로 듣는 것만으로는 도저히 믿을 수 없는 뜻밖의 사건이었던 것이다.

메이지 천황 밑에서 문명개화를 이룬 이 일본에서는 순사(殉死) 같은 것은 먼 옛날에 사라졌고, 하물며 고위고관 가운데서 고식(古式)에 따라 할복(切腹)을 하는 자가 나오리라고는 아무도 상상을 못한 사태였다. 그 때문에 "모든 인간은 엄청난 전광(電光)에라도 얻어맞은 듯이 경악을 하며 또는 깊은 놀라움 속에 빠져 있다. 장군의 자살이 준 깊은 자극이 무엇인지는 지금도 불가사의(不可思議)한 베일에 싸여 있다."[13] 고 하는 상태가 얼마간 계속되었다. 사람들을 불시에 습격한 이 충격에 어떠한 설명이 이루어지며 일본사회에 수용되어져 갈지 앞이 전혀 보이질 않았다.

데라우치 마사타케(寺内正毅) 조선총독(朝鮮總督)은 "장군이 메이지 천황의 붕어를 접하고 각오한 자살을 이룬 마음가짐에 대해서는, 참으로 훌륭한 일로 크게 동정을 해야함에 불구하고 세상, 혹은 대장의 자살에 대해 이런 저런 췌마억측(揣摩臆測)을 하며 정신착란의 결과라느니 뭐니 하는 우설(愚說)을 하는 자가 있다면 실로 언어도단(言語道斷)이라 하지 않을 수 없다."[14]고 발언하고 있다. 노기의 자결

12) 『報知新聞』 1912년 9월 17일.
13) 『太陽』 1912년 10월.
14) 『国民新聞』 1912년 9월 16일.

이 '정신착란의 결과'와 같은 말로 폄하되는 것을 염려한 것이다. 도요시마 요조(豊島陽藏) 육군 중장처럼 "장군의 죽음에 대해 여러 상상을 하면서 이러니저러니 비평을 하는 것은 절대 불가하며, 제대로 그 사인, 동기 등은 모두 국민의 판단에 일임해야 한다" 고 한 장군도 있었다.[15] 정부나 언론계가 자의적인 억측으로 논의를 해서는 오히려 노기의 죽음을 폄하하는 꼴이 되므로 여론 전체의 판단을 잠자코 받아들이는 수밖에 없다고 생각했던 것이다. 이때부터 노기의 죽음이 어떻게 평가받을지 그 누구도 예상할 수가 없었다. 이러한 발언은 내부에서 순사자를 낸 육군 고관들 사이에서 놀라움과 당혹감이 널리 퍼져있었음을 보여준다.

실제로 노기의 순사에 비판적인 논설도 처음에는 등장했었다. 예를 들면 『시나노마이니치신문(信濃每日新聞)』 주필 기류 유유(桐生悠々)가 쓴 '누습타파론(陋習打破論)'(9월 19~21일)은 "일반인들에게 만약 순사를 선사(善事)라 하고 따라서 이를 장려하고 실현한다면 군주의 붕어와 함께 국가의 공신(功臣)은 모두 죽어버려야 한다."고 했다. 또한 '일국 문교의 원천(一国文教の源泉)'인 문부성이 침묵하고 있는 것도 순사를 용인할 수 없기 때문이라 하며, '온몸으로 동정(同情)'을 바치고 있다. 그러나 이러한 노기에 대한 비판적인 기사에 독자들로부터 강한 항의가 쇄도했다. 이에 대해서 『시나노마이니치신문』의 9월 27일자 사설 '상투 튼 시대로의 역행(逆戻)' '헌법정치는 여론의 정치' 임에도 불구하고 '유신(維新) 때의 유물'인 원로와 '번벌(藩閥)'이 "세상이 다이쇼(大正)로 일변하자 (중략) 스물 스물 머리를 내밀고 있다"는 것을 개탄하고 있다. 왜 그리 되었는가 하면 "한 사람이

---

15) 『万朝報』 1912년 9월 16일.

라도 번벌이 줄면 줄수록 제국 국민을 위해서는 큰 이익이다. 그럼에도 불구하고 여론은 번벌이 준 것을 크게 슬퍼하고 있다. 상식에서 벗어난 슬픔과 칭양을 하고 있기"때문이라고 한다. 누구라고 지명은 하지 않았지만 조슈(長州) 출신의 노기의 죽음을 가리키고 있음은 분명하다. '여론의 정치'를 밑에서 떠받쳐야 하는 국민이 생각처럼 움직이지 않는 것에 대해 기류(桐生)는 늘 분노했지만 이 이후 이 문제에 대한 발언을 더 이상 하지 않게 된다.

이리 하여 "노기 장군 부부의 자살에 대해서는 이제 논평할 필요도 없다. 하나 둘 이론(異論)을 갖고 있던 자도 있은 듯하나 천하의 공론에 눌려 지금은 온 나라가 한결같이 그 비장한 죽음을 동정하고 있다"[16] 는 상태가 나타납니다. 육군 수뇌는 노기 비판이 일어나는 것만을 우려하고 있었고, 문부성은 침묵으로 일관하고 있었다. 노기의 죽음에 대한 열광은 명백하게 국민 측에서 조장했던 것이다. 이 때문에 당초 비판적인 기사를 실었던 신문도 노기를 칭송하는 기사만 쓰게 된다. 그러나 누구도 예상치 못했지만 찬미(讚美)해야 하는 노기의 순사에 어떠한 의의를 찾아내면 좋을까에 대해서 신문잡지에서는 여러 가지 논의가 전개되어 간다.

당시 자주 거론되었던 것이 무사도(武士道)의 발현으로 보는 논의이다. 일본사회에 깊이 침입한 '타락(墮落)의 경향'을 무사도 정신이 바꿀 수 있다는 것을 노기 장군은 자결로써 제기했다는 주장이다.[17] 그러나 기류 유유(桐生悠々)가 이미 지적한 바와 같이 그렇다고 한다면 노기 이외의 인간의 어째서 노기를 따르지 않는가 하는 문제가 생깁니다. 그 때문에 노기만큼은 예외적인 덕(德)을 지닌 인격이었다든

---

16) 『読売新聞』 1912년 9월 18일.
17) 예를 들면 『日本及日本人』 1912년 10월 1일.

지, 이런 저런 이유를 떠나 감동적 행위였다든지 하는 설명이 등장한다. 그러나 죽지 않더라도 아무런 문제가 없을 인간이 자결을 한다는 행위를 살아 있는 측이 그 대로 시인(是認)할 수는 없겠지요. 노기 장군의 순사로부터 당시 사람들이 받은 감동을 논리적으로 설명하는 것은 몹시 어려웠다.

노기 장군의 순사를 둘러싼 논의를 보면, 논자가 강하게 의식하고 있는 문제가 있다. 그것은 구미 여러 나라들의 평가이며 그것을 단서로 구미와 일본을 비교한다고 하는 관점이다. 당시의 일본인들에게는 비서구세계에서 유일하게 서구 근대문명 도입에 성공을 했다는 자부심과, 일본의 전통을 파괴하고 있다는 위기감을 동시에 갖고 있었다. 일본인의 고유성은 무엇인가를 항상 다시 생각하지 않을 수 없었다. 그것이 이 문제에도 큰 영향을 미치고 있다.

기류 유유는 앞에서 소개한 '陋習打破論' 속에서 자살을 비(非)라 하는 "서양인의 설에 찬성하며 일본인의 구 사상(舊思想), 구 윤리적 사상(舊倫理的思想)에 반대하지 않을 수 없다"고 하고 있다. 이와는 반대로 긍정적인 평가를 하는 서구 여러 나라의 신문이 있다는 것을 '나의 예상외'라 하며 이처럼 '반향심대(反響甚大)'한 것에 '노기 죽음의 권위'를 보려 하는 사람도 있었다.[18] 이러한 논의에서 서구로부터 순사는 야만스럽다고 비난받을 것을 내심 두려워하고 있었지만 그렇지 않았던 것에 안도하고 있는 모습을 추측할 수 있을 것이다. 자결을 부정하든 긍정하든지간에 서구에서의 논의가 커다란 논의의 구심점이 되어 있는 셈이다.

한편으로 노기의 자결에야말로 일본의 독자성을 발견해 내려는 논

18) 『日本及日本人』 1912년 10월 1일

의도 많이 있었다. “외인 측에서는 노기 장군의 자살이 아직도 납득이 안 되는 것 같다. 또한 실제로 그것을 쉽게 이해할 수 있을 정도라면 스텟셀은 항복하지도 않았겠지. 일본인은 이해하기 어려운 인간이라는 것이 지금도 외인들의 일반 여론인 듯하다. 그러나 이것이 오히려 일본인이 강한 이유이기에 뭐 고생하면서까지 이해해달라고 할 필요는 없다”[19]라는 논법이다. 한편으로는 서구의 기준을 도입하면서 또 다른 한편으로는 일본인으로서의 아이덴티티를 모색한다고 하는, 일본이 근대화=서구화하는 과정에서 늘 직면해왔던 문제가 여기에서도 등장을 하고 있다.

이 기사에 등장하는 스텟셀은 노기 마레스케가 러일전쟁에서 공략한 여순요새의 사령관이다. 이처럼 노기는 역시 러일전쟁과 깊이 연결이 되어있는 인물이었다. 당시의 일본에서 러일전쟁을 대표하는 장군이라고 하면 해군의 도고 헤이하치로(東郷平八郎)와 육군의 노기 마레스케였다. 도고는 해군의 전 함선을 결집시킨 연합함대 사령장관(聯合艦隊司令長官)으로서 해군 작전부대의 정점에 있었다. 이에 비해 육군부대의 정점에 있었던 것은 5군으로 구성된 만주 파견군의 사령관이었던 오야마 이와오(大山巌)이다. 노기 마레스케는 오야마 밑에 있는 제3군의 지휘관에 지나지 않았다. 그러나 오야마가 아니라 노기가 육군을 대표하는 장군이라 여겨졌다. 이것은 장기간에 걸친 고전 끝에 막대한 사상자를 낸 여순 공략전을 노기가 지휘했기 때문이다. 도고가 동해해전의 대승리를 이끈 러일전쟁의 기쁨과 관련된 명장군이었던 것에 비해 노기는 슬픔을 상징하는 존재였던 것이다. 메이지 천황의 영구차를 뒤따른 고관 중 한 사람인 중의원(衆議院)

19) 『読売新聞』 1912년 9월 22일.

의장 오오카 이쿠조(大岡育造)는 "대장은 여순 전쟁에서 많은 사람을 죽여서 늘 부모, 형제에게 죄송하다고 하셨기 때문에 이번에 돌아가신 것도 아마도 이러한 것이 자살의 원인이 되었을 것이다. 그 외에 별로 깊은 원인이라는 것은 없다"고 하고 있다. 이에 대해서 육군참의관(軍事參議官) 오시마 요시마사(大島義昌) 대장은 "나도 그렇게 생각한다. 그러한 연유로 메이지 천황을 따라 순사하게 되었을 것이다"라고 응수하고 있다.[20] 노기의 자결을 듣고 맨 처음 생각되는 것은 여순의 희생자라고 하는 사람이 실제로는 제일 많았던 것 같다.

이 당시의 일본에게 백인 기독교 대국인 러시아와 싸워 승리를 거둔 것은 큰 자랑이었다. 이걸로 일본은 세계 일등국이 되었다고 믿었다. 동시에 10만 명 가까운 전사자를 낸 것은 깊은 상처가 되었다. 노기 마레스케는 러일전쟁이 있었기 때문에 육군 대장에까지 올라 저명한 군인이 되었지만, 여순공략에서 많은 희생자를 내고 두 아들을 전장에서 잃기도 했다. 그런 인물이 현대 일본의 기초를 만든 메이지 천황의 뒤를 따라 스스로 생을 마감한 것에 일본사회가 깊은 감동을 보였다고 할 수 있겠다.

그렇기 때문에 신문과 잡지에 기고하는 인텔리뿐만 아니라 일반 서민들도 이 사건에 큰 관심을 보인다. 그것은 9월 18일에 거행된 부부의 장례식 때에 한꺼번에 표출된다. 참여자수는 5, 6만 명이라 예상했었습니다만 실제로는 이를 훨씬 상회해, '장례에 참가하는 자20만 / 신하로서는 성대한 의식'[21]이라 불리는 장례가 되었다. 장렬의 모습에 대해 흥미 있는 증언을 하나만 소개하겠다. 노기 아들들의 어린 시절부터의 친구이자 부부의 노년까지 교제가 있었기 때문에 친척과

---

20) 『報知新聞』 1912년 9월 16일.
21) 『万朝報』 1912년 9월 19일.

다름없이 장열에 참가한 하세가와 마사미치(長谷川正道)의 회상이다.

> "아오야마 장례식장에 이를 때까지의 길 양 측은 사람들의 울타리로 매워졌고, 전방의 몇 줄은 무릎을 꿇고 10중, 20중으로 군집은 무려 20만 명, 실로 전대미문의 광경이었다. 마침내 다가오는 장군의 영구(靈柩)를 배례한 군중은 경건한 태도로 이를 맞이하고 엄숙한 마음으로 정숙하여 소리가 없고, 영구를 보내는 눈에는 희대의 충신인 그 유해(遺骸)에 마지막 작별을 고하려 하는 모습이 반영되어 있어, 필자의 가슴을 울린 가장 고귀한 감격이었다. 그런데 그 다음에 오는 부인의 영구, 그 간격 30보, 그 관을 본 순간 군중의 태세는 일변하여 경모(敬慕), 애석, 모두가 눈물이었다. 합장 예배하는 자, 감격에 겨워 오열하는 자, 눈물을 훔치는 자, 무릎을 꿇고 할머니는 땅에 얼굴을 부비며 통곡하는 모습, 연도의 모두가 그러했다.
>
> 관(棺) 쪽에서 이 광경을 보면서 행진하는 필자는 하나하나 가슴에 밀려드는 충동에 억누르려 해도 누르기 힘든 눈물이 계속해서 북받쳐 올랐다. 잠시 견디며 그 장소를 지나자 또 새로운 같은 감격의 장면에 조우한다. 결국 참을 수 없어 눈물이 뺨을 타고 흘러내렸다. 그것을 억지로 참으려 하는 고통은 오늘 또 잊기 힘든 필자 평생의 고귀한 감격이었다."[22)]

장례의 대열을 맞이한 군집은 장군의 영구에 '경건한 태도'를 보인 것에 비해 부인의 영구에는 일변하여 '모두가 눈물'로 맞이했다고 한다. 게다가 장렬이 나아감에 따라서 연도의 사람들이 계속해서 같은 반응을 보인 것에 하세가와는 깊은 감동을 느끼고 있다. 당시의 사람들에게 남편과 운명을 함께 한 시즈코(靜子) 부인이 큰 존재감을 안겨주었던 것 같다. 노기 혼자만의 자결이라면 그것은 멀리 추앙할 위인

22) 長谷川正道, 『敬仰乃木将軍』, 宮越太陽堂書房, 1942, pp.337~340.

의 비극적 최후라는 이야기에 그칩니다. 그러나 그뿐만이 아니라 사랑하는 두 아이들을 전쟁에서 잃은 부부가 함께 자결을 함으로써 노기 가문이 끝났다는 가족의 이야기가 되었다. 남편에게는 아무 말도 없이 뒤를 따른 부인의 존재가, 특히 여성에게 이 사건을 보다 자기 일처럼 가깝게, 비통하게 느끼게 했던 것 이다.

2) 신사(神社) 창건

노기의 경우, 히로세와 다치바나처럼 동상은 건립되지 않고, 신사가 창건되었다. 신사가 생김으로써 노기 마레스케는 문자 그대로 군신(軍神)이 되었던 것이다. 도쿄의 구 노기저택 옆에 진좌(鎭座)된 신사를 비롯해 일본 전국에 노기와 인연이 있던 장소 합계 6개소에 노기신사(乃木神社)가 1926년부터 1933년에 걸쳐 건설되었다.[23] 왜 동상이 아니라 신사 조영의 기운이 높았을까. 그것은 노기가 뒤따른 메이지 천황을 기념하는 방법과 중복되었기 때문이라 생각된다. 메이지 천황의 경우도 개인의 모습을 생생히 재현한다는, 원래 일본의 전통에는 없었던 동상이 아닌 신궁(神宮) 창건이 적합하다고 여겨졌기 때문이다. 이 때문에 1920년 메이지 신궁(明治神宮)이 창건되었다. 메이지 천황 제1의 충신도 그에 준해야 할 것이라 의식되었을 것이다. 참고로 개인을 신으로 모시고 그 개인의 이름이 들어가는 신사가 생긴 것은 이 때부터이다.

또한 히로세와 다치바나는 전사자이므로 야스쿠니 신사(靖國神社)에 모셔졌지만, 노기는 야스쿠니 신사에 들어갈 수가 없었다. 게다가

---

23) 노기신사(乃木神社) 홈페이지

순사에 의해 노기 가문은 단절되었다. 노기와 그 일족의 영혼은 직접 국민들이 제사를 지내는 것 이외에 방법이 없다고 일반적으로 생각했던 것이다.

쇼와에 들어서자 히로세 다케오(廣瀨武夫)와 다치바나 슈타(橘周太)를 제사지내는 신사를 각각의 출신지에 창건하자는 신청이 있었습니다만, 각지에 만들어진 노기신사에 영향을 받은 측면도 있을 것이다. 또한 쇼와에 들어서 11월 3일의 메이지 천황 탄생일이 메이지절(明治節)이라는 경축일이 되었고, 육해군 기념일의 식전(式典)이 대규모가 되자 영광의 메이지를 성대하게 축하하려는 움직임이 생겨났다. 그 위대한 시대에 활약했던 군신(軍神)을 그들이 태어나서 자란 고향 땅에서 제사지내고 싶다는 의식이 그 지역을 중심으로 싹튼 것이 아닐까.

히로세 신사(廣瀨神社)는 러일전쟁 승리 30주년에 해당하는 1935년 5월에 진좌되었다. 흥미로운 것은 일찍이 동상건설을 열심히 추진했던 히로세의 동기생 다카라베(財部彪) 대장이 이 신사 창건에 물을 끼얹는 듯한 발언을 한 것이다. 그는 "도대체 인간이 신이 된다는 것은 인간이 이것을 만들어 그렇게 하더라도 도저히 안 되는 일이다."라고 했다. 단지 그 사람 혼자만이 그렇게 생각했던 것이 아니라 병학교(兵學校)의 "동기생 사이에서도 차차 연구하여" "모두의 의견이 일치했다"는 것이다. 그 결과 이전에 도쿄에서도 신사 창건의 이야기가 있었지만 "아무래도 사람이 억지로 신을 만들어 내는 듯한 느낌이 너무 들었기" 때문에 그것을 취하했다고 한다. 그래서 다케다초(竹田町)의 관계자가 신사 창건의 이야기를 가지고 왔을 때도 신으로 모시는 것은 "자연스럽게 생겨나는 것이지 사람이 만드는 것이 아니다, 만약 실패한다면 고인의 덕을 훼손하는 것이다"라며 반대를 했다. 그러나 그

관계자는 혼자 힘으로라도 반드시 성사시키겠다고 결의를 보이며 결국 히로세 신사의 창건이 실현되었다. "그 경위를 생각해 보면, 히로세 중령의 사적이라는 것은 일본 국민 각 개인의 심금(心琴)을 울리는 면이 다소 있었다고 생각합니다"라고 다카라베는 보고 있다. 결국 "우리들은 누누이 신사 창건에 찬물을 끼얹어 왔지만 오늘 결국에 이러한 멋진 신사가 세워진 것은 무리가 없는 극히 자연적인 결과라고 생각한다"고 하고 있다.[24)]

동상을 만드는 것은 서양에서 전래된 위인의 공적을 알리는 방법이다. 여기까지는 다카라베도 당연히 해야 할 일이라 생각했었다. 그러나 히로세를 문자 그대로 신으로서 모신다는 것은 히로세의 품성을 잘 아는 다카라베를 비롯한 동창생들은 강한 저항감을 갖고 있었다. 그리고 굳이 진좌제(鎮座祭)라는 축하해야 할 자리에서 이처럼 이야기하고 있는 것은 히로세가 일본의 신의 일원이 되는 것에 아직 위화감이 있었기 때문일 것이다. 히로세를 고향이 낳은 영웅이라 존경하는 사람들을 중핵으로 하여 그를 신으로 추앙하려는 움직임이 일어났고, 다카라베가 품었던 것과 같은 우려를 알면서도 강행하여 신사가 만들어졌던 것이다.

이렇게 해서 일본을 세계 유수의 대국으로 만든 러일전쟁의 영웅은 신사에 모시는 것이 당연하다는 의식이 쇼와 초기의 일본에 퍼져간다. 이미 노기 마레스케와 히로세 다케오 신사가 있으니까 도고 헤이하치로(東郷平八郎)와 다치바나 슈타(橘周太)도 신사가 만들어지는 것은 필연적이었다. 1934년에 죽은 도고는 만년에 신사를 세우고 싶다는 말을 듣고 "뭐? 나를 신으로 만들겠다고? 당치도 않아"[25)] 라며

---

24) 『豊州新報』 1935년 5월 24일.
25) 佐藤国雄, 『東郷平八郎元帥の晩年』, 朝日新聞社, 1990, p.235.

거절했다고 하지만, 이미 본인의 의지 같은 것은 문제가 되지 않았다. 기원(紀元) 2, 600년에 해당하는 1940년 도고신사(東郷神社)는 도쿄 하라주쿠(原宿)에, 다치바나신사(橘神社)는 다치바나의 고향인 나가사키현(長崎県) 지지와초(千々石町)에 진좌되었다.

이처럼 쇼와시대에 들어서면서 군신에 대한 태도가 크게 변해 왔습니다만, 그와 동시에 새로운 형태의 군신도 주목을 받게 된다. 나이 많은 장교가 부하를 생각하며 죽어가는 것이 아니라 젊은이가 집단으로 작전성공을 위해 자진해서 목숨을 바친다는 패턴이다. 그 선구가 된 폭탄삼용사(爆彈三勇士)를 다음에서 살펴보겠다.

4. 작전에 목숨을 바친 젊은이들

1) 폭탄삼용사에 대한 열광

1931년 9월 18일에 발발한 만주사변은 이듬해가 되면 상해(上海)로 확산되어 2월에는 이곳으로 파견된 일본 육군과 중국 제19로군(路軍)과의 사이에서 격전이 벌어진다. 전황이 연일 보도되는 가운데 2월 24일의 신문 각 지는 자신을 희생하며 적의 방어선 돌파를 꾀한 3명의 공병(工兵) 에시타 다케지(江下武二), 기타가와 스스무(北川丞), 사쿠에 이노스케(作江伊之助) 각 일등병의 활약을 크게 보도했다.『도쿄아사히신문』에 따르면 완강하게 둘러친 철조망에 전진을 저지당했을 때 “우리 공병대의 공병 세 명은 철조망을 파괴하여 적진의 일각을 무너뜨리기 위해 폭사(爆死)하여 황군을 위해 보은하도록 스스로 지원해 나섰기에 공병대장도 그 비장한 결심에 눈물을 머금고 '그렇다면 나라를 위해 죽어다오' 라며 허락하여 세 사람은 지금 대장 및 전우 등에게 생이별을 고하고 몸 전체에 폭탄을 둘러매고 점화하고서는 '제국 만세'라고 외치며 뛰쳐나가 깊이 4미터의 철조망을 향해 뛰어들어 바로 장렬하게 전사했다. 이 때문에 철조망은 파괴되었고 커다란 구멍이 생겨 적진지 일부가 파괴되고, 이로 인해 우리 군은 여기에서 적진으로 돌입할 수 있었다"고 한다. "이 세 공병의 귀신도 울게 만든 폭사(爆死)는 왕년의 러일전쟁 시 여순 폐색선의 결사대 이상의 비장함의 극치로써, 만에 하나 있을 수 있는 생환을 기대하지 않고 모두가 죽기로 했다. 이것을 들은 사단장을 비롯한 전우들은 눈물을 흘렸고, 그 최후를 기리며 '제국은 아직 끝나지 않았다'는 마음이 들었다"고 보도하고 있다. 점화한 폭탄을 몸에 두른 3명의 공병이 몸을 희생하며 철조망을 파괴했다는 것이 제1보의 내용이었다. 3명으로부터의 지원을 대장이 허가했다는 점, '만일의 생환'도 기대하고 있지 않았다는 점에서 여순폐색대를 상회하는 '비장함의 극치'였다는 점, '제국은 아직 끝나지 않았다'고 느낀 사단장 이하 동료들이 눈물을 흘리며 이들을 기렸다는 점 등이 지적되고 있다. 그 후 '육탄삼용사(肉彈三勇士)' 혹은 '폭탄삼용사(爆彈三勇士)'로서 선정되게 된 일화의 핵심은 이런 점들에 있었다.

만주사변이 시작된 이래 일본군 장병의 전투상이나 전사의 양상을 매스미디어는 연일 크게 다루고 있었다. 예를 들면 연대장이라는 요직에 있으면서 압도적인 수의 적에 포위되어 분전하고 죽어간 고가 덴타로(古賀傳太郞) 중령은 신문 보도뿐만 아니라 영화가 만들어지고 라디오에서 추모 강연이 방송되기도 했다. 혹은 대대장의 전사라고 대대적으로 보도된 후 빈사(瀕死)의 중상을 입어 포로가 되었다는 것이 판명되어 일본 측에 인도된 이틀 후에 권총으로 자살한 구가 노보루(空閑昇) 소령(少佐)도 유명하다. 이것을 『요미우리신문(読売新聞)』(3월 29일)은 '상해사변 최대의 비극'이라 보도했으며, 영화나 연극의 소재가 되었다. 삼용사도 그 하나로써 보도된 것이다. 그 밖에도 수많은 장병의 전사가 미담으로 보도되었는데, 그 중에서는 삼용사에 대한 국민의 반향이 압도적으로 컸다. 신문 보도로부터 불과 1주일 후에는 삼용사를 주인공으로 한 4편의 영화가 개봉되었고, 3월 한 달 동안에만도 그 외에 8편이 상영되었다. 또한 신문 각 지는 삼용사의 노래를 모집했고, 3월 29일의 라디오에는 이들에 대한 노래가 일제히 방송되었다. 또한 무대극이 라디오로 중계되기도 했다. 죽을 것을 알고 있으면서 스무 살 남짓의 평범한 젊은이가 집단으로 작전을 수행하는 모습을 생각하며 눈물을 흘린다는 것이 많은 사람들의 반응이었다. 예를 들면 삼용사의 출신지에 있는 고등여학교(高等女學校) 생도들은 다음과 같은 글을 썼다.

> "실로 만에 하나라도 살 수 있는 방법, 희망은 전혀 없었겠지요. 이 강인함이 야마토다마시이의 발로라 하지 않는 사람은 없을 겁니다. (중략) 이것은 어찌보면 무모하다고도 광적이라고도 할 수 있을 것입니다. 하지만 그 경우 그렇게 해야만 하는, 혹은 위대한 그 어떤 힘이 삼용사의 신체에, 마음에 번뜩였을 겁니다. (중략) 살아 있는 모든 사람 중에 어느 하나 장명장수(長命長壽)를 바라지 않는 사람은 없습니다. 그것을 포기했다, 한마디로 이렇게도 말할 수 있겠지만 그 각오를 할 때까지의 본인들의 마음, 삼용사가 끝까지 자기를 돌아보지 않고 오로지 군국(君國)을 생각한 그 숭고한 마음씨에는 누구나가 눈물을 흘리며 생각했습니다. '귀신도 운다'라는 말은 삼용사의 행위에 대해서만 적당하다고 생각합니다. 영혼이 있는 사람은 누구나가 백이면 백, 천이면 천, 울지 않는 사람은 없습

니다. 이 눈물, 뜨겁고 맑은 눈물, 이것이야말로 우리들의 진정한 심볼(symbol)이라고 해야 할 것입니다. 감격의 눈물이다. 아름다운 눈물입니다."[26]

히로세 다케오와 노기 마레스케의 경우와 마찬가지로, 본인들의 마음을 헤아려 모두 가 눈물을 흘리는 것이 일본의 군신이다. 일본 국민이 심용사와 같은 각오를 한다면 난국은 타개할 수 있을 것이라 보았다. 소학교 6학년의 남자 아동은, "지금 또 미국이 일본에 대해 전쟁을 걸어오려 하고 있다. (중략) 뿐만 아니라 경우에 따라서는 세계 강국 전체를 상대로 싸우게 될지도 모른다. 그런 큰 문제가 일어났을 경우에는 우리 국민은 모두 나이를 불문하고 이 삼용사의 정신을 정신으로 삼아 용공봉사(義勇奉公)의 성과를 거두어야 한다"[27]고 각오하고 있다. 조금 전과는 다른 고등여학교 생도도 "당신과 같은 충렬한 군인이 있는 일본은 외국과 싸워도 반드시 이길 겁니다. 미국이 뭡니까, 영국이 뭡니까, 우리들의 연약한 팔로라도 일본을 지킬 것입니다."라고 다기찬 결의를 피로하고 있다.[28]

2) 육군 공병의 이의(異議)

그러나 이와 같은 삼용사상(三勇士像)은 군대라는 조직에서 보면 커다란 문제를 안고 있었다. 당시 이것을 지적했던 것이 육군축성부 본부(陸軍築城部本部) 부원이었던 육군공병 중령 오노 히토마로(小野

---

26) 江頭伊三太 編, 『肉弾三勇士略伝』, 長崎県北松浦郡教育会, 1932, p.99.
27) 同前, p.79.
28) 同前, p.88.

一麻呂)였다. 그는 삼용사가 전사한 과정을 상세히 조사했다. 그리고 삼용사와 마찬가지로 점화한 폭탄통을 들고 달려간 병사가 또 한 그룹이 있었다는 것, 그리고 그들은 무사히 귀환했지만 삼용사는 도중에 총격을 받고 일단 쓰러졌기 때문에 목표지점에 도착하는 게 늦어서 폭사했다고 지적하고 있다. "한 그룹은 모두 쓰러졌고 한 그룹은 모두 멀쩡하다. 이것은 그야말로 천명이라고 밖에 할 말이 없다."[29] 고 그는 말한다. 즉, 틀림없이 죽을 작전을 지원을 모집해 결행했던 것도 아니고, 상관이 강요한 것도 아니다. 통상의 작전수행을 명령했고 어쩌다보니 전사자가 나왔던 것에 불과하다고 보고 있는 것이다. 일반인들에게 퍼진 삼용사상에 상관의 명령에 절대 복종한다는 군대의 상식이 은폐되어 있다는 점에 그는 가장 큰 위화감을 갖게 된 것이다.

> "이 선발에 해당된 용사들은 각각 결사대의 응모자인 것처럼 연극, 영화, 문헌 등을 통해 봤지만, 나는 심히 수상하다고 여겼다. 출정한 군대는 모두가 결사대다. 무엇 때문에 그 이상으로 결사대를 모집할 필요가 있단 말인가. 출전하는 자도, 또한 이들을 보내는 이들도 당연 서로의 생환을 기대할 수 없다는 각오여야 한다. 그런데도 우리 제국군대가 위험한 임무를 수행할 때 일일이 지원병을 모집해야 한다면, 이에 응하는 사람이 없다면, 국군의 파괴가 멀지 않았다는 말이 아닌가. (중략) 이번 파괴반에 들 수 없었던 병사와 그 가족들이 이러한 극 또는 영화를 봤다면 어떤 기분이 들까."[30]

많은 이들이 삼용사의 죽음에 감동했던 것은 죽을 줄 알면서도 작

29) 小野一麻呂, 『爆弾三勇士の真相と其観察』, 小野一麻呂, 1932, pp.32~33.
30) 同前, pp.19~20.

전의 성공을 위해 자진해서 내 몸을 받쳤다는 점에 있다. 그러나 상관의 명령에 따른 것뿐이라면 살아남을 가능성이 전혀 없는 행동을 강요받았다는 것에 지나지 않게 돼버리고, 게다가 그 상관은 너무 잔혹하다고 여겨질 것이다. 그 때문에 스스로 지원이라는 요소가 아무래도 필요해집니다. 그러나 그렇게 된다면 상관에게 절대 복종하는 군대조직의 원칙에 반하게 된다. 같은 명령을 받은 두 그룹 안에 한 쪽이 삼용사가 되고, 다른 한 쪽은 무사히 생환을 했기에 상관은 결코 생명을 구할 수 없는 무리한 작전을 강제했던 것이 아니다. 그렇게 본다면 많은 다른 전사자들과의 차이는 없어지며, 삼용사만을 갖고 이렇게까지 대단한 소동을 벌일 이유는 찾을 수가 없습니다. 오노도 삼용사를 제국 군인의 전형이라고만 볼 뿐, 다른 군인과 다른 특질을 갖고 있다고는 보고 있지 않다. 그렇기 때문에 삼용사만이 칭찬을 받을 이유를 "하늘이 명한 것이다"라고 밖에 설명을 할 수 없는 것이다.

이처럼 육군은 아주 정확한 조사를 실시하고 그 결과를 솔직하게 공표하고 있다. 그러나 일단 탄력을 받은 여론은 처음에 받은 충격과 감격을 그 후에 얻은 정보에 의해 냉정히 재고하여 수정하려고는 하지 않았다. 언론계에서도 용사는 세 사람뿐만 아니라 철조망을 파괴하는 작전에 참가한 36용사이다, 또는 이 작전에서 전사한 공병 7명과 공병대에서 나온 또 한 사람의 전사자를 포함해 8용사라는 논의도 등장했습니다만, 삼용사라는 이미지가 흔들리지는 않았다. 즉, '폭탄삼용사'는 육군이 전의고양을 위해 만들어낸 것이 아니라 국민이 팽창시킨 이미지였던 것이다.

폭탄삼용사의 공적을 나타내는 방법으로는 히로세 다케오(廣瀨武夫) 등과 마찬가지로 동상 건설이라는 방식이 취해졌다. 삼용사가 소속되어 있던 공병 제18대대의 소재지인 후쿠오카현(福岡縣) 구루메시

(久留米市)에 세워진 것과 도쿄 시바(芝)의 세이쇼지(青松寺) 앞에 있는 것 두 개이다. 전자는 구루메 시장과 구루메 상공회의소(久留米商工會議所) 회장 등이 중심이 되어, 후자는 10명의 귀족원 의원이 발기인이 되어 각각 기부금을 모금하여 건립하였다.[31] 지금까지의 동상과 마찬가지로 육해군은 직접 관여하지 않고 민간 주도로 만들어졌다. 참고로 공병 제18대대에도 기념물이 건설되었다. 삼용사를 낳은 전투에서 전사한 공병 8명의 위훈(偉勳)을 전달하기 위한 '상해사변 폭파용사 기념탑(上海事變爆破勇士記念塔)'이다.[32] 즉, 공병대대로서는 삼용사뿐만 아니라 같은 작전에서 전사한 다른 5명도 목숨과 바꾸면서 철조망 폭파를 성공시킨 점에서 마찬가지의 공헌을 했다고 판단했던 것이다.

맺음말 : 군신의 3유형

폭탄삼용사의 등장으로 처음에 든 군신의 세 가지 유형은 모두 등장했다. 이후 몇 명인가 더 군신이라 불리는 군인이 나오지만, 이 세 유형에서 크게 벗어나는 예는 없다. 그래서 그러한 사람들도 다소 언급을 하며 근대 일본의 군신들의 특징과 변천에 대해서 정리를 해보겠다.

군신에게 공통되는 것은 전투가 한창임에도 불구하고 가슴이 벅차오르는 영광의 무용담보다도 눈물어린 이야기가 선호되었다는 점이

31) 國防義会 編, 『爆弾三勇士』, 同会, 1933, 古川誠助 編, 『肉弾三勇士銅像建設会 報告』, 同会, 1936.

32) 『福岡日日新聞』 1933년 5월 8일.

다. 관심의 초점은 적과의 전투상보다도 전사해가는 군인 자신의 마음 쪽에 있었다. 즉, 유능한 군인으로서 얼마나 큰 전과를 올렸는가 하는 적과의 관계보다도 눈물지으며 이야기할 수 있는 일본인 자신의 아름다운 성향이 주목을 받았다는 것이다. 그 중에는 1937년 8월 도양(渡洋) 폭격에 참가해 중국 양주(揚州)에서 격추된 우메바야시 고지로(梅林孝次郎) 해군 중령처럼 화염에 휩싸인 기상(機上)에서 손수건을 흔들며 동료(僚機)에게 이별을 고했다는 것만으로 국민에게 큰 반향을 일으키고 군신이라 칭양된 예도 있다. 일본인은 울면서 전쟁을 했었다는 감동이 생긴다. 큰 전과를 올리고 군신으로 추앙받은 것은 근대 일본에서는 동해 해전의 도고 헤이하치로(東郷平八郎)와 진주만공격의 야마모토 이소로쿠(山本五十六) 정도일 것이다. 그 이소로쿠도 최후에는 탑승기가 격추되어 전사한다는 비극적인 최후에 의해 군신이 되었다. 군신이란 눈부신 승리에 의해 전의를 고양시키는 수단이 된다기보다도 늘 눈물에 의해 일본인의 뛰어난 자질을 확인하는 존재였던 것이다.

큰 작전의 사령관을 맡아 그 결과로써 군신이 된 장군에는 여순을 공략했던 노기 마레스케(乃木希典), 앞에서 든 도고 헤이하치로(東郷平八郎)와 야마모토 이소로쿠(山本五十六)가 있다. 그 가운데 메이지 천황을 따라 순사한 것으로 노기가 노기신사(乃木神社)에 모셔져 군신이 되었다. 도고는 천수(天壽)를 다했습니다만 노기와 언제나 비교되는 존재였기 때문에 신사에 모시는 신이 되었다. 야마모토도 1943년에 전사한 후 신사 창건의 목소리도 있었지만, 전시 중이었기 때문에 거대한 콘크리트 동상이 만들어진 것에 그쳤다.

다음으로 히로세 다케오(廣瀬武夫)와 다치바나 슈타(橘周太)라고 하는 메이지의 군신과 폭탄삼용사라고 하는 쇼와의 군신의 차이를 정리해 보겠다.

히로세와 다치바나가 전투현장에서 부대를 지휘하는 지휘관의 입장에 있었던 것에 비해 육탄삼용사는 병졸에 지나지 않았다. 현장 지휘관의 역할은 상황에 따라 정확하게 판단을 하는 것에 있다. 이에 비해 병졸은 상관의 명령을 충실히 실행하는 존재에 지나지 않다. 그 때문에 어느 군인의 독자적인 판단을 훌륭하다 칭양하는 것은 지휘관에 대해서라면 가능하겠지만 병졸의 경우에는 전혀 그럴만한 여지가 없다. 삼용사의 경우 이 부분이 좀 비약되어 오노 중령(小野中佐)이 지적했듯이 군대의 원칙에서 벗어난 이미지가 만들어지게 되었다.

메이지의 군신 가운데 히로세는 사족(士族) 출신이고 다치바나는 마을 이장(庄屋)의 가계라고 하는, 어느 쪽이냐 하면 유복한 계층 출신으로 장교를 직업으로서 선택했던 것이다. 그리고 군신이 되기 전부터 그 인품에 의해 남들로부터 인정을 받던 존재였다. 최후에 전장의 지휘관으로서 부하 앞에서 진실한 정이 넘치는 행동을 취해 군신이 되었습니다만, 의도해서 전사를 한 것은 아닙니다. 노기는 자결이었지만, 여순 공략전에서 자신의 아들을 포함해 다수의 장교를 죽게 한 부담을 안고 죽었다고 일반인들은 해석했다. 그들이 자신의 부하와 강한 인연으로 죽어갔다는 것에 남겨진 자들은 슬픔을 느끼게 된다. 부하와의 관계는 가족관계에 비유되고, 중년 이상의 연령이었던 그들은 아버지처럼 우러러보는 존재였다.

이에 비해 삼용사는 모두 전사하는 전년 1월에 징병에 의해 입영한 일등병이었다. 생전에는 특히 눈에 띌만한 구석이 없는 지극히 평범한 청년들이었다. 그런 젊은이 세 명이 하나가 되어, 어찌 보면 지금부터일지도 모를 인생과 맞바꾸며 눈앞의 작전을 성공으로 이끌었습니다. 그러한 극한의 자기희생이 사람들의 감동을 이끌었던 것이다.

그리고 그들의 사후에는 어머니들이 주목을 받아 훌륭한 어머니의 좋은 아들들로서 칭송되었다.

중년 이상의 지휘관인지 젊은 병졸인지, 개인인지 집단인지, 소중한 죽음인지 작전성공과 맞바꿀 각오로 일어난 죽음인지라는 차이가 양자 간에는 있다. 이러한 변화는 우연의 산물이었는지도 모릅니다. 히로세도, 삼용사도, 전쟁이 시작된 직후에 등장했고 전쟁이 한창이었음에도 불과하고 많은 국민이 울었다. 즉, 극단적으로 말하자면 사람들은 감동을 해서 울 수 있는 인격의 등장을 무의식중에 찾았으며, 그것이 우연히 히로세였고, 삼용사였다고 할 수 있을 것이다.

거기에서 시대의식의 변화를 읽어내려 한다면, 봉건시대 때부터 이어져 내려온 사회계층이 엄연히 남아 있던 메이지기에는 선택된 훌륭한 인물의 숭고한 행위를 추앙한다는 시점이 일반적으로 선호되었다. 이에 비해 에도시대 때 생을 얻은 자들이 거의 퇴장하고 대중사회가 진행된 쇼와 초기에는 아주 평범한 일본인들이 최고의 자기희생을 달성한다는 쪽에 보다 강하게 공감했다는 차이가 있었는지도 모르겠다. 쇼와 7년(1932년)이라는 시점에서는 고가(古賀) 연대장과 구가(空閑) 소령보다도 삼용사가 선호되었던 것이다. 그들은 원래 '호걸위인(豪傑偉人)'의 일원이었던 것도 아니고, "우리들 이웃에 살고, 또한 같은 것을 먹어온 평범한 이웃이다." 그 때문에 '이웃집에서 나온 영웅'과 같은 '놀라움과 친근함'을 모두 느끼게 한다는 지적도 있었다.[33] 자기들 동료 가운데 등장한 영웅이라는 측면이 삼용사에 대한 공감을 지탱하는 중요한 요소였던 것이다.

변화의 이유는 이런 것이라고 단언할 수는 없지만 쇼와 초기에 삼

---

33) 『婦人世界』 1932년 4월.

용사라는 새로운 군신상(軍神像)을 만들어낸 것 자체가, 그 이후의 역사에 커다란 영향을 끼쳤다. 메이지의 군신들의 이야기에서는 위인을 주역으로 하는, 애수에 찬 이야기에 사람들은 눈물을 흘렸지만, 그것을 통해 알기 쉬운 교훈을 얻을 수 있는 것은 아니다. 그들의 인격은 쉽게 흉내를 낼 수가 있는 것이 아니었기 때문이다. 이에 비해 삼용사는 걸출한 인격이 아니라 구체적인 행동에 의해 주목을 받았다. 국민들은 자기들과 마찬가지의 보통 인간에 의한 최고의 자기희생을 목격하고 눈물을 흘렸다. 이와 같은 행동은 일본인이라면 누구나 할 수 있는, 삼용사의 위대함은 스스로의 결단으로 그것을 시행에 옮겼다는 점에 있다고 받아들였다.

삼용사형(型) 군신이 다음에 등장하는 것은 쇼와 16년(1941년) 12월의 진주만 공격 때이다. 특수잠항정(特殊潛航艇)으로 진주만에가서 전원 귀환을 하지 못한 장병들이 바로 '구군신(九軍神)'이 되었던 것이다. 참고로 2인승 잠항정(潛航艇) 5척에 의한 작전이었지만, 한 사람이 첫 미군 포로가 되었기 때문에 그 세부내용을 공표하지 않은 채로 구군신(九軍神)이라 불렀다. 당시 '특별공격대(特別攻擊隊)'라 불린 부대에 의한 이 작전에서는 대형 잠수함이 귀환을 위해 대기하고 있었지만, 출격 전부터 전사를 각오하고 있었고, 실제로 그렇게 된 것이 큰 반향을 일으켰다. 이처럼 삼용사에서 시작해 구군신으로 이어진 정신이 전쟁 말기의 특공작전으로 이어졌다고 할 수 있을 것이다.*

* 이 논문은 야마무로 겐토구(山室建德)의 「日本近代における軍神像の変遷」(『日本學硏究』 37, 2012, 9)을 이권희가 번역한 것임

【参考文獻】

『小林秀雄全集』第七巻, 新潮社, 2001, p.204.

井田麟鹿 編, 『七生報国廣瀬中佐』, 廣瀬家, 1928, p.3.

『戦中派虫けら日記』, ちくま文庫, 1998, pp.235~237.

『国民新聞』 1904년 2월 29일.

『東京朝日新聞』 1904년 3월 30일.

『讀賣新聞』 1904년 4월 2일.

『東京朝日新聞』 1904년 4월 24일.

『万朝報』 1904년 4월 14일.

『報知新聞』 1910년 5월 29일.

江崎惇『遼陽城頭夜は開けて』, スポニチ出版, 1981, pp.212~213.

『東京日日新聞』 1912년 9월 14일, 호외.

『報知新聞』 1912년 9월 17일.

『太陽』 1912년 10월.

『国民新聞』 1912년 9월 16일.

『万朝報』 1912년 9월 16일.

『読売新聞』 社説 1912년 9월 18일.

たとえば, 『日本及日本人』 1912년 10월 1일, 別册.

『日本及日本人』 1912년 10월 1일

『読売新聞』 1912년 9월 22일.

『報知新聞』 1912년 9월 16일

『万朝報』 1912년 9월 19일

長谷川正道, 『敬仰乃木将軍』, 宮越太陽堂書房, 1942, pp.337~340.

乃木神社ホ 홈페이지.

『豊州新報』 1935년 5월 24일.

佐藤国雄, 『東郷平八郎元帥の晩年』, 朝日新聞社, 1990, p.235.

江頭伊三太 編, 『肉弾三勇士略伝』, 長崎県北松浦郡教育会, 1932, p.79, p.88, p.99.

小野一麻呂,『爆弾三勇士の真相と其観察』, 1932, pp.19~20, pp.32~33.

國防義会 編, 爆弾三勇士』, 1933.

古川誠助 編,『肉弾三勇士銅像建設会 報告』1936.

『福岡日日新聞』 1933년 5월 8일.

『婦人世界』 1932년 4월.

拙著,『軍神』, 中公新書, 2007.

태평양전쟁시기 제국일본의 군신만들기
-『매일신보』의 조선인특공대('神鷲') 보도를 중심으로 -

이형식

머리말

제국일본은 효과적인 대외전쟁의 동원을 위해 러일전쟁 이후 끊임없이 軍神들을 만들어냈다. 특히 태평양전쟁시기 전황이 악화되면서 식민지에 대한 전쟁동원의 효과를 극대화시키기 위해 식민지 출신의 전쟁영웅을 창출해갔다. 적지 않는 조선인 청년들이 가미카제 특공대원으로 끌려갔고 그 중 일부는 연합국 전함과 비행기에 대한 육탄공격으로 전사하였다. 조선인 특공대 사망자 가운데 몇몇에 대해서 매일신보를 비롯한 조선의 매스컴들은 대대적으로 보도하면서 일본의 전쟁영웅으로, 군신(가미와시)으로 추앙하였다. 근대 일본의 군신과 조선인특공대에 대한 최근의 연구는 다음과 같다.

근대 일본의 전쟁영웅, 군신의 창출에 대해서 야마무로 겐토쿠(山室健德)는 러일전쟁부터 태평양전쟁시기까지 군신의 창출과 소멸과정을 상세히 구명했다.[1] 야마무로는 일본이 창출한 군신을 부하를 생

1) 山室建德,『軍神』, 中央公論新社, 2007.

각하면서 전장에서 쓰러진 중년의 지휘관(広瀬武夫, 加藤建夫), 대결전을 승리로 이끌어 영웅이 된 장군, 제독(乃木希典, 東郷平八郎), 죽음을 피하지 않는 작전을 집단으로 수행한 젊은 장병(폭탄삼용사, 특별공격대)으로 분류하였다. 이중 특공대원에 대해서는 형식상 지원의 형태를 띠고 격렬한 내적 갈등을 겪었음에는 틀림없지만 대부분이 당연한 사명으로 솔선수범하여 출격하고 있다고 결론짓고 있다. 조선인 특공대 문제를 시야에 넣지 못한, 다시 말하면 식민지문제를 결락시킨 일국사적인 역사관에서 군신을 그리고 있다. 한편 일본패전 60년을 즈음하여 태평양전쟁에 대한 관심이 고조되고 가미가제특공대로 전사한 사람 가운데 조선인들이 포함되어 있다는 사실들이 밝혀지면서 조선인특공대가 주목받게 되었다. 이향철은 유족들과의 인터뷰를 통해 조선인 특공대원(탁경현)의 가족사와 출격 직전의 상황을 밝혔고, 전후 조선인특공대원(노용우)의 유골반환문제와 야스쿠니신사 합사문제를 부각시켰다.[2] 배영미, 사카이 유미, 노기 가오리는 조선인 특공대의 실태(제도, 지원배경, 특공사 보도)와 전후 그에 대한 기억을 다뤘는데, 조선인의 가미카제특공대 지원이 자발이 아닌 '강요된 자발'이었다는 것을 밝히면서 우익 성향들의 일본의 연구들을 비판하고 있다.[3]

이와 같은 선행연구를 토대로 본 논문에서는 군신으로 추앙된 이들 조선인 특공대원을 소재로 해서 식민지제국일본이 팽창해가는 과정에서 어떻게 군신을 창출해냈고, 군신 창출 과정에서 식민지 지식인

2) 이향철, 「카미카제 특공대와 한국인 대원」, 『日本研究論叢』24, 2006.
3) 裵姈美・酒井裕美・野木香里, 「朝鮮人特攻隊員に関する一考察」, 森村敏己 編集代表, 『視覚表象と集合的記憶：歴史・現在・戦争』, 旬報社, 2006; 배영미・野木香里, 「日帝末期 朝鮮人 特攻隊員의 '志願'과 '特攻死'」, 『한일민족문제연구』13, 2007.

과 문화인이 어떻게 동원되었는지, 창출된 군신상이 어떻게 변용되었는지, 식민지출신 군신(전쟁영웅)을 전쟁동원에 어떻게 이용했는지, 군신을 어떻게 이미지화시켜 나갔는가를 밝혀보고자 한다. 나아가 군신의 창출과 이미지화 과정에서 매스 미디어가 수행한 역할(매일신보)에 초점을 맞추면서, 매일신보가 군신으로 대대적으로 추앙한 최초의 조선인 특공대원 마쓰이 히데오(松井秀雄, 인재웅)와 마지막으로 특공사한 기요하라(清原鼎実, 한정실)에 주목하고자 한다. 구체적으로는 신문이나 잡지는 물론, 문학텍스트, 라디오방송의 분석을 통해서 근대일본이 창출한 전쟁영웅의 역사상을 재조명하고자 한다. 본 논문에서 매일신보의 보도에 주목하는 것은 매일신보가 다른 신문이나 매체보다도 조선인특공대와 조선인특공대에 대한 조선지식인과 문화인의 태도를 상세하게 보도하고 있어 조선에서의 군신창출에 지대한 영향을 미치고 있었다고 판단하기 때문이다.

1. 九軍神과 '하늘의 군신' 加藤少將

1) 九軍神

진주만 공격이 있은 약 3개월 후인 1942년 3월 6일 대본영은 진주만공격에 참가한 5대의 특수잠항정의 승무원 9인의 죽음을 발표했다. 대본영의 발표에 발맞추어 각 신문들은 승무원 9인을 九軍神으로 추앙하고 九軍神에 대한 기사를 쏟아내기 시작했다. 『매일신보』 역시 〈표 1〉처럼 구군신에 대해서 집중 보도하였다.

〈표 1〉 구군신에 대한 『매일신보』 보도

날 짜	기 사
1942년 3월 1일	烈九軍神 大東亞新軍神에感謝의默禱를..... 外建議 九件採擇(慶南道會第三日) 嗚呼, 太平洋上의軍神 特殊潛航艇의不歸의勇士靈前에 眞珠灣頭九軍神遺家族訪問記 二歲에隣人을驚動 着實果敢한 情■의人岩佐中佐 眞珠灣頭九軍神遺家族訪問記(2) 이母親에이아들! 四人을 出征식힌橫山少佐의家庭 眞珠灣頭九軍神遺家族訪問記(3) 忠孝一致를實踐 豪蕩不覇, 情■의人廣尾大尉 眞珠灣頭九軍神遺家族訪問記(4) 讀書와劍의生活 幼時에兩親死別한佐佐木務少尉 九軍神의 母堂-相互의 冥福을 所願하며 感激의 握手 九軍神에 銃後赤誠-吊慰獻金海軍武官府에 連日遝至
1942년 4월 5일	軍神에 感謝獻金 全國的으로 取扱開始 九軍神의 合同葬儀 來八日, 日比谷서 莊重히 執行
1942년 4월 6일	九軍神과 어머니 東京서 讚揚會 盛大
1942년 4월 8일	殉忠의 九軍神慰靈 今日海車合同葬儀執行 九軍神에 感謝 萬圓을 獻金
1942년 4월 9일	嗚呼九軍神의 葬儀 一億國民哀悼裡執行 葬儀日에 멀리 拜禮 昨日南總督도 九軍神遺影에 燒香 故人과 함께 感泣 皇恩에 感激하는 九軍神遺族
1942년 4월 11일	어머니의 힘은 크다 - 九軍神母親을 본밧자 南總督夫人愛國班常會에 放送
1942년 5월 1일	武勳 에 感謝 -「九軍神의 밤」大盛況
1942년 5월 12일	지화자 좋다 천추의 공명 영문에 들게 된 우리 자손 -우리들도 본받아야 할 『九軍神』의 어머니 - 公炳禹氏夫人 龍熙氏 談
1942년 5월 15일	九軍神의 遺品 到着 - 京城의 海軍 記念日을 裝飾
1942년 5월 18일	徵兵制實施를 앞두고 家庭生活의 大転換 - 『구군신(九軍神)』의 무훈은 어머니의 감화에서 - 견디는 집 자제 몸들이 부실해 - 어머니의 힘은 절대적인 것 - 아들 앞에서도 함부로 안 앉아 - 운명할 순간에 눈 앞에 어머니
1942년 5월 30일	九軍神에 感謝 一千圓을 獻納
1942년 6월 25일	九軍神의 偉勳 江原서 無敵海軍展開催

1942년 10월 16일	特別攻擊隊九勇士, 加藤軍神 殊勳優賞者等에 恩命 大東亞戰最初의 論功行賞發表 첫 行賞을 裝飾하는 軍神들 特別攻擊隊九勇士 破格의 恩命에 感泣하는 遺族
1942년 12월 6일	講演과 映畵會-九軍神生家訪問學童使節派遣 京城日報의 多彩한 戰爭記念行事
1942년 12월 7일	再現된 九軍神勇姿-本間畵伯이 製作 · 海軍省에 獻納
1943년 1월 1일	重大한 家庭의 責務-"九軍神어머니"를 배우자.
1943년 5월 13일	蟲九軍神 본받자- 洪承嫄女史談
1943년 5월 27일	九軍神의 뒤를 따르자- 永久히 새로운 感激- 不滅할 "帝國海軍魂"의 精華들
1943년 8월 28일	九軍神生家도訪問 海軍諸學校視察의文化人明日出發
1943년 10월 2일	靖國神社臨時大祭 十五日から六日間 九軍神も合祀

구군신은 개인이 아니라 팀을 구성해서 처음부터 죽을 각오를 하고 사전준비를 했다는 점에서 새로운 유형의 군신이었다.[4] 이들은 최연장자가 29세, 최연소자가 22세로 전사했던 당시 가장 높은 계급이 해군대위였다는 점을 감안하면 '인격고매'한 장년의 지휘관이라는 부성적인 이미지를 가지고 있는 명치의 군신과는 달리 '위대한 어머니'의 자식들이 군신이 되었다.[5] 구군신은 위대한 위인이 아니라 평범한 청년이 이 정도의 위업을 달성했다고 이미지를 심어주기 위해 신문에서는 9명의 전사자들의 평범한 일화를 대서특필하고 있었다.

특히 그들은 모두 미혼자였다. 때문에 어머니의 존재는 구군신을 이야기하는데 아주 중요한 역할을 담당했다. 슬픔을 억누르고 제국의 영광을 위해 사랑하는 자식까지 기꺼이 조국에 바치는 제국의 어머니상이 연출되었던 것이다. 전쟁과는 거리가 멀게 보이는 어머니를 전

4) 앞의 『軍神』, p.279.
5) 위의 『軍神』, p.280.

쟁에 적극 동원하기 위한 기제였던 것이다. 식민지 조선에서도 어머니의 모성이 강조되고 있었다. 매일신보의 보도는 대부분 일본발 기사를 소개하고 있지만, 식민지 조선의 전쟁동원을 위해 '위대한 어머니'상을 창출하려 했다.

그러나 주지하다시피 9군신은 전사로부터 3개월 후에 대본영이 치밀하게 준비한 끝에 만들어 낸 전쟁영웅이었다. 진주만공격에 참가한 5대의 특수잠항정의 승무원은 대본영이 발표한 대로 9인이 아니라 10인이었고, 미군의 포로가 된 승무원 한 사람의 존재를 은폐하고 구군신으로 발표했던 것이다.[6]

2) '하늘의 군신' 加藤少將

1942년 5월 22일 벵골만 상공에서 승선기가 공격받아 불에 타 귀환 가망이 없자 가토 야스오(加藤建夫) 육군 중령은 자폭하였다. 그 후 가토는 2개월 후인 7월 22일 2계급 특진하여 소장으로 진급하였다. 7월 23일부터 신문들은 일제히 '하늘의 군신', '하늘의 미야모토 무사시(宮本武蔵)', '수행을 멈추지 않는 荒武者'로 보도하기 시작했다. 전사부터 군신의 등장까지 2개월이 걸렸는데, 육군이 해군의 9군신에 대항하기 위해 충분한 사전 준비 끝에 창출한 것이라고 한다.[7] 이백수십 기의 미군기를 격추시킨 무용이 강조되고 부하를 생각하면서 전장에서 쓰러진 중년의 지휘관이라는 이미지는 명치시기 히로세 다케오[8](広瀬武夫)와 같은 군신과 중첩된다. 해군이 구군신이라는 새로

6) 이에 대해서는 牛島秀彦, 『九軍神は語らず』, 講談社, 1976을 참조할 것.
7) 앞의 『軍神』, p.302.
8) 러일전쟁 시기 최초의 군신. 여순항 폐쇄작전에 참여해 閉塞船福井丸을 지

운 유형의 군신을 만들어 내는데 반해, 육군은 해군에 대항하는데 급급해 명치형의 군신을 고수하고 있었던 것이다.

〈표 2〉 군신 가토소장에 대한 『매일신보』의 보도

날 짜	기 사
1942년 7월 23일	軍神·加藤少將의 赫赫한 戰歷 - 空戰史上 一大金字塔 榮譽의 感狀授與 七回 加藤少將 緬甸에서 壯烈戰死 軍神·加藤少將의 赫赫한 戰歷 - 事變勃發卽時出征 疾風, 北支上空을 制壓 軍神·加藤少將의 赫赫한 戰歷 - 武人들이 본 軍神의 面貌 帝國軍人의 龜鑑 戰鬪精神에 透徹한 勇士 軍神·加藤少將의 赫赫한 戰歷 - 緻密果敢한 武人 東條兼攝陸相 談 軍神·加藤少將의 赫赫한 戰歷 - 陸軍航空의 至寶 德川好敏中將 談 軍神·加藤少將의 赫赫한 戰歷 - 部下戰死를 痛惜 單機로 敵十二臺擊墜 軍神·加藤少將의 赫赫한 戰歷 - 榮光의 感狀을 授與 大東亞戰劈頭에 偉勳赫赫 軍神·加藤少將의 赫赫한 戰歷 - 休息업시 奮鬪精進 遠藤三郎少將 談 軍神·加藤少將의 赫赫한 戰歷 - 協同責任感强固 小川部隊長 談 軍神·加藤少將의 赫赫한 戰歷 - 名實相符한 部隊長 部下를 사랑하는 조흔上官 航空本部 皆元勝雄中佐 談 軍神·加藤少將의 赫赫한 戰歷 - 성코라飛行場 急襲 軍神·加藤少將의 赫赫한 戰歷 - 新嘉坡大爆擊 航空勢力擊滅 軍神·加藤少將의 赫赫한 戰歷 - 성코라飛行場 急襲 軍神·加藤少將의 赫赫한 戰歷 - 新嘉坡大爆擊 航空勢力擊滅 軍神·加藤少將의 赫赫한 戰歷 - 忠孝兩全 菊池中佐 談 軍神·加藤少將의 赫赫한 戰歷 - 加藤少將略歷 軍神·加藤少將의 赫赫한 戰歷 - 파렘방에 進出 最初의 落下傘部隊 掩護 軍神·加藤少將의 赫赫한 戰歷 - 緬甸戰線서 壯烈自爆 軍神·加藤少將의 赫赫한 戰歷 - 戰鬪精神의 權化 靑木(武)隊長 談 軍神·加藤少將의 赫赫한 戰歷 - 理想的 航空士官 松村黃次郎中佐 談 軍神·加藤少將의 赫赫한 戰歷 - 壯烈한 最後 軍神·加藤少將의 赫赫한 戰歷 - 友情의 人 天野少佐 談

휘했다. 러시아 구축함의 공격을 받고 철수하는 과정에서 부하를 구하기 위해 침몰해가는 福井丸에 돌아가 부하를 찾다가 러시아군의 공격을 받게 사망하였다. 이후 신사가 설립되고 동상이 건립되는 등 대대적으로 군신으로 추앙되었다.

	軍神・加藤少將의 赫赫한 戰歷 - 戰死詳報 海中에 自爆 父親은 日露戰에 偉勳 一代를 繼續한 忠烈 北方開拓에도 先驅인 軍神 加藤家
1942년 7월 24일	社說 - 忠烈, 加藤軍神 戰陣에서 感激의 新年 部下의 殊勳을 賞揚 軍神 加藤少將의 支那事變 出征日誌 ① "別로 할말도 업다" 溫厚한 가운데도 威嚴 日本女性의 龜鑑인 軍神의 母堂 軍神 加藤少將의 生長 - 頭腦明哲, 寡默謙讓 典型的인 軍人이었다 軍神 加藤少將의 生長 - 頭腦明哲, 寡默謙讓 典型的인 軍人이었다 - 別名부터 『써커스』加藤 軍神 加藤少將의 生長 - 頭腦明哲, 寡默謙讓 典型的인 軍人이었다 - 온家族이 寡默謙讓 軍神 加藤少將의 生長 - 頭腦明哲, 寡默謙讓 典型的인 軍人이었다 - 無言의 人情家이었다 軍神 加藤少將의 生長 - 頭腦明哲, 寡默謙讓 典型的인 軍人이었다 - 陸相의 命令으로 陸大入學 軍神 加藤少將의 生長 - 嚴父가 開拓한 곳 少將이 生長한 東旭川村 軍神 加藤少將의 生長 - 學舍를 保存 軍神 加藤少將의 生長 - 偉大한 어머니 訓育 軍神을 길러낸 母堂 기미女史 軍神 加藤少將의 生長 - 農村出身임을 자랑 生家에서 小作人 寺林氏 談 軍神 加藤少將의 生長 - 農村出身임을 자랑 生家에서 小作人 寺林氏 談
1942년 7월 25일	山下中將을 밋는다 船團掩護에서 馬來半島를 制壓 加藤軍神의 大東亞戰陣中日記
1942년 7월 26일	鍛鍊의 여름 - 나어라 第二・第三 加藤軍神 國民學校敎員들 模型機製作講習
1942년 7월 30일	無言中 部下를 사랑 軍神加藤少將을 말하는 部下들의 座談會 (上)
1942년 7월 31일	軍神 세 遺兒에 純情의 激勵 少國民들 熱情에 感激 日本 第一의 攻擊法 軍神 加藤少將을 말하는 部下들의 座談會 (下) 軍神 加藤少將을 부르는 노래
1942년 8월 2일	軍神加, 藤 少將讚仰會 大盛況
1942년 8월 11일	軍神加藤少將英靈-昨日, 帝都에 無言의 凱旋
1942년 9월 21일	軍神加藤少將 葬儀 葬儀委員, 式順等 決定
1942년 9월 22일	空의 軍神을 追慕 今日, 加藤少將 葬儀 空の軍神加藤少將に 軍をあげての陸軍葬

1942년 9월 23일	軍神의 遺德을 讚仰 昨日 加藤少將 陸軍葬 擧行
1942년 10월 16일	特別攻擊隊九勇士, 加藤軍神 殊勳優賞者等에 恩命 大東亞戰最初의 論功行賞發表
1942년 11월 27일	再現된 軍神의 勇姿-卅名 協力으로 故 加藤 少將 塑像 完成
1942년 12월 11일	軍神加藤少將木像除幕式
1943년 3월 12일	學科도 訓練도 戰爭 - 이렇게 第一 第二의 加藤軍神은 輩出된다
1943년 5월 23일	加藤少將一週忌-軍神의 鄕里에서 儉素한 祭祀執行
1943년 5월 24일	軍神의 冥福을 祈願-加藤少將一週忌法要嚴肅執行
1943년 5월 25일	加藤軍神의 復讐로- 密雲層을 突破奇襲

식민지 조선에서도 〈표 2〉와 같이 가토 소장에 대한 기사가 폭주였다. 매일신보는 1942년 7월 24일자 사설을 통해서 "가토 군신의 위훈을 찬양하는 동시에 銃後國民이 군신의 뜻을 받들어 성전 완수에 매진할 것을 기하"자라고 주장하고 있다. 매일신보는 가토 군신을 대대적으로 선전했지만, 가토 군신은 구군신에 비해서 조선에서조차도 그리 주목받지 못했던 것 같다.

2. 최초의 조선인특공대 전사자 마쓰이 오장 군신만들기

1944년 10월 말 일본 해군이 레이테만 해전에서 처음으로 神風특별공격대를 편성한 이래 가미카제 특공대원 약 3,000명이 사망하였다. 3,000여 명의 사망자 가운데에는 지금까지 18명의 조선인특공대가 포함되어 있다고 알려져 있다. 〈표 3〉은 조선인특공대로 전사한 17명의 명단이다. 육군소년비행단(9명), 특별조정견습사관(3명), 항공기승무원양습소(2), 특별간부후보생(1), 육군사관학교(1) 출신인 이들은 병력동원 제도 하에서 비행훈련 또는 정비, 통신교육을 받은 후에 특공대원으로 지원을 강요받았다.[9] 이들 조선인특공대들은 징병을 위해 재학기간을 단축해서 조기에 졸업시킨 학도병 출신과 중학교 정도의 학력을 가지고 집안형편상 상급학교로 진학할 수 없는 소년들에게 수당이 지급되고 훌륭한 교육을 받을 수 있다는 이점에서 소년비행대를 지원한 소년들로 크게 두 부류로 나눠볼 수 있다. 어느 쪽이든 '강요된 자발'에 의해 특공대에 지원하게 되었다.

〈표 3〉 전사한 조선인특공대

이름	전사일	연령	출신학교	출신기별	부대명	계급	출격기종	전사장소
印在雄 (松井秀雄)	1944.11.29	20	개성상업	小飛13期	靖国隊	伍長一少尉	一式戦闘機「隼」	레이테만
林長守	1944.12.7	20	선천소화국민학교고등과	小飛12期	勤皇隊	伍長一少尉	二式複座戦闘機屠龍	필리핀 올모크만
野山在旭	1945.1.30	21	불명	特幹	飛行第15戦隊	不明	不明	필리핀
岩本光守	1945.3.26	20	불명	航養12期	独飛第23中隊	軍曹一少尉	3式戦闘機「飛燕」	나하 서방해상
朴東薫 (大河正明)	1945.3.29	18	홍남공립공업	小飛15期	誠第41飛行隊	伍長一少尉	99式襲撃機	오키나와 본도해역
崔貞根 (高山昇)	1945.4.2	24	경성고등보통학교	陸士56期	飛行第66戦隊	中尉一少佐	99式襲撃機	오키나와 주변 해상
金尚弼 (結城尚弼)	1945.4.3	25	연희전문	特操1期	誠第32飛行隊	少尉一大尉	99式襲撃機	오키나와 주변 해상
河東繁	1945.4.16	18	불명	小飛14期	第106振武隊	伍長一少尉	97式戦闘機	오키나와 주변 해상
李允範 (平木義範)	1945.4.22	23	불명	航養5期	第80振武隊	曹長一少尉	99式襲撃機	오키나와 주변 해상
朴正碩 (木村正碩)	1945.4.28	불명	불명	小飛15期	第77振武隊	伍長一少尉	97式戦闘機	오키나와 주변 해상
卓庚鉉 (光山文博)	1945.5.11	24	京都薬学専門	特操1期	第51振武隊	少尉一大尉	一式戦闘機「隼」	오키나와 비행장 서해면
尹在文 (東局一文)	1945.5.12	18	岩倉鉄道学校	小飛15期	第8飛行師団	伍長一少尉		

9) 배영미 · 野木香里, 앞의 논문, p.298.

李賢哉 (広岡賢哉)	1945.5.27	18	漢榮중학원	小飛14期	第431振武隊	伍長一少尉	97式戦闘機	오키나와 주변 해상
金光永(金田光永)	1945.5.28	18	경성경복중학교	小飛14期	第431振武隊	伍長一少尉	97式戦闘機	오키나와 주변 해상
盧龍愚 (河田清治)	1945.5.29	20	경성법전	特操 1 期	飛行第5戦隊	少尉一大尉	二式複座戦闘機屠龍	御前崎上空
石橋志郎	1945.5.29	27	도쿠시마고등공업학교	特操 1 期	飛行第20戦隊	少尉一大尉	一式戦闘機「隼」	오키나와 주변 해상
韓鼎實 (清原鼎実)	1945.6.6	20	경성공업학교	小飛15期	第113振武隊	伍長一少尉	97式戦闘機	오키나와 주변 해상

小飛는 육군소년비행대, 特操는 특별조정견습사관, 航養은 항공기승무원양습소, 육사는 육군사관학교, 特幹은 특별간부후보생의 약어이다. 배영미 · 野木香里, 「日帝末期 朝鮮人 特攻隊員의 '志願'과 '特攻死'」, 『한일민족문제연구』13, 2007 ; 山口隆, 『他者の特攻一朝鮮人特攻兵の記録 · 言説 · 実像』, 社会表論社, 2010에서 작성. 굵은 글씨는 매일신보에 보도된 특공사한 대원.

이들이 중학교, 전문학교를 다니던 시기는 미나미 지로(南次郎) 조선총독 하에서 내선일체, 황민화 정책이 추진되는 시기였다. 반도의 히틀러라고 불리는 시오바라 도키사부로(塩原時三郎) 학무국장 주도 하에 '國體明徵', '內鮮一體', '忍苦鍛鍊'을 강령으로 내설고 급신석인 황국신민화 정책이 추진되었다. 또한 고등전문학교에 대한 사상통제, 개입을 강화하여 학교를 충량한 황국신민을 연성하기 위한 기관으로 만들어 국가주의적 통제를 강화하여, 이에 반대하는 자유주의적 성향의 교장들을 경질하고 대신에 자신의 심복을 임명했다.[10] 이러한 국가통제 하에서 경성법학전문학교, 경성상업전문학교의 조선인 졸업생은 강요에 의해 전원 학도지원병으로 전선에 끌려가게 되었다.

이러한 가운데 1944년 11월 레이테만 해전에서 최초의 조선인특공대 전사자가 나왔다. 靖國隊의 일원으로 출격한 마쓰이 히데오(松井

10) 미나미 총독시기의 시오바라 학무국장의 학무행정에 대해서는 졸고, 「南次郎総督時代における中央朝鮮協会」, 『日本歴史』720, 2008을 참조할 것.

秀雄, 印在雄, 당시 20세)가 바로 그 주인공이다. 마쓰이는 1924년 태어나 한구명치소학교, 교동국민학교, 개성상업학교를 거쳐서 소년비행대를 제13기생으로 졸업하고 1944년 11월 29일 레이테만 특공작전에 투입되어 전사하였다. 전사한지 불과 3일 만에 매일신보는 최초의 조선인 특공대출신 전사자를 대서특필하고 이후 매일신보는 마쓰이 오장에 관한 기사로 넘쳐났다.

〈표 4〉 마쓰이 오장에 대한 『매일신보』의 보도

날 짜	기 사
12월 2일	社說 - 松井伍長을 따르자 轟然, 巨艦群 覆滅, 紅顔 松井伍長等 偉功 - 靖國隊二陣 二千六百萬肉彈總突擊의 先鋒 - 半島에 靖國의 神鷲 - 萬古不滅, 松井伍長의 盡忠精神 光榮으로 찬 松井家 - 各處에서 弔問과 香奠으로 忠魂弔慰 開城出生으로 陸軍航空入學 - 伍長略歷 이번에 出擊합니다 - 必殺不生還의 氣魄 - 淡, 大義에 殉하는 松井伍長絶筆
12월 3일	半島의 神鷲 松井伍長을 따르자 - 各界代表의 感激談 內鮮一體의 精華 - 銃後도 松井伍長 본받자 全校生徒 總蹶起 - 第二 第三 松井伍長 輩出 - 原開商校長談 오직 感激할 뿐! - 木山徽中校長 談 그의 뒤를 잇자! - 靑少年에 期待한다 - 夏山景福中學校長 談 教育者로 자랑 - 見原校洞國民校長談 長屋 報道部長弔問 難忘 最後의 作別 - 伍長의 堂叔母追憶談
12월 4일	半島軍神 따르자 - 不滅, 松井伍長의 忠魂 - 長屋報道部長放送 忠魂에 報答하자 - 和永부윤 開城府民에 檄 總督, 摠監慰問使 - 江原社會課長 松井家에 우리가 모두 特攻隊로 - 童心에 盡忠의 熱火 - 神鷲뒤를 잇자! 校洞校學童들 盟誓 - 本社를 來訪 弔慰金 寄託 朝飛會社서 弔問(사장 朴忠植, 저자 주) 勝利의 길로 - 大東亞戰爭四年 - 松井伍長 精神을 補給에 半島處女 熱汗 특공대 뒤 따르자

12월 5일	두 軍神어머니 對面 - 總督夫人弔問에 松井伍長 母堂 感激 瀨戶知事도 弔問 上- 純忠, 人生二十의 松井伍長 一代記
12월 6일	軍神搖籃의 基地 - 松井神鷲感激의 追憶 勝利의 길로 - 大東亞戰爭第四年 ③ - 우리도 特攻隊로 - 酷寒과 싸우는 小國民들 模型機制作에 特才 - 中 - 純忠, 人生二十의 松井伍長 一代記 神翼 - 松井伍長靈前에 - 盧天命 大空서 英靈弔慰 - 今日 金原操縱士 弔問飛行 神鷲의 鄕土開城의 자랑 - 우리들은 더욱 戰力을 增强하자 - 和永府尹 談
12월 7일	芳魂은 大空에 不滅 - 下 - 純忠, 人生二十의 松井伍長 一代記
12월 8일	松井精神을 顯揚 - 開城서 三大記念事業 靈前에 弔慰의 花環 - 倉茂日婦總長 松井伍長 遺族慰問 憤激一新蹶起하라 - 板垣軍司令官 放送
12월 9일	故松井伍長生家에 弔問飛行 松井伍長 頌歌 - 徐廷柱
12월 11일	神鷲의 精神으로 - 每月給料 一部를 獻金 - 半島女子挺身隊 京城府尹에 片紙 필자 故松井伍長 英靈弔慰 十二日, 京城府議員 松井伍長 生家 弔問 春川中學校生들이
12월 12일	승리는 정신력 가미와시를 따르자 반도청년 현상윤
12월 13일	神兵(香山光郎, 李光洙)
12월 14일	社說 - 特攻隊의 戰果
12월 15일	異邦잇는 靑年들 - 松井伍長 慰問金 松井伍長靈前에 開豊郡서 宣誓式
12월 20일	松井神鷲에 報答 開城에서 愛國機 - 軍部에 十萬圓을 獻納
12월 21일	神鷲의 家庭弔問 - 丸山女史의 一行遍歷訪問키로 神鷲 松井機代身을 獻納 - 開城九萬府民의 피 끓는 赤誠
12월 22일	故 松井伍長家 慰問
12월 23일	半島 勞務戰士들 松井伍長 弔慰金
12월 24일	鍾岩國民校學童 松井伍長 弔慰金
12월 27일	中西 - 지게진 五百官民 - 長斫 下山 賃金을 松井伍長 靈前에

12월 28일	武功天聽上達 - 靖國隊十神鷲에 恩賞 - 松井伍長少尉로 特進 武功天聽上達 - 靖國隊十神鷲에 恩賞 - 松井伍長少尉로 特進 - 陸軍省發表 松井伍長 少尉로 特進 - 破格의 恩典에 感激 - 全半島에 神鷲 따르자는 熱火 衝天
2월 22일	반도의 가미와시 마쓰이 히데오 소위 고별식
2월 27일	松井神鷲의 조희광대會(가미시바이협회 직원 파견 마쓰이 소위의 가미시마바이를 공연)
3월 7일	마쓰이 소위 조위 공연 조선음악협회의 경성후생악단을 개성에 파견
4월 7일	神鷲映畵『榮光』上映(조선군보도부의 지도로 조선영화주식회사가 제작)
5월 21일	松井神鷲感謝號 江原道에서(군용기 헌납)

〈표 4〉에 보이는 것과 같이 매일신보는 마쓰이에 관한 기사를 연일 쏟아냈고, 조선총독부와 조선군은 마쓰이 오장을 군신으로 추앙하고, 그의 죽음을 전쟁동원에 적극 동원하려 하였다. 이하 매일신보의 기사를 중심으로 마쓰이의 죽음이 어떻게 현창되고 전쟁선전에 동원되었는지 살펴보기로 하겠다.

매일신보는 12월 2일 사설을 통해서 "반도에서도 神鷲를 보였다는 一事, 이것은 실로 우리의 끝없는 영예다. 그러나 이 영예를 더욱 보람있게 하는 길은 말할 것도 없이 뒤를 따르는 후배가 배출하는데 있지만 전선과 銃後의 구별이 없게 된 금일의 현 단계에 있어서는 총후도 각각 그 職域에서 오장의 神鷲를 정신으로 하여 ■■증산 ■■생산에 돌진하여야 할 것이다."고 '內鮮一體의 精華'인 마쓰이 오장을 본받자고 주장하였다. 12월 4일에는 조선군 보도부장 나가야 쇼사쿠(長屋尚作)는 '半島軍神 따르자'를 방송을 내보냈고, 총독, 정무총감의 조문사가 마쓰이 집을 방문하였다. 또한 마쓰이의 모교인 校洞국민학교 학생들이 매일신보사를 방문하여 조의금을 기탁하고, 12월 5일에는 마쓰이 오장의 어머니와 아베 총독의 부인(아들이 특공대원으로 전사)이 대면하는 퍼포먼스까지 연출하였다. 12월 5일부터 3회에 걸쳐 松井伍長一代記가 신문에 게재되었다. 수영을 잘하고 모형비행기 제작에 열중한 평범한 소년의 모습을 보도했다. 12월 6일에는 노천명의 시 「神翼 - 松井伍長靈前에」와 서정주의 추모시 「松井伍長 頌歌」가 신문에 실렸고, 12월 8일 진주만공격 3주년을 맞이하여 윤치호는 다음과 같이 주장한다.

> 젊은 장정에게 나리는 백지소집장 즉 징용이라든지 학도근로동원 같은 것에 있어서 다만 마쓰이 오장과 같은 그러한 기백을 가지고 용왕매진해서 귀사(매일신보 필자주)에서 제목으로 내건 바와 같은 전열 제4년의 각오를 좀 더 철저히 하지 안하면 안 될 것이다. 이것이 황국신민된 도리이며 또한 떳떳한 의무일 줄 알며 이 점을 나는 젊은 청년층에 특히 제창하는 바이다.[11]

마쓰이 오장의 정신을 이어받아 징용, 근로동원에 매진하자는 것이다. 현상윤도 12월 12일자에 "승리는 정신력 神鷲를 따르자"라는 논설에서 "대동아전쟁 발발이래 반도청년의 충의는 여실이 나타나 마쓰이 오장과 가네하라 군조는 반도청장년들의 갈 바를 몸소 지시하였다. 반도의 청년들아 이 선배의 뒤를 따라서 몇천 몇만의 마쓰이와 가네하라가 나와 주기를 바란다."라고 주장했다. 참고로 여기서 등장하는 가네하라(金原庚鎭) 군조는 브라우엔 비행장에 낙하하여 비행장 봉쇄작전에 참가하여 전사한 특별공격대(薫空挺隊)의 일원이었다.[12]

11) 『매일신보』, 1944년 12월 8일자.

12) 薫空挺隊는 일종의 공수부대이다. 이 부대는 나카 시게오(中重男)를 지휘관으로 장교, 하사관, 통신, 위생병 등 40여명으로 구성되었는데, 조선, 대만 출신자 (台湾高砂族) 가 포함되어 있다.(毎日新聞社編, 『特別攻撃隊』, 毎

경북 상주 출신으로 동부국민학교를 졸업하고 1939년 특별지원병 제2기 후기생으로 입대했는데, 1941년 6월 응소되어 자동차 운전수로 근무하다가 하사관을 지원했고 1944년 11월 26일 필리핀 작전에 공수부대인 薫空挺隊에 참여했다가 전사하였다.[13] 같은 날 김활란(天城活蘭)은 『朝日新聞外地版』에 투고한 기고문에서 다음과 같이 마쓰이, 하야시(林長守)에 대해서 언급하고 있다.

> 대의를 위해, 정의를 위해 목숨을 던져 나라에 봉공하는 기맥의 양성은 '일본의 어머니'를 만들어 내는 여자교육의 근본이다. 이 고귀한 기맥을 발휘한 마쓰이, 하야시 두 오장의 정신은 전 반도 청년의 정신이 되어야 한다. 이 정신과 행동이야말로 내선일체를 실질적으로 추진시켜 나가는 큰 공적이었던 것이다. 이들 두 청년의 어머니가 되어야 할 모든 반도의 여성도 또 두 오장의 육탄정신을 받들어 제2, 제3의 마쓰이, 하야시 오장과 같은 청년을 낳는 교육에 정진하고 새로운 결심으로 나아가지 않으면 안 된다.[14]

9군신의 예처럼 조선여성에게 전쟁승리를 위해 마쓰이와 하야시와 같은 사랑하는 자식까지 제국일본에 기꺼이 바치는 제국의 어머니가 되기를 호소하였던 것이다. 12월 13일에는 내 비행귀야 이제 떠나자/푸로펠라도 잘 돌아간다/목숨하나와 어뢰하나를 안고/길을 떠나자 적의 배를 치자로 시작되는 이광수의 「神兵」이라는 시가 실린다.[15] 12

日新聞社 1979, 39~43)

13) 『매일신보』, 1944년 12월 7일자.

14) 『朝日新聞外地版』(南鮮 · 中鮮 · 北西鮮版), 1944년 12월 12일자.

15) 태평양전쟁 말기 친일시에 대해서는 김응교, 「일제말 조선인이 쓴 일본어 시의 전개과정」, 와타나베 나오키 · 황호덕 · 김응교, 『전쟁하는 신민, 식민지의 국민문화』, 소명출판, 2010을 참조할 것.

월 15일에는 재만조선인들이 松井家에 위로금을 전달했다는 기사가, 松井神鷲에 대한 報答으로 개성에서 愛國機를 구입하기 위해 軍部에 十萬圓을 獻納했다는 기사가 등장한다. 12월 23일에는 규슈 석탄노동자들이, 12월 27일에는 지게꾼들이 松井家에 조의금을 모아 매일신보에 전달했다는 기사를 내보내고 있다. 다음해 2월 京城大和塾 미술부장 이토 고쥬(伊藤孝重)는 마쓰이, 하야시의 동상을 제작하였고,[16] 3월에는 松井家를 위해 조선음악협회에서 경성후생악단을 파견해 위문공연을 하였다. 이어 3월 20일부터 29일까지 해주를 비롯하여 황해도 주요도시에서 육군특공대사진전을 개최하였다.[17]

한편 일본제국은 태평양전쟁의 전황을 알리고 전의를 고취하기 위해 일본뉴스를 편성해서 영화관에서 상영하였다. 이 일본뉴스에 조선인특공대원으로 두 번째로 전사하여 군신으로 추앙된 林長守가 등장한다. 林長守의 고향인 신의주의 영화관에 유가족이 초대되어 근황대의 일원으로 출격하는 林長守의 영상을 관람시킴으로써 극적 분위기를 고조시켰다.[18]

이처럼 마쓰이 오장에서 시작된 군신(가미와시)은 급기야 영화로도 제작되게 된다. 조선영화주식회사는 마쓰이 오장과 林長守의 "위대한 공훈을 영원히 남김과 함께 정성을 다하여 만고정종을 추모하고자 하여" 조선군보도부의 지도로 문화영화라고 불리는 다큐멘터리 영화 '榮光'을 완성하였다. 조선영화주식회사는 개성부연맹과 공동주최로 개성좌에서 4월 2일에 각 관공서직원, 향군문화원, 회사원, 은행원, 정신동원총연맹 반장이상, 각 조합 관계자 등에게, 4월 3일에는 부내

16) 『朝日新聞外地版』(南鮮 · 中鮮 · 北西鮮版), 1945년 2월 9일자.
17) 『매일신보』, 1945년 3월 25일자.
18) 『매일신보』, 1945년 1월 16일자.

각 공사립초등학교생, 경방단원 전부에게 상영하였다.[19]

이어 대본영해군보도부가 기획 · 지도하고 조선총독부와 해군성이 후원하고 조선영화주식회사와 도호(東寶)영화주식회사가 합작해서 일본최초의 특공대영화인 '사랑과 맹세(愛と誓ひ)'를 제작하였다. 감독은 일본과 조선을 대표하는 이마무라 다다시(今村正)와 崔寅奎가 맡고, 주연으로 시무라 다카시(志村喬, 특공대원의 아버지역), 金信載(특공대원의 부인역), 다카다 미노루(高田稔, 경성신보사국장역) 등 당대 1류 배우가 출연하였다. '사랑과 맹세'는 해군군사보급영화로 해군기념일(5월 27일)을 기하여 경성, 부산, 평양, 청진, 대구, 함흥 등 전국에 일제히 개봉되었다.[20] 해군중좌 쇼다 만슈고로(庄田滿洲五郎)는 영화 제작 목적에 대해서 다음과 같이 말하고 있다.

> 이 영화의 목적은 반도 동포의 혼에서 용출된 충성심의 발로를 국민에게 호소하여 군관민 일체가 되어 성전완승에 일층 박차를 가하여 끝까지 국난을 극복하야 성전의 목적을 완성할 특별 ■■의 고양에 있다. 이 영화가 가진 의의는 가장 힘차게 강조되지 않으면 안 된다. 황군의 정화는 특별공격대가 되어 대동아의 존귀한 초석이 되고 동아 10억 민족의 興隆을 쌍견에 지고 무스며 국난에 나가고 총후의 반도동포도 또한 공장에 광산에 마치를 휘두르고 선반을 조작하며 괭이를 잡고 증산에 매진하는

19) 『매일신보』, 1945년 4월 7일자.
20) '사랑과 맹세'의 개봉시기에 대해서, 김려실(『투사하는 제국 투영하는 식민지 : 1901~1945년의 한국영화사를 되짚다』, 삼인, 2006, p.326.) 은 7월 26일로, 박현희(『문예봉과 김신재 1932~1945』, 선인, 2008, p.189.)는 매일신보 광고를 근거로 1945년 5월 24일에서 6월 1일까지 명치좌, 성보극장, 경성극장, 대륙극장에서 상영했다고 추론하고 있다. 하지만 박현희가 이용하고 있는 매일신보 광고에서도 개봉일을 해군기념일인 5월 27일로 표시하고 있다.

진■한 자태는 이 또한 특공정신의 현현이 아니고 무엇이랴 대동아민족의 혈관에 끓어오르는 열혈은 수천 년의 역사와 전통을 빛나게 하고 대동아의 번영과 흥륭을 위하여 최후의 일적까지 주입하지 않으면 안 된다. 이 영화는 반도동포를 대상으로 하야 제작된 최초의 국민영화로서 반도동포의 혼속에 잠겨 있는 국가적 정열을 일층 강하게 불타게 하고 애국의 지성을 촉진함에 족한 깊은 인상과 감명을 관객에 줄 것을 믿어 마지않는다.[21]

쇼다는 '사랑과 맹세'가 조선인을 대상으로 하여 제작된 최초의 국민영화라는 것을 강조하면서 조선인들의 충성심을 이끌어내고 증산에 매진하게 하고 전의를 고양하여 전쟁을 완수케 하는 것을 영화제작의 목적이라고 지적하고 있다. 이 영화에 대해서 영화평론가 다나카 준이치로(田中純一郎)가 "특공대를 지원하는 조선의 결의, 조선인 대상 해군 徵募用" 영화라고 평가하고 있듯이,[22] 1944년 11월에 해군특별지원병제도로 해군에 입대한 조선인·대만인을 대상으로 特別丙種飛行予科練習生(特丙飛)을 신설하여 부족한 항공승조원을 모집하고자 해군이 영화제작을 후원했던 것으로 보인다.

이처럼 개성에 있던 마쓰이 오장 집 근처에는 '신취송정가(神鷲松井家) 남쪽 50미터', '신취송정가(神鷲松井家) 입구' 등과 같은 팻말이 세워질 정도로 조문객이 쇄도하였고,[23] 장례식 때 일본 육군성에서 채권으로 3500원을 보내고 또 부의금으로 2만 원이 모일 정도로 조의금이 넘쳐났다.[24] 조선총독부와 조선군은 진주만기습 3주년을 맞이

---

21) 『매일신보』, 1945년 5월 27일자.
22) 櫻本富雄, 『大東亞戰爭と日本映畵』, 青木書店, 1993, p.179.
23) 『新時代』, 1944년 12월, p.14.
24) 『자유신문』, 1946년 1월 10일자.

하여 전쟁동원을 위해 마쓰이를 군신으로 추앙하면서 대대적으로 선전하고 이용하였던 것이다.

조선군과 조선총독부가 문인, 지식인, 예술인(영화인 등), 청소년, 초등학생 등을 총동원하여 마쓰이 오장 영웅 만들기에 열을 올리면서 마쓰이를 따라서 각 직역에서 지원병 지원, 여자정신대 지원, 양곡공출, 저축목표달성, 증산에 매진하도록 독려했다.[25] 여기에는 조선에 있는 사람뿐 아니라 재만조선인, 재일조선인도 동원되었다.

이렇듯 조선군과 조선총독부는 가미와시 마쓰이 오장을 군신으로 추앙하면서 대대적으로 선전했지만, 전사한지 불과 3일 만에 신문에 보도된 탓일까 군신으로서의 마쓰이 오장은 소심하고 정 많은 소년으로 너무나 평범하기 짝이 없고[26], 자칫하면 순진한 젊은 청년을 육탄자살공격에 내몰았다는 위험마저 내포하고 있었다.

마쓰이의 소년비행대 시절의 일기는 『新時代』(1944년 12월호)에 실려 있다. 이 일기는 검열될 것을 전제로 해서 쓰인 일기이기 때문에 얼마나 진의를 담고 있는지 의문이지만, 자기 검열 속에서 황국신민, 제국 군인이 되기 위해 수양, 연찬하려 노력하는 모습을 엿볼 수 있다. 하지만 마쓰이는 일기에 "오전 중 비행 연습, 오후에 연습이 없어 외출을 했다. 高島 군의 하숙집에 가서 고향, 그 밖의 조선에 대해서 이야기했다. 그의 인생도 가련하다다는 것을 알고 듬직하게 생각했다.(강조점은 저자)" 고 적고 있듯이[27], 자기검열로 인해 자신의 감정

---

25) 육탄자살공격대를 찬미하고, 선동했던 국가, 군, 일본의 저명한 문화인(문학자, 시인, 음악가, 영화인 등)의 책임에 대해서는 桜本富雄, 『燃える大空の果てに』日本図書センター, 1986을 참조할 것.

26) 인재웅의 여동생 인순혜는 인재웅이 소심하고 정 많은 소년으로 기억하고 있다. (길윤형, 『나는 조선인 가미카제다』, 서해문집, 2012, pp.52~56.)

27) 『新時代』, 1944년 12월호, p.19.

을 최대한 억제하려해도 은연중에 튀어나온 진심을 감출 수 없었던 것이다. 미군의 오키나와 상륙작전으로 패색이 더욱 짙어가는 가운데 조선에서도 보다 모범적이고 황군으로서도 귀감이 될 만한 군신을 만들어내지 않을 수 없었던 것이다.

3. 최후의 조선인특공대 전사자 기요하라 오장 군신만들기

대본영은 가미카제특공대가 출격하는 부대에 많은 보도반원을 파견하여 인터뷰를 하고 사진을 촬영하여 송부함으로써 전의 고취를 극대화하였다. 매일신보도 1944년 12월부터 보도반원을 육해군기지에 파견하였다. 1945년 4월 17일에는 최후의 밤을 독서하면서 보내고 있는 특공대의 모습을 전하고[28], 5월 13일자 기사에서는 第431振武隊 소속 이현재와 김광영을 취재한다.

저 같은 미미한 존재가 영예로운 중임을 맞게 된 것을 감사하고 행복

---

28) 제14기 해군비행예비학생이었던 스기야마 유키테루(杉山幸照)는 "특공대원의 숙사는 한마디로 말하면, 도살을 기다리는 소떼들로 생지옥이라고 평해도 과언이 아니다. 내일 신이 될 것이 약속되어 있는 특공대원을 왜 이처럼 대우하는 것일까 나는 지금도 이해할 수 없다."고 회고하고 있다.(앞의 桜本富雄 책, 『燃える大空の果てに』, p.27.) 또 쓰치우라 해군항공기지에서 급사, 세탁, 청소 일을 담당했던 가스가 다케오(春日武雄)는 1995년 6월 21일 우메자와 쇼조(梅沢昭造) 에게 보낸 편지에서 "뒤죽박죽 된 테이블 위에는 엎드린 사람, 유서를 쓰는 사람, 팔짱을 낀 채 명상에 잠긴 사람, 엉망이 된 환송회장을 떠나는 사람, 언제까지고 묵묵히 뭔가를 쓰는 사람, 미친 듯이 춤을 추면서 꽃병을 부수는 사람, 이 참담한 출격전야의 어찌 할 바 모르는 학도병의 심경은 너무나도 알려져 있지 않다."고 전하고 있다.(오오누키 에미코, 『죽으라면 죽으리라』, 우물이 있는 집, 2007년, p.39.)

스럽게 여깁니다. 지금 저는 아무 생각도 없습니다. 단지 어찌하면 적의 큰 함선을 격침시킬까 이것만이 내가 소년 비행학교에 들어갈 때부터의 염원이었고 또한 육탄폭격을 하는 그 순간까지 염원일 것이다. 이번 전쟁을 이기는 열쇠는 마음에서 우러나온 문자 그대로의 내선일체 그것이라고 믿습니다. 이곳이 모든 전력의 핵심임을 나는 확신한다. (중략) 아무쪼록 앞으로 많은 후배들이 뒤를 이어 美英의 야욕을 때려 부수기를 바랍니다.[29]

매일신보는 육군소년비행대 출신인 이현재와 김광영을 인터뷰함으로써 내선일체를 강조하고 특공대 지원을 독려했던 것이다. 참고로 이현재와 김광영은 1943년 9월 20일 제4회 항공기념일에 향토방문비행으로 조선을 방문하여 전국 각지에서 순회강연과 시범 비행을 하여 조선 소년들에게 소년비행대 지원을 독려했었다.[30] 이어 6월 11일자에는 마지막 가미와시가 된 韓鼎實(清原鼎実)의 인터뷰를 실고 일기를 소개하고, 출격 전에 육성을 전하는 등 기요하라에 대해서 자세히 소개하고 있다.

기요하라 오장(본명 韓鼎實)은 1925년 함북에서 태어나 경성공업학교를 졸업하고 소년비행대 제15기로 입대하였다. 항공총감상과 군사령관상을 수상할 정도로 우수한 성적으로 졸업하였고, 졸업 후 第113振武隊에 배속되어, 1945년 6월 6일(20세) 오키나와 주변해상에서 전사하였다. 군의 전사 발표와 함께 6월 12일 기요하라의 일기가 매일신보에 발췌되어서 실렸다. 출격 전에 녹음한 육성이 6월 15일 경성방송국을 통해 전국에 퍼졌고, 같은 날 조선미술대상을 수상한 遠田

29) 『매일신보』, 1945년 5월 13일자.
30) 국사편찬위원회, 『식민지 소년의 창공에의 꿈』, 국사편찬위원회, 2010, p.14.

화백(遠田運雄, 경성사범학교 교수)이 기요하라 초상화를 그렸다. 17일에는 조선문인보국회 소속 모윤숙, 김용제 등이 조문하는 등 조선인 가미와시를 추앙하는 데 열광하였다.

평범했던 마쓰이에 비해 항공총감상을 수상할 정도로 황민화가 내면화된 이상적인 조선인 군국소년이었던 기요하라를 매일신보는 일찍부터 주목하였다. 매일신보는 특파원을 특공대 기지에 파견하여 출격진전에 인터뷰 하는 등 전의를 고취시키기 위해 조선인 군신을 치밀하게 선전하였다. 기요하라의 일기를 '신념과 면모 정열이 점철된 일기'라고 평하면서 신문에 공개하여 가미와시 선전의 극적인 효과를 만들어내려 했다. 기요하라 일기 곳곳에는 '황국신민화'된 황군의 모습을 엿볼 수 있었던 것이다. 이하 매일신보 1945년 6월 12일자에 실린 일기를 읽어가면서 기요하라의 내면세계를 살펴보기로 하겠다.

1942년

4월 18일 요시노 소좌의 님을 위하야 무엇을 하겠소나 젊은이끼리 지는 것으로 빗어나는 이 몸이건만 이라는 시는 일본민초의 최대의 즐거움을 잘 표현하았다.

4월 24일 내일은 황감하옵께노 양 폐하옵께시 靖國神社에 친배하시는 날이다. 아아 나는 신국에 태어난 본의가 있다. 내일은 나도 근신하지 안하면 안된다.

5월 6일 나는 종생 일본정신에 살 것을 어제 밤에 신명께 맹서하였다. 신의 아들인 내가 신에게 맹세하였으니 반드시 이 맹서를 지켜야 한다. 나는 일본의 아들 대공의 아들이다.

5월 14일 반도에도 징병령이 내렸다. 젊은이 몸 충성을 맹서한다. 동무들도 진충일념에 불타고 있다. 반도야 너는 강하고 위대하다.

6월 1일 9군신전을 읽었다. 그의 기개 하늘을 찌르는 듯하다. 위대하다. 9군신아 그들은 나의 목표이며 나의 선생이다. 나는 반드시 그들의 뒤를 따르련다.

6월 19일 고이소 총독의 유고에 "무엇이든지 신도의 진수에 투철하지 않으면 안 된다"고 하였다. 나는 신국일본정신에 살련다. 참다운 내선일체의 제1보는 국어상용에 있다. 국어 상용은 잊지 말고 실천하련다.

1944년

10월 30일 우리 구대장의 동기생인 아베(阿部信弘) 중위가 단기로 항공모함을 격침시켰다. 감개무량하다. 나도 될 수 있는 대로 큰 함선을 격침시킬 것만을 맹서한다.

기요하라의 일기 속에서 일본어 상용을 실천하고, 일본의 아들임을 맹세하고, 천황을 위해 제국일본을 위해 큰 함선을 격추시킬 것을 다짐하는 군국소년의 모습을 엿볼 수 있다. 일기에서 9군신이 등장하는 것은 흥미롭다. 1944년부터 45년에 걸쳐서 전사한 특별공격대원의 대부분은 10대 후반에서 20대 중반의 연령이었다. 그들은 1932년 폭탄 3용사가 등장한 때에 소학교 학생이었는데[31], 조선에서는 폭탄 3용사가 그다지 보도되지 않았기 때문에 9군신 신화가 이들에게 적지 않은 영향을 미치고 있었던 것으로 보인다. 또 이 일기에 등장하는 아베 노부히로는 마지막 조선총독인 아베 노부유키(阿部信行)의 아들로 10월 19일 영국 항공모함을 육탄공격으로 격침시켰던 사람이다. 조선총독의 아들로서 특공대에 참가했던 노부히로의 전공에 깊이 감명하고 뒤를 따르고자 했던 군국청년 한정실의 모습을 엿볼 수 있다.

1945년 2월 23일 특공대 결성식에 참가한 한정실은 "특공대 결성식이 있었다. 이에 참가하는 운명을 받았다. 우리들 00명은 감격과 긴

31) 앞의 『軍神』, p.298.

장리에 식을 마친 다음 00신사에 참배하였다. 나는 천검대의 한 사람이다. 황국에 생명을 받은 지 21 성상 처음 받은 감격이다. 드디어 나에게도 영예로운 신기가 왔다."고 소망하고 바라던 특공대의 일원으로 참가하게 된 감격을 일기에 적고 있다.

이후 군국소년 기요하라는 경성방송국을 통해서 반도출신으로 "황국에 생을 받은 즐거움과 제국 군인으로서의 수양의 결단을 총후국민 특히 젊은 반도청소년"에게 고하는 마지막 메시지를 보내면서 오키나와로 출격하게 된다. 기요하라의 원본 일기는 현재 남아있지 않기 때문에 매일신보에 실린 기요하라의 일기가 얼마나 그의 내면세계를 솔직히 표현했으리라고 확인할 수 없다. 일기가 한글로 번역되면서 많은 윤색을 거쳤을 가능성도 배제할 수 없다.[32] 하지만 제국일본이 요구하는 내선일체화, 황국신민화된 조선인이란 제국일본, 천황을 위해 주저함 없이 목숨을 내던지는 일기에 나타난 기요하라와 같은 청년이었을 것이다. 기요하라는 일본인보다 더 천황에 충성하고 제국일본에 목숨마저 바쳐야 하는 조선의 모범적인 일본인(Japaneseness), 군국청년을 표상하고 있었던 것이다.

1945년 7월 전차, 전함, 비행기에 육탄공격을 감행하는 특공대원을 모집하는 神風特功後續隊 총본부는 조선에 지부(지부장 山岡實三)를 설치하고 특공대 대원을 모집하기로 결정했다.[33] 독일 항복, 오키나와 함락 이후 전황이 더욱 악화되면서 제국일본을 위해 자살 육탄공

---

32) 오오누키 에미코는 특공대원으로 전사한 일본인 학도병의 수기를 분석하여 천황을 위해 기꺼이 자기 목숨을 희생했다고 하는 일본정부의 선전을 비판하면서 이들이 처음부터 황국 이데올로기를 완전히 부정했거나 처음에는 열렬히 받아들이지만 마지막에 가서 단념했다는 것을 밝혔다.(오오누키 에미코, 앞의 책, p.41.)

33) 『매일신보』, 1945년 7월 15일자.

격을 감행하는 더욱 더 많은 조선인 청년, 조선인 군신들이 절실했던 것이다. 이들 조선 청년에게 기요하라는 이상적이고 모범적인 군군청년이었던 것이다.

맺음말

1946년 1월 한국의 각 신문은 최초로 전사한 조선인특공대 松井伍長이 미군의 포로가 되었다가 월미도를 통해 생환한다는 기사가 일제히 보도하였다.[34] 버젓이 살아 있는 사람을 죽었다고 허위보도한(?) 제국일본의 천박한 선전정책이 폭로되었던 것이다. 기사의 진위는 어떻든 간에 조선인특공대 마쓰이 신화, 그리고 군신이라는 단어조차도 패전과 동시에 사라지게 되었던 것이다.

본 논문은 제국일본이 대외침략전쟁을 감행하면서 국민을 전쟁에 동원하기 위해 전쟁영웅, 군신을 창출했고, 침략전쟁이 확대되어 가면서 식민지 조선에서도 전쟁영웅, 자살 육탄공격으로 전사한 군신이 등장하게 되었다는 사실에 주목하였다. 조선인 특공대로 대표되는 제국일본과 천황을 위해 목숨까지 바치는 전쟁영웅, 군신은 조선총독부와 조선군에 의해 전의를 고취시키고 전쟁수행을 위해 조선인의 인적 자원과 물적 자원을 수탈하는 데 동원되었다.

---

34) 김웅교(앞의 김웅교 논문)는 1월 10일자 기사에 주목하여 마쓰이 오장의 생환을 기정사실인 것처럼 기술하고 있지만, 『自由新聞』은 1946년 1월 12자 기사에서 松井伍長의 생환은 낭설이라고 발표하고 있다. 또한 길윤형(앞의 『나는 조선인 가미카제다』, pp.65~66.)은 유가족과의 인터뷰를 통해서 마쓰이 생환 기사가 오보임을 밝혔다.

레이테만 전투에서 조선인으로 가미카제특별공격대에 참가하여 전사한 마쓰이 히데오(인재웅)를 현창하기 위해 조선총독부와 조선군은 문인, 지식인, 예술인, 청소년, 어린이, 재만조선인, 재일조선인 등을 총동원하였다. 매일신보도 마쓰이의 전사를 연일 대서특필하면서 마쓰이의 진충정신을 뒤따라 지원병 지원, 여자정신대 지원, 양곡공출, 저축목표달성, 증산에 매진하도록 독려했다. 하지만 마쓰이는 전사한 지 불과 3일 만에 별다른 준비 없이 군신으로 추앙된 탓에 너무나 평범하기 짝이 없고, 자칫하면 젊은 청년을 육탄자살공격에 내몰았다는 위험마저 내포하고 있었다. 오키나와 상륙작전으로 본토결전을 앞두고 있는 제국 일본으로서는 조선에서도 보다 모범적이고 황군으로서도 귀감이 될 만한 군신을 만들어내지 않을 수 없었다.

韓鼎實(清原鼎実)은 육군소년비행대에서 항공총감상과 군사령관상을 수상할 정도로 우수한 성적으로 졸업하였고, 황국신민, 내선일체를 내면화한 인물이었다. 매일신보에 공개된 기요하라의 일기에서는 일본어 상용을 실천하고, 일본의 아들임을 맹세하고, 천황과 제국일본을 위해 큰 함선을 격추시킬 것을 다짐하는 황국신민의 모습을 엿볼 수 있다. 뿐만 아니라 일기에 나타난 기요하라는 구군신과 조선총독의 아들로서 특공대에 참가했던 아베 노부히로의 전공에 깊이 감명하고 제국일본을 위해 자살공격(특공사)을 마다하지 않는 군국청년의 모습을 표상하고 있다. 독일이 항복하고, 오키나와가 함락되는 등 전황이 더욱 악화되어 본토결전을 목전에 앞두고 있는 상황에서 제국일본은 조선청년들을 노골적으로 자살특공대로 내몰기 위해 神風特功後續隊총본부 조선지부를 설치하였다. 황국신민, 내선일체를 내면화하고 제국일본과 운명을 함께 할 수많은 제2, 제3의 기요하라가 절실했던 것이다.

본 논문에서는 제국일본의 조선인 전쟁영웅, 군신의 창출과정을 매일신보를 통해서 살펴보았다. 제국일본이 창출한 전쟁영웅, 군신에 대해서 조선인들이 어떠한 반응을 보였는지에 대해서는 앞으로의 과제로 삼고자 한다.*

* 이 논문은 「태평양전쟁시기 제국일본의 군신만들기」(『日本學硏究』 37, 2012, 9)를 수정한 것임.

【參考文獻】

국사편찬위원회, 『식민지 소년의 창공에의 꿈』, 국사편찬위원회, 2010.

김응교 외, 「일제말 조선인이 쓴 일본어 시의 전개과정」, 『전쟁하는 신민, 식민지의 국민문화』, 소명출판, 2010.

길윤형, 『나는 조선인 가미카제다』, 서해문집, 2012.

김려실, 『투사하는 제국 투영하는 식민지 : 1901~1945년의 한국영화사를 되짚다』, 삼인, 2006

배영미·野木香里, 「日帝末期 朝鮮人 特攻隊員의 '志願'과 '特攻死'」, 『한일민족문제연구』13, 2007.

박현희, 『문예봉과 김신재 1932~1945』, 선인, 2008.

오오누키 에미코, 『죽으라면 죽으리라』, 우물이 있는 집, 2007.

이향철, 「카미카제 특공대와 한국인 대원」, 『日本研究論叢』24, 2006.

牛島秀彦, 『九軍神は語らず』, 講談社, 1976.

桜本富雄, 『燃える大空の果てに』, 日本図書センター, 1986.

櫻本富雄, 『大東亞戰争と日本映畫』, 青木書店, 1993.

裵姈美·酒井裕美·野木香里, 「朝鮮人特攻隊員に関する一考察」, 森村敏己 編集代表, 『視覚表象と集合的記憶 : 歴史・現在・戦争』, 旬報社, 2006.

毎日新聞社編, 『特別攻撃隊』, 毎日新聞社, 1979.

山口隆, 『他者の特攻ー朝鮮人特攻兵の記録・言説・実像』, 社会表論社, 2010.

山室建徳, 『軍神』, 中央公論新社, 2007.

李炯植, 「南次郎総督時代における中央朝鮮協会」, 『日本歴史』720, 2008.

학도병상(學徒兵像)의 변용

- 전후 일본에서의 '전쟁체험'의 역학 -

후쿠마 요시아키(福間良明)

머리말

1969년 5월 20일 교토(京都)의 리쓰메이칸대학(立命館大學)에서 와다쓰미상(像)이 파괴되는 사건이 일어났다. 와다쓰미상이란 전몰학도[1]의 유고집 『들어라, 와다쓰미의 소리를(きけ, わだつみのこえ)』(東京大學組合出版部, 1949)에서 따온, 반전·평화를 기념해서 세운 것이다.[2] 전공투(全共闘) 계통의 학생 셋이 달려들어 통나무로 된 벤치를 집어 던져 동상을 쓰러뜨리고, 주위 학생들은 동상의 목에 밧줄을 걸어 끌고 다녔다.

이 사건은 사회적으로 큰 충격을 주었다. 전국지(全國紙)에서도 대서특필을 했다. 학교법인 리쓰메이칸대학 이사회도 "난폭한 폭력학생

1) 전시기 및 전후 일본에서는 '학도병'은 대학·고등전문학교 재학 중에(혹은 졸업 후 얼마 되지 않은) 출정한 젊은이를 가리키는 것으로 인식되어 왔다. 본고도 같은 의미로 '학도병'이란 용어를 사용하기로 한다.

2) 'わたつみ(わだつみ)'는 해신(海神)을 의미하는 일본어 고어(古語)이나, 현재는 전몰학생(학도병)을 나타내는 보통명사처럼 쓰이고 있다. - 역자 주.

들의 짓"이라 단죄(斷罪)하였다.

상을 파괴한 학생들을 이렇게 지탄하는 것은 어렵지 않다. 그러나 파괴한 학생들을 문책하는 것만으로 문제가 해결될까. 실제로 매스컴에서는 모두가 이 사건을 비난하면서도 한편으로는 이 사건을 높게 평가하는 움직임도 보였다. 『들어라, 와다쓰미의 소리를』을 계기로 창설된 반전시민운동단체로, 와다쓰미상과도 관련이 깊은 일본전몰학생기념회(日本戰歿學生紀念會, わだつみ會)에서조차 적잖게 파괴자를 지지하는 경향이 보였다.

그렇다면 생각해 봐야 할 것은 상을 파괴했던 학생들의 '이전 전쟁에 대한 몰이해' 또는 '광신적인 폭력성' 때문은 아니라는 것이다. 오히려 상을 파괴하는 일이 일어났고, 그것이 어느 정도 지지를 받는 사회배경은 어떠한 것이었는지, 그것을 문제시해야 할 것이다.

여기에서 떠오르는 것이 전후 일본에서의 학도병상의 변용이다. 1949년에 간행된 유고집 『들어라, 와다쓰미의 소리를』은 크게 히트해 전몰학도는 '반전', '전쟁비판'의 심볼이 되었다. 그러나 그로부터 20년이 경과되자 전몰학도는 신좌익계(新左翼係) 학생들에게는 증오의 대상으로 변해버렸다. 그러면 이러한 변화는 왜 발생했는가? 그리고 그 후 전후 일본에서 전몰학도병상은 어떤 변화를 거쳐 왔는가?

본고에서는 와다쓰미상을 둘러싼 언설사(言說史)에 초점을 맞춰, 전후 일본의 학도병상의 변용 프로세스를 명확히 밝혀보고자 한다.[3)]

---

3) 전몰학도병을 둘러싼 언설변용에 대해서는 졸저, 『「戦争体験」の戦後史』, 中公新書, 2009에서 상세히 다루고 있다.

1. '반전(反戰)'과 교양

1) 전몰학도에 대한 공감

1953년 리쓰메이칸대학(立命館大學) 히로코지(広小路)캠퍼스에 와다쓰미상(像)이 건립되었다. 일본전몰학생기념회(日本戰歿學生記念會)의 의뢰로 1950년에 완성된 이 상은 원래 도쿄대학(東京大學) 구내에 설치하려 했던 것이다. 그러나 대학에 직접적인 공헌이 있는 인물 이외의 상은 설치할 수 없다는 이유로 도쿄대학은 이 상을 받아들이지 않았다. 그 결과 이 상은 약 3년간 설치 장소를 찾지 못한 채 창고에 보관되어져 있었다. 이것을 들은 법학자 스에카와 히로시(末川博)가 자신이 총장을 지내고 있던 리쓰메이칸대학에서 거두겠다고 신청했다. 와다쓰미상이 리쓰메이칸대학에 설치된 것은 이러한 경위에서였다.

스에카와는 원래 교토제국대학(京都帝國大學)에서 교편을 잡고 있었다. 그러나 1933년의 다키가와(滝川)사건(사상탄압에 의해 법학부 교수 다키가와 유키토키(滝川幸辰)가 사임에까지 몰린 사건) 때 항의의 의미를 담아 사직했다. 그러한 자유주의적인 자세도 있고 하여 스에카와는 전후 리쓰메이칸대학의 개혁을 담당하기도 했다. '평화와 민주주의'라는 교학이념을 내건 것도 바로 스에카와였다.

참고로, 이 상이 설치된 것은 12월 8일, 즉 진주만 공격을 개시했던 날이었다. 전후 일본에서는 옥음방송(玉音放送)에서 포츠담선언 수락이 국민에게 전해진 8월 15일이 '종전일'로 되어 있는데, '전쟁에 진 날'이 아니라 '전쟁을 시작한 날'에 굳이 '반전'을 상징하는 상을 건립했다는 점에 '전쟁을 일으킨 책임'을 전가하려는 의도가 보인다.

확실히 짚고 넘어가야 할 것은 '반전'의 이념과 지식인 · 교양과의 접점이다. 리쓰메이칸에서는 와다쓰미상 건립 식전의 일환으로서 '부전(不戰)의 맹세'라 이름 붙인 집회를 열었다. 그것은 저명한 자유주의 지식인이자 대학총장인 스에카와와 교원 · 교직원, 그리고 학생들이 모두 '부전', '반전'을 생각하는 자리였다. 이것을 계기로 매년 12월 8일에 대학총장이 출석한 가운데 '부전의 맹세'가 열리게 되었다. 이러한 공간에서 드러나는 것은 인텔리와 교양의 '반전'이 아무런 모순도 없이 접합되어 있다는 것이다.

물론 이 집회는 대학에서 열리는 것이었던 만큼 교수진과 학생들이 모두 '반전'을 이야기하는 것은 특별히 기이해 보이지 않을 지도 모르겠다. 그러나 교양과 '반전'의 결합은 단순히 대학캠퍼스 내에 머무르는 것이 아니었다. 오히려 전후 초기의 일본의 미디어상황 전반에서 널리 볼 수 있었던 현상이었다. 그것은 유고집 『들어라, 와다쓰미의 소리를』의 수용 상황을 보더라도 잘 알 수 있다.

2) '와다쓰미'의 순교자 효과

유고집 『들어라, 와다쓰미의 소리를』은 1949년 12월, 도쿄대학(東京大學) 협동조합출판부에서 간행되었다. 이것은 전국 각지의 대학 · 고등전문학교에 재학하고 있는, 혹은 졸업해서 얼마 되지 않은 전몰장병 75명의 수기를 모아 발췌 · 편집한 것이다. 여기에는 전쟁과 군대의 상황에 대한 위화감이 적지 않게 토로되고 있는 한편, 철학 · 문학 · 사상 등에 대한 언급도 많고, 그들이 동경하며 추구했던 학문을

와다쓰미상 건립을 기념한 「부전의 맹세」(리쓰메이칸대학, 1953년 12월 8일)
중앙에서 연설을 하고 있는 것이 리쓰메이칸대학 총장 스에카와 히로시

버리면서까지 전쟁터로 내몰려야만 했던 비애가 선명히 드러나 있었다. 이 책은 같은 해 베스트셀러 제4위를 기록하는 대히트를 쳤다.

출판원인 도쿄대학 협동조합출판부는 훗날 도쿄대학출판회로 개조되는데, 당시는 도쿄대학 교원의 강의록 인쇄를 맡아하는 소규모의 조직이었다. 그런 곳에서 이 책의 출판을 맡았던 것에는 이유가 있었다. 도쿄대학 협동조합출판부는 1947년에 도쿄제국대학에 재학하고 있던 전몰학도의 유고집을 편찬하여 『머나먼 산하에(はるかなる山河に)』라는 제목을 붙여 출판했다. 초판은 3,000부 정도였는데 출판부의 예상과는 다르게 단기간에 몇 번이나 증쇄를 거듭하는 대 히트를 쳤다. 신문을 비롯해서 다양한 미디어에서도 서평류가 나오는 등 큰 반향을 일으킨 한편, 다른 대학 출신 전몰학도의 유고도 수록한 책을

편찬해 주었으면 하는 소리도 그들 유족으로부터 쇄도하였다. 여러 대학 · 고등전문학교의 전몰학도의 유고를 담은 『들어라, 와다쓰미의 소리를』이 도쿄대학 협동조합출판부에서 나온 배경에는 이러한 사정이 있었다.

그러나 그렇다고는 해도 이 책은 어째서 전국적인 베스트셀러가 되었을까? 원래 당시의 대학 · 고등전문학교 진학률은 세대 인구의 2, 3퍼센트 정도에 지나지 않았다. 즉, 전몰학도의 체험은 전몰자 전반으로 봐서는 결코 일반적이라고는 할 수 없었다. 당연히 일기와 편지(그것들은 적지 않게 군부대의 검열을 피해 유족에게 건내졌다)에 칸트와 클로체, 다나베 하지메(田辺元)를 언급하는 사고양식은 다른 일반적인 장병에게는 거의 볼 수 없었다. 그렇다면 전몰학도의 체험과 사색 · 번민은 결코 일본 국민 전반의 전쟁체험을 대표하는 것이 아니었다. 오히려 그것은 한정된 특수한 전쟁체험일 수밖에 없었다. 그러한 체험을 엮은 『들어라, 와다쓰미의 소리를』은 어째서 많은 국민들을 눈물 흘리게 하는 대히트작이 되었을까?

그 이유 중에 하나는 유고집에 나타나 있는 '전쟁에 대한 의문'과도 같은 것에 대한 사회적 공감에 있었다. 패전으로부터 아직 4년 정도밖에 지나지 않았고, 전쟁의 비참함, 육신을 잃은 슬픔, 경제적인 생활고는 많은 국민이 공유하고 있었다. 또한 냉전 구조가 명확해지고, 자본주의권과 공산주의권 사이에서 전쟁이 발발하기 쉽다는 우려를 하고 있었던 시기였다. 특히, 1949년 10월의 중화인민공화국 성립은 그 긴장감을 더욱 고조시켰다. 이듬해 6월에 6·25가 발발하자 미군기지가 산재해 있던 일본이 다시금 전화에 휩쓸릴 우려가 현실성을 띠게 되었다. 이러한 사회 정세가 '반전', '부전'에 대한 생각을 새롭게 하게 만들었으며 이 유고집을 받아들이게 한 측면이 있었음을 부정할 수 없다.

그러나 이와 함께 놓칠 수 없는 것은 사람들의 교양에 대한 동경이다. 구제(舊制) 고교와 대학 캠퍼스에서는 "역사 · 철학 · 사상 · 문학의 고전을 접함으로써 인격을 도야해야 한다."라는 교양주의의 규범을 많이 볼 수 있었다. 그러나 교양(적인 것)에 대한 동경은 일반 서민들 사이에서도 종종 볼 수 있었다. 1946년에 니시다 기타로전집(西田幾多郞全集)이 이와나미서점(岩波書店)에서 간행되었을 때, 점두에 엄청난 줄이 생겼다는 것은 잘 알려진 사실이다. 니시다철학(西田哲學)이 많은 사람들 사이에서 이해되었다고는 생각하지 않지만 식량조차 구하기 어려웠던 시기에 근대 일본을 대표하는 철학자의 저작물을 읽고 싶어 하는 사람들의 마음을 시사하는 것일 것이다.

1949년에는 인생잡지 『갈대[葦]』(葦會)가 창간되었다. 이것은 경제적인 사정으로 고교 · 대학(新制)에 진학할 수는 없었지만 '인생의 의미', '진실한 인생'을 모색하는 청소년을 타깃으로 하고 있었다. 거기에는 독자의 작문도 많이 게재되었고, 그밖에도 야나기타 겐주로(柳田謙十郎), 오다기리 히데오(小田切秀雄)와 같은 동시대의 저명한 지식인의 논설도 실려 있었다. 이것들은 결코 난해한 철학 · 사상의 고전을 다루는 것이 아니었는데, 독서를 통한 인격도야라는 점에서 교양주의적인 가치관을 내재하고 있었다.

인생잡지는 『갈대[葦]』뿐만 아니라 1952년에는 야나가타 겐주로를 중심으로 『인생수첩(人生手帖)』이 창간되었고, 1950년대 중반에는 인생잡지 붐이 출현하기도 했다.

그렇다면 대학생과 같은 인텔리 예비군에 한정되지 않고 일반서민에게도 교양에 대한 동경과 같은 것이 보인 것은 왜 일까? 여기에는 교양(주의)의 순교적 효과가 있었다. 이에 대해서 다케우치 요(竹內

『인생수첩(人生手帖)』과 『갈대[葦]』 표지

洋)는 『교양주의의 몰락(教養主義の沒落)』(中公新書, 2003) 안에서 이렇게 지적하고 있다.

구제(舊制) 고등학교를 비롯한 고등교육문화의 해체와 교양주의의 쇠미(衰微)와 군국주의의 앙진(昂進)은 공변 관계에 있었다. 공변 관계는 종종 인과관계라고 읽히기 쉽다. 고등교육문화의 해체와 교양주의와 마르크스주의가 억압되었기 때문에 그 전쟁이 있었던 것이다, 교양주의와 마르크스주의의 부활이야말로 군국주의가 되지 않기 위한 것이다, 라고. 고등교육과 교양주의는 순교자 효과를 갖고 활발하게 그 위광이 더해졌다.4)

4) (旧制)高校をはじめとする高等教育文化の解体や教養主義の衰微と軍国主義の昂進は共変関係にあった。共変関係はしばしば因果関係に読み替えら

전시기의 마르크스주의 · 자유주의의 탄압에 의해 다이쇼(大正)기와 쇼와(昭和) 초기에 볼 수 있었던 교양주의는 쇠퇴했다. 그러나 전후 교양주의는 순교자로서의 위광을 갖고 전후에 되살아났다. 이것은 심지어 구제 고교와 대학뿐만 아니라 일반서민들 사이에서도 교양(적인 것)에 대한 동경이 적지 않게 보였다.

유고집 『들어라, 와다쓰미의 소리를』이 읽힌 배경에도 이러한 대중적인 심리가 있었다. '학도병 = 젊은 인텔리'로 부각되는 교양의 방향(芳香)은 사람들에게 그 나름대로 향기로운 것이었다. 분명 학도병들은 학력 · 교양 · 독서의 경험 면에서 일반서민들과 거리가 있는 존재이기는 했지만, 그들이 몸에 지닌 교양은 사람들의 동경심을 자극했다.

이것은 이 책을 바탕으로 해서 만든 영화 『들어라, 와다쓰미의 소리를』[세키가와 히데요(関川秀雄) 감독, 도요코(東横), 1950]에도 명료하게 나타나 있다. 이 영화에는 도쿄제국대학의 조교수(프랑스 문학)의 신분으로 징병된 이등병과 그의 제자였던 학도장교가 등장한다. 회상 장면으로 몽테뉴의 원서강독 수업 풍경이 비치는 것 이외에 영화의 마지막 부분에서는 그 학도장교의 죽음을 앞에 두고 그와 조교수는 몽테뉴에 대해서 이야기한다.

당시의 대학 진학률을 생각하면 일반서민과는 거리가 먼 광경이었고, 보기에 따라서는 페던틱하게 생각할 수도 있다. 그러나 영화는 유고집과의 상승효과도 있어서 대히트를 기록했다. 교양과 지(知), 인텔

れやすい。 高等教育文化の解体や教養主義やマルクス主義が抑圧されたがゆえにあの戦争があったのだ、教養主義やマルクス主義の復活こそ軍国主義にならないためのものである、と。高等教育や教養主義は、殉教者効果をもち、リバイバルに威光が増した。竹内洋, 『教養主義の没落』, 中公新書, 2003, p.198.

리에 대한 서민적 동경을 엿볼 수 있는 것이다.

3) 점령 전후의 연속과 불연속

무엇보다도 리쓰메이칸에 와다쓰미상이 건립될 시기가 되면 『들어라, 와다쓰미의 소리를』를 둘러싼 상황에는 변화가 보이기 시작한다.

1952년 ○월, 백구유족회(白鷗遺族會)편 『구름 흘러가는 저 끝에(雲ながるる果てに)』가 간행되었다. 이것은 해군 비행 예비학생 제13기생의 유고를 모은 것이고 그 대부분이 특공대원이었다.

해군 비행 예비학생이란 대학 졸업자를 초급사관(初級士官)으로 해서 전투기 탑승원을 구성하는 기관이다. 따라서 『구름 흘러가는 저 끝에』에 수록된 수기는 전부 학도병의 것이었다. 게다가 『들어라, 와다쓰미의 소리를』에 유고가 수록되어 있던 사람의 수기도 일부 게재되어 있었다. 그러나 같은 전몰학도의 유고집이긴 하더라도 『구름 흘러가는 저 끝에』의 편찬 의도는 『들어라, 와다쓰미의 소리를』과는 달랐다. 이 책의 「발간의 서」에는 다음과 같은 문장이 나열되어 있었다.

> 전후, 전몰학도의 수기로서 『들어라, 와다쓰미의 소리를』이라는 책이 간행되었고, 그리고 그것이 당시 일본 청년의 마음의 전부였던 것 같은 느낌으로 받아들여져 커다란 반향을 불러 일으켰습니다.
>
> 분명 그런 기분을 갖고 있던 사람도 수많은 사람들 가운데에는 상당수 있었으리라 생각한다.
>
> 그러나 그것이 한 시대의 풍조에 영합하는 듯한 단면적인 전쟁관, 인생관만을 그리고 있고, 또 사상적 혹은 정치적으로 이용되었다는 듯한 풍문을 듣고서는 '필사'의 경지에 육친을 잃은 유가족 분들에게는 같은 제목의

영화의 경우와 마찬가지로, 너무나도 비참한 그것만을 진실이라 하기에는 너무나도 저주받은 기분 속에 던져진 것이 아닌가 생각한다.

물론 우리들은 현실을 직시하고 사실에 대해 눈을 크게 뜨고 보는 것에 인색하지 않습니다. 그런 만큼 진정으로 종이 한 장의 생활 속에서 생환한 자들로서 당시 산화해 가신 분들의 기분은 좀 더 담담한, 좀 더 청순한 것이었다는 것을 믿고, 이것을 세상에 호소해야 한다고 생각한 것이다.[5)]

그들 제13기의 생존자와 유족이 서적 · 영화의 『와다쓰미』에서 보고 있던 것은 '한 시대의 풍조에 영합하는 듯한 단면적 전쟁관'이었다. 그들은 '반전'이라는 전후의 가치관에서 과거를 단죄하는 것에 위화감을 품었던 것이다.

이 유고집은 간행되자 『들어라, 와다쓰미의 소리를』 만큼은 아니었다고 해도 그 판매고는 양호했다. 1952년 7월 중순에는 '주간 베스

---

5) 戦後、戦歿学徒の手記として『들어라, 와다쓰미의 소리를』といふ本が刊行され、そしてそれが当時の日本の青年の気持の全部であつたかのやうな感じで迎へられ、多大の反響を呼んだのであります。

確かにあゝした気持の者も、数多い中には相当居つたことと思います。

しかしながら、それが一つの時代の風潮におもねるが如き一面からのみの戦争観、人生観のみを画き、そしてまた思想的に或いは政治的に利用されたかの風聞をきくに及んでは、「必死」の境地に肉親を失はれた遺家族の方々にとつては、同題名の映画の場合と同様に、余りにも悲惨なそれのみを真実とするには、余りにも呪はれた気持の中に放り出されたのではないかと思ひます。

勿論私達は現実を直視し、事実に眼をみひらくのにやぶさかではありません。それだけに、本当に紙一重の生活の中から生還した者達として、当時の散華して行かれた方々の気持はもつと坦々とした、もつと清純なものであつたことを信じて、これを世に訴へるべきだと思つたのであります。白鷗遺族会 編, 『雲ながるる果てに』, 日本出版協同, 1952, p.2.

트 · 셀러즈'(일반 대상 서적)에서 제6위를 기록했다.[6] 거기에서 독자가 평가한 것은 '죽는 사람들의 외침을 거짓 없이 드러내는' 자세였다. 예를 들면, 극작가인 미요시 주로(三好十郎)는 이 책에 대해서 '편집자가 자신의 관점에 따라 취사선택하거나 해설을 하지 않고 그냥 있는 그대로 수기 그 자체를 늘어놓은 것이 좋았다'고 평했다. 미요시는 '와다쓰미'와 비교해 『구름 흘러가는』에는 전쟁을 긍정하는 수기가 많다」는 것을 인정한 다음, '우리들의 견문과 조사에 의하면 그 수와 정도에 있어 후자가 많았다'고 느꼈다. 그런 만큼 미요시에게 있어 이 유고집은 '『들어라, 와다쓰미의 소리를』을 읽었을 때보다도 진실한 느낌이 들었다'고 한다.[7]

여기에 나타나 있는 것은 '반전'의 정치주의에 대한 위화감이었다.

때마침 당시에는 전기(戰記) 붐이 고양되고 있었다. GHQ 점령 하에서 국가주의적 언설과 미국비판, 점령군 비판은 억압되는 경향이 있었다. 그러나 1952년 4월에 점령이 종결되자 그런 언설들이 둑이 터진 듯이 넘쳐나게 되었다. 『출판 뉴스(出版ニュース)』(1952년 6월 상순호)에서도 '독립이 회부되었기 때문이라고 해서 갑자기 미국비판, 점령비판, 군사재판 비판의 읽을거리가 활발히 쏟아져 나온다', '반미기분에 편승하여 고루화 · 국수화의 경향'이라는 현상이 보고되었다.[8]

'반전', '전쟁비판'과는 다른 의도에서 편찬된 『구름 흘러가는 저 끝에』는 이러한 사회배경 속에서 태어난 것이었다. 여기에는 학도병을 '반전'의 심볼로 삼고 '반전'의 정치주의 때문에 유용하는 것에 대한

6) 『読売新聞』, 1952년 7월 13일자, 석간 4면.
7) 三好十郎, 「愚者の楽園」, 『読売新聞』, 1952년 11월 14일자.
8) 「アメリカ批判, 軍事裁判批判, 占領批判の書, 続々刊行さる」, 『出版ニュース』, 1952년 6월 하순호, p.1.

위화감이 시사되어 있었다.

4) 와다쓰미상의 건립

리쓰메이칸대학에 와다쓰미상이 세워진 것은 그야말로 이와 같은 시기였다. 그렇다면 학도병을 '반전'의 상징으로 보는 견해에 대해서 계속해서 이의가 제기되던 시기에 어째서 와다쓰미상은 받아들여질 수가 있었는가?

그 이유 중의 하나에는 전기 붐과 도쿄재판 비판과 같은 언설에 대한 사회적 위화감 때문이었다. 분명 GHQ 점령 종결 후 옛 군인을 긍정적으로 묘사하는 출판물이 많이 나오기는 했지만 다른 한편에서 그것에 대한 반감도 널리 볼 수 있었다. 『구름 흘러가는 저 끝에』의 서평(『도서신문(圖書新聞)』 1952년 6월 23일자)에 대해서도 '지금 함부로 그들의 모습을 칭양해도 되는가'라는 지적도 보였다.[9] 또한 이 유고집은 1953년에 영화화되었는데, 그것에 대한 영화평(『아사히신문(朝日新聞)』 1953년 6월 9일자 석간)에서도 '전체 분위기가 특공대원에 대한 찬양으로 되어 있는 것은 그냥 지나칠 수 없다', '전쟁에 대한 분노보다도 대원의 영웅적 비극이 너무 전면에 나와 있다'고 했다.[10]

이런 움직임은 당시의 사회상황을 반영한 것이었다. 1950년 6·25 발발에 따라 일본은 맥아더의 지령 하에 경찰예비대(警察予備隊)를 창

9) I·T, 「今週のダイジェスト――『雲ながるる果てに』」, 『図書新聞』, 1952년 6월 23일자.

10) 「特攻賛美に終わる――『雲ながるる果てに』」, 『朝日新聞』, 1953년 9월 9일자, 석간.

설하고 재군비(再軍備)에 나섰다. 이것이 1952년 10월에는 보안대(保安隊), 그 2년 후에는 자위대(自衛隊)로 확충되었다. 그와 함께 헌법 개정에 대한 논의의 목소리도 높아졌고, 1953년 4월 총선거에서는 하토야마 이치로(鳩山一郎)파 자유당(自由党)이 헌법 개정과 재군비를 기치로 내걸었다. 이들 정치상황은 국민들 사이에서 다시금 전화로 말려드는 듯한 우려를 낳았다. 특히 징병제가 시행될 수도 있다는 것에 대한 불안이 컸다. 일본전몰학생기념회는 1952년부터 1954년에 걸쳐 징병반대서명운동을 전개해 약 30만 명의 서명을 모았다.

반전평화운동은 학생들 사이에서도 일정한 침투를 보이고 있었다. 『들어라, 와다쓰미의 소리를』의 수익을 자본으로 해서 1950년에 발족한 일본전몰학생기념회(제1차 와다쓰미회)는 일본공산당의 영향도 받으며 많은 학생회원을 획득해 나갔다. 그것은 대학뿐만 아니라 고등학생들에게도 퍼져 나갔다. 이리 하여 와다쓰미회는 당시의 대표적인 반전 평화운동단체로 성장해 갔다.

또한 졸저 『「전쟁체험」의 전후사』(中公新書, 2009)에서도 말하고 있지만 이들 학생회원들 중에는 『인생수첩』, 『갈대』와 같은 인생잡지의 독자도 적지 않았다. 『인생수첩』을 주재했던 야나기다 겐주로(柳田謙十郎)는 전쟁 말기에 장남을 군대 내 사고로 잃었던 것도 있고 해서 (야나기다의 장남의 유고도 『들어라, 와다쓰미의 소리를』에 수록되어 있다) 와다쓰미회의 이사장 자리를 맡았다. 『갈대』를 주재했던 야마모토 시게미(山本茂實)도 와다쓰미회의 이사를 맡고 있었다. 두 잡지에서 종종 와다쓰미회가 소개되었던 것도 있고 해서 인생잡지 경유로 와다쓰미회에 참가하는 고등학생·대학생은 적지 않았다.

와다쓰미상이 1953년에 리쓰메이칸에 받아들여진 배경도 이러한 상황과 중첩되는 것이었다. 전기(戰記) 붐의 시기였음에도 불구하고

라기보다는 그 때문에 '반전', '부전'을 호소하는 논의도 활발하게 일어났던 것이다. 다른 한편으로 대학 캠퍼스에서는 전술한 바와 같은 순교자 효과도 있고 해서 교양주의 문화가 성황을 보이고 있었다. 또한 고등학생을 포함하는 서민층에서도 인생잡지가 적지 않게 읽혔다. '반전'과 '교양'을 상징하는 것이 '와다쓰미(상)'이었다고 한다면 이것들이 공감을 갖고 받아들여진 것은 쉽게 상상할 수 있다. '부전의 맹세'의 가림막과 와다쓰미상을 뒤로 하고 저명 지식인이기도 한 대학 총장이 강화(講話)를 하고, 그것을 교수진 · 교직원 · 학생이 함께 청강하고 있는 사진에서는 '반전'의 이념과 '교양'의 가치관의 결합을 엿볼 수 있다. 그리고 그것은 대학 캠퍼스에 머무르지 않고 인생잡지에 부각되는 서민적 교양주의와 상승작용을 일으켜 사람들에게 널리 받아들여질 수 있었던 것이다.

2. '와다쓰미'에 대한 증오

1) 정치주의에 대한 위화감과 전중파(戰中派)

그러나 1960년대 말이 되면 '반전'과 '교양'의 조화는 무너지게 된다. 그것을 잘 상징하는 것이 모두에서도 언급했던 와다쓰미상 파괴 사건이었다. 그 배경을 생각하는데 있어서는 1960년대의 후반에 볼 수 있었던 전쟁체험 세대 간의 갭을 살펴볼 필요가 있다.

당시 전쟁체험을 이야기하는 데 있어서 큰 발언력을 가지고 있었던 것은 전몰학도 세대에 해당하는 전중파(戰中派)였다. 20세 전후의 시기에 전쟁 말기를 보낸 그들은 전쟁의 전선에 많이 투입되어 방대한 사자(死者)를 낸 세대였다. 전후에 살아남은 그들이 40세 전후가 되어 사회적 발언력을 갖게 되는 것이 마침 1960년대 중반부터 후반에 걸친 시기였다.[11)]

그들이 자주 강조했던 것은 전쟁체험과 정치주의를 직결시키는 것에 대한 위화감이었다. 그 중에서도 평론가로 일본전몰학생기념회(제2차 와다쓰미회)상임이사였던 야스다 다케시(安田武)는 그 대표적 논자였다. 야스다는 『전쟁체험(戰爭體驗)』(未來社, 1963) 속에서 이렇게 말하고 있다.

> 전쟁체험의 의미를 묻고, 재평가하고, 그 사상화 등의 말을 들을 때마다 그런 행위의 목적 전부가 곧 반전·평화를 위한 직접적인 '운동'으로 조직되어야 하고, 혹은 조직화를 위한 이론이 되어야 한다고 하는, 그런 발상의 성급함에 나는 주저하지 않을 수 없다.[12)]

여기에서 염두에 두고 있는 것은 60년대 안보투쟁(安保闘爭)이다. 신안보조약안(新安保條約案)에서는 기지의 대여 기간이 원칙 10년이라는 긴 시간으로 결정되었고, 또한 재일 미군기지가 공격을 받았을 경우에는 일본이 공격받았다고 간주하고 이에 대처할 것이 명기되었

---

11) 戦時期に学生時代を送った彼らは、たとえ旧制高等学校や大学に進んだとしても、十分な高等教育を受けることができなかった, それもあって、戦後しばらくは、前後の世代に比べて、自分たちは知識・教養を欠いているというコンプレックスを吐露することも少なくなく、また、社会的にそうみなされることも多かった, 彼らが一九六〇年代後半まで、さほどの社会的な発言力を持たなかったことには、こうした背景もあった, 福間良明,『「戦争体験」の戦後史』, 中公新書, 2009, 참조.

12) 安田武,『戦争体験』, 未来社, 1963, p.137.

다. 이것은 일본이 다시금 전쟁에 말려들지도 모른다는 불안을 양성했다. 이것은 기시(岸) 내각의 강인한 국회운영과 어우러져 전국적인 반대운동을 초래했다. 필연적으로 '안보개정반대'와 15년 전의 전쟁 기억이 결합되는 경우가 많았다.

그러나 야스다 다케시 등의 전중파 세대의 지식인 중에는 이러한 논의 방식에 위화감을 갖는 경향도 적지 않았다. 야스다는 학도출진에 의해 소집되고, 군대 내부의 처참한 폭력을 경험함과 동시에 종전 전후에 한반도 북부에서 격전을 경험했었다. 이들 체험에 대한 발언의 어려움에 대해서 야스다는 이렇게 말하고 있다. ―'전쟁체험은 오랜 동안 우리들에게 판단, 고백의 정지를 계속해 강제해 왔을 만큼 이상하고 압도적이었기 때문에 나는 그 체험 정리의 부당한 일반화를 줄곧 두려워했다.'[13]

야스다에게 전쟁체험이란 '술술' 이야기할 수 있는 것이 아니었다. 그것을 말하려고 하면 '창피함(恥)', '주저(ためらい)', '피로감(疲勞感)', 그리고 '『전쟁체제』 그 자체에 가담하고 협력했다는 자각'이라는 감정이 복잡하게 꽈리를 틀었다.[14] 그 때문에 야스다는 전쟁체험과 '죽은 자의 목소리'를 정치적인 주의 주장으로 안이하게 결부시키는 것에 대해서 강한 반감을 나타냈다.

다른 한편으로 전쟁체험에 고집하는 것은 '죽은 자의 현창(顯彰)'에 맞서는 일이기도 했다. 야스다는 야스쿠니 신사(靖國神社) 국가호지(國家護持)의 움직임을 비판하면서 '『타인의 죽음에 감명을 받는다』는 것은 생자(生者)의 오만한 퇴폐이다'라고 했다.[15] 야스다에게 있어

13) 상게서, p.92.
14) 安田武, 『人間の再建』筑摩書房, 1969, p.61~62, p.70.
15) 安田武, 전게서, p.142.

서 사자를 영령(英靈)으로 칭양하는 것은 죽음과 체험에 대한 발언의 어려움으로부터 눈을 돌리고, 생자에게 있어 기분 좋은 의미를 자아내는 오만함을 의미하는 것일 뿐이었다. 그런 의미에서 '반전'의 정치주의와 '영령의 현창'은 등가(等價)한 것이었다.

2) 젊은 세대에 대한 반감

그러나 전중파 지식인의 자세는 젊은 세대와의 알력(軋轢)을 초래하게 되었다. 야스다 등이 체험에 대한 집착을 공언하는 것은 연소 세대 쪽에서 보면 체험을 내세우는 것이라 여겨졌다. 연소 세대가 전장 체험을 갖고 있지 않은 이상, 전쟁 체험을 논의하게 되면 필연적으로 체험자에 비해 열위(劣位)에 서게 된다. 전중파의 언동은 젊은 사람들에게 체험을 갖고 있는 연장자에 대한 궤배(跪拜)를 강요하는 것으로 보였던 것이다.

게다가 그들 1960년대의 젊은이들은 안보투쟁과 대학분쟁이라는 학생정치운동의 주역들이었다. 당연히 그들에게는 정치주의와 전쟁(체험)을 접합시키려는 지향이 강하게 보였다. 그렇다고 한다면 전쟁 체험과 '반전'의 접속을 거부하는 전중파의 스탠스는 젊은 층의 정치에 대한 관심을 부정하는 것이라고 여겨졌다.

일본전몰학생기념회의 기관지 『와다쓰미의 소리』(제2호, 1960)에는 '히토쓰바시대학(一橋大學) "부전의 모임(不戰の集い)" 경과보고'가 게재되었는데, 거기에서는 '전중파의 실감에서 오는 체험을 동정적으로 보거나 하는 센치맨털리즘은 참을 수 없다. 우리 학생들에게는 현재의 반동적 개활(改活) 상황을 라지컬하게 타파해 나갈 사명이 있다.

그러기 위해서는 계급적 입장에 서서 독점자본, 개활 권력에 맞서기 위한 에너지를 결집하는 것이 한층 긴급한 과제다'라고 하고 있다.[16]

동 기관지 『와다쓰미의 소리』(제 20호, 1964)에 게재된 좌담회 기사에서도 '전중파 가운데에는 전후의 여러 과정에서 배제되어 전쟁체험에 갇혀 우리들과는 통로가 없는 곳으로 들어가 버린 사람들이 있지 않은가', '무슨 화풀이 식도 아니고 전후파인 젊은 애들에게도 혹은 평화운동을 하고 있는 사람들에게도 달려들고 있다'고 하는 발언이 보인다.[17]

전쟁체험을 둘러싼 전중파와 젊은 세대와의 알력은 이미 1960년대에는 널리 볼 수 있었던 것이다.

3) 교양주의의 몰락

더불어 계속해서 교양주의의 규범이 쇠퇴했던 것도 놓치면 안 될 것이다. 고도경제성장에 따른 대학 진학률이 상승했는데, 그 결과 대학 졸업자는 엘리트로서의 지위를 잃었다. 그렇게 되자 예전에는 엘리트의 지표였던 교양의 유용성은 저하된다. 단지 샐러리맨이라는 미래밖에 보이질 않는다면 고생해서 교양을 획득하고 엘리트가 아닌 사람들과 차별화를 꾀할 이유 따위는 찾아볼 수가 없다. 오히려 거기에서 눈에 띄게 된 것은 교양의 폭력이었다.

교양이란 원래 그것을 갖고 있는 자가 가지고 있지 않은 자에 대한 차이화·우월화의 전략이었다. 와쓰지 데쓰로(和辻哲郎)는 「교양」

16) 「一橋大学"不戦の集い"経過報告」, 『わだつみのこえ』第 2 号, 1960.
17) 座談会, 「わだつみ会の『今日』と『明日』」, 『わだつみのこえ』第20号, 1964.

(1914)이라 제목 붙인 에세이 안에서 '세계에는 백 번 다시 읽어도 부족할 정도의 걸작이 있다. 그러한 것 앞에 무릎 꿇는다는 것을 기억하라'고 하고 있다.[18] 그것은 말하자면 고전에 박식한 지식인 앞에 젊은 사람들이 '무릎 꿇을' 것을 강요하는 것이었다.

분명 패전 이전에는 내성적(内省的) 교양주의와 마르크스주의적 교양주의가 길항한 적은 있었다. 하지만 모두가 고전은 고전대로, 『자본론』은 자본론 나름대로의 교양에 해박함을 요구하는 것이었고, 그것에 열등한 자에게 궤배를 강요하는 것이었다는 점에 있어서는 등가(等價)였다.

그래도 교양주의가 캠퍼스 문화에 있어 규범으로 기능하고 있었을 때에는 교양의 폭력은 그다지 눈에 띄지 않았다. 학생들에게 있어서 교양은 동경의 대상이었기 때문이다. 그러나 교양의 유용성을 찾을 수 없는 시대가 되자 학생들에게 있어 교양을 체득한 대학인은 더 이상 동경의 대상이 아니었으며 오히려 위압적 존재에 지나지 않았다.

대학분쟁에 있어 학생들은 활발히 지식인을 매달아 그들의 존재의의를 집요하게 추궁했다. 1968년 12월에 도쿄대 법학부 연구실이 전공투(全共闘)에 의해 점거되었을 때 마루야마 마사오(丸山眞男)는 '군국주의자도 하지 않았다. 나치도 하지 않았다. 그런 난폭한 것이다'라고 비난했다. 이에 대해서 학생들은 '당신 같은 교수를 쫓아내기 위해서 봉쇄했다'라고 했다고 한다.[19] 여기에서 지식인과 교대(教對)하는 젊은이들의 원한을 엿볼 수 있을 것이다.

---

18) 和辻哲郎, 「教養」『和辻哲郎全集』 第20巻, 岩波書店, 1963, p.259.
19) 『毎日新聞』, 1968년 12월 24일자.

4) 와다쓰미상 파괴사건

이런 것들이 서로 복잡하게 뒤엉켜 생긴 것이 와다쓰미상 파괴사건이었다. 모두에서도 말했듯이 이 사건은 1969년 5월 20일에 일어났다. 상의 파괴를 주도한 리쓰메이칸대학 학생 아유하라 린(鮎原輪)은 1970년의 에세이 '죽은 자들의 복권(死者たちの復権)' 안에서 와다쓰미상이 '전후 민주주의혁명의 좌절과 패배', '의제(擬制) 『평화와 민주주의』 노선의 완만한 부패과정'을 상징하는 것이라 규정한 다음, '와다쓰미상 파괴의 사상'을 다음과 같이 적고 있다.

> 「와다쓰미상」 파괴는 우리들이 공백의 전후, 혹은 지도자, 지식인들을 향해 놓았던 반란의 횃불이다. 실로 우리들은 오히려 윤리적이라고도 해도 좋을 요인을 가지고 「와다쓰미상」을 공백의 전후에 선 허상으로, 혹은 전후의 생자들의 오만함이 죽은 자들에게 강매한 면죄부라고 판단했기에 계획했고, 그리고 파괴한 것이다.[20]

아유하라에게 있어서 상 파괴는 '전후 민주주의'의 '오만', '부패', 그리고 그런 체재를 지탱해 온 교양지식인들을 상징적으로 비난하는 행위였다. 거기에는 교양주의에 대한 젊은이들의 증오가 엿보인다.

원래 이러한 행위는 일부의 과격한 학생들에 의한 것이라 보는 것도 가능하긴 할 것이다. 아유하라 자신도 리쓰메이칸 전공투 가운데에서 상 파괴의 실행에 반대하는 자들도 있었다는 것을 나중에 기술하고 있다.[21] 그러나 전공투 학생을 포함한 젊은 세대 간에는 이 상

---

20) 鮎原輪, 「死者たちの復権—わだつみ像破壊の思想」, 『朝日ジャーナル』, 1970년 2월 8일호, p.41.

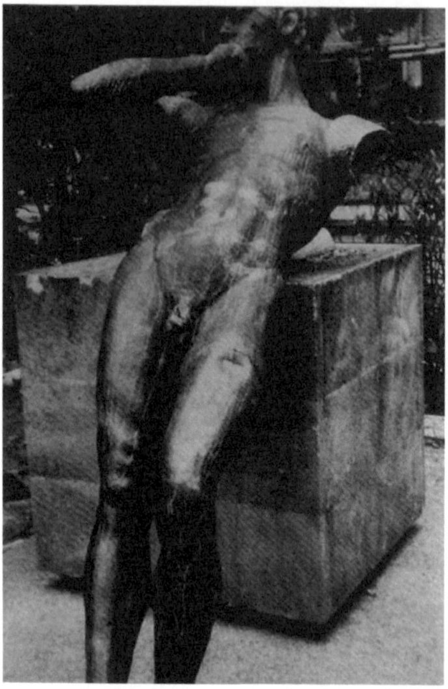

파괴된 와다쓰미상(1969년 5월 20일)

의 파괴를 지지하는 경향도 적지 않았다. 좀 더 말해 보자면, 일본전몰학생기념회에 모인 젊은이들 사이에도 상의 파괴를 지지하는 논의는 적지 않았다. 도쿄대학의 어느 학생은 일본전몰학생기념회의 좌담회에서 상 파괴사건을 염두에 두고 '도쿄대 투쟁(東大闘争)이 격화되었을 때 『들어라, 와다쓰미의 소리를』을 읽지 않으면 안 된다는 발상은 우리들에게는 없었다. 그 책은 전쟁 중 아무 것도 할 수 없었던 사람들의 유언이고, 와다쓰미상 자신이 전중파가 아무 것도 할 수 없었다는 것의 증거'일 뿐이라고 말했다.[22)]

---

21) 吉林勲三, 「糸切れた凧, 飛ばぬ鳥の空」, 松田政男・高橋武智 編, 『群論ゆきゆきて神軍』, 倒語社, 1988. 鮎原輪, 吉林勲三은 모두 和田洽史의 펜네임. 또한 「1969년 1월의 야스다강당 공방전 정도까지는 전공투에 의한 투쟁을 호의적으로 보았다」라는 吉川勇一는 "그 상이 파괴되었을 때는 이거 곤란한데, 라고 할까, 문제제기를 한다고 해도 다른 방식이 있었을텐데"라는 생각을 했다고 한다. 吉川勇一 (小熊英二에 의한 인터뷰) 「国境をこえた『個人原理』」, 岩崎稔 외 편, 『戦後スタディーズ 2』, 紀伊国屋書店, 2009, p.259.

22) 座談会, 「大学闘争と『와다쓰미の理念』」, 『わだつみのこえ』47号, 1969, p.45.

또한 와다쓰미회의 회원으로 전공투에도 가까웠던 다른 학생은, 1969년 1월 18 · 19일의 야스다(安田)강당 공방전을 의식하며 다음과 같이 말했다.

> [1969년의] 18, 19, 그 날, 20 수 년 전, 많은 학도병들이 순순히 권력의 의지에 따라 총을 어깨에 메고 사지를 향해 떠났던 야스다강당에서 학우들은 깃발을 흔들고, 돌을 던지며 권력과 대결했다. 그리고 20 수 년 전 많은 학도병들을 '복잡한', 혹은 '밝은' 마음으로 떠나보냈던 교관들은 피투성이가 되어 [기동대에] 연행되는 학우를 향해 '니가 그래도 학생이냐'고 윽박지르며 권력의 시녀와도 같이 위축된 얼굴로 검열을 한다. …… 이미 대비는 극명하지 않은가.[23)]

젊은 세대에게 "많은 학도병들을 '복잡한', 혹은 '밝은' 마음으로 떠나보낸" 전시기의 교관들은 대학분쟁 하에서 기동대에 연행되는 학생들을 윽박지르는 '권력의 시녀'와도 같은 교관들과 중첩되는 것이었다. 그리고 그 당시의 중견 교관의 연대가 바로 전중파 세대였다.

젊은이들에게 있어 '와다쓰미 = 전중파'의 교관들은 교양의 의상을 몸에 걸치고 '권력에 영합'하고, 또한 젊었을 때에는 '아무런 저항도 할 수 없었던 무기력한 어른들'일 뿐이었다. 게다가 그들은 스스로의 전쟁체험에 집착하며 정치주의로의 접근을 비판함으로써 젊은 세대를 억누른다. 그것은 말하자면 '전쟁체험이라는 교양'이 젊은이들에게

---

23) 田中仁彦, 「戦没学生は二度死ぬ」, 『朝日ジャーナル』 1969년 6월 8일호, p.108에서 인용하고 있는 矢作彰의 문장을 재인용. 원문은 도쿄대학 고마바(駒場)의 와다쓰미회 기관지 『道標』에 게재되어 있는 듯하나, 현물을 입수할 수 없었다.

궤배를 강요하는 것이었다. 이것들에 대한 젊은이들의 우울함이 와다쓰미상 파괴사건과 그것을 지지한 젊은이들의 논의에 투영되어 있었다.

3. '증오라는 관심'의 쇠퇴

1) 방탄 유리케이스 속의 와다쓰미상

파괴사건으로부터 7년이 경과한 1976년 5월, 리쓰메이칸대학은 와다쓰미상을 재건하여 신설된 기누가사(衣笠) 캠퍼스 도서관 2층에 설치하였다. 단, 그것은 방탄 유리케이스 안으로 들어가 버렸다. 파괴사건은 너무나도 충격적인 사건이었고, 두 번 다시 그와 같은 '불상사'를 일으키지 않기 위해 대학 측은 이러한 과잉방어라고도 생각되는 조치를 취한 것이었다.

그러나 거기에서 몇 가지 상징적인 의미를 읽어낼 수가 있다. 대학분쟁 자체는 1969년 1월에 도쿄대 야스다강당 공방전이 진압되고, 거기에다가 1972년의 연합적군사건(連合赤軍事件)의 처참함이 대대적으로 보도되자 사회적 지지를 크게 잃어 운동의 열기는 식어가고 있었다. 와다쓰미상이 재건된 것은 그와 같은 시기였다.

그럼에도 불구하고 리쓰메이칸대학은 이 상을 방탄 유리케이스로 방어하려 했다. 여기에서는 아직 젊은이들이 '와다쓰미', '전쟁체험', '전중파'에 대한 증오심을 품고 있을지도 모른다는 두려움이 엿보인다.

환언하자면, 아직도 당시는 '증오'라는 형태로 '와다쓰미'에 대한 관심을 갖고 있었다고도 할 수 있을 것이다. 증오는 원래 무관심에서 생기는 것이 아니다. 무엇인가에 대한 동경과 기대가 있고 그것을 배신당했을 때 비로소 증오가 생긴다. 강한 관심이 없으면 증오는 생기지 않는다.

방탄 유리케이스에 들어간 와다쓰미상
(리쓰메이칸대학, 1976년 5월20일)

와다쓰미상 파괴사건도, 거기에 있었던 것은 전쟁체험에 대한 무이해(無理解)・무관심이 아니다. 오히려 교양과 전중파, 전쟁체험에 대한 강한 관심과 동경, 기대가 있었으면서도 그것을 배신당했다고 느꼈기 때문에 '와다쓰미'에 대해 증오를 품고 상의 파괴에 이른 것이다.

그런 의미에서 재건 와다쓰미상이 방탄 유리케이스 속으로 들어간 것에는 아직 '와다쓰미'에 대한 '증오라는 관심'이 있었음을 엿볼 수 있다. 적어도 사회적으로 그것들의 존재가 인지되고 있었던 것이다.

맺음말

1) 방탄 유리케이스로부터의 탈각(脫却)

이것은 그 후의 와다쓰미상과 대비해 보면 시사적이다. 상 파괴사건으로부터 정확히 23년이 지난 1992년 5월 20일, 리쓰메이칸 국제평화뮤지엄의 개관에 맞추어 와다쓰미상은 그곳의 입구 부근으로 이설되었다. 방탄 유리케이스는 벗겨지고 와다쓰미상은 말하자면 벗겨진 상 그대로 설치되었다.

이것은 얼핏보면 학생들이 상을 파괴하리라고는 생각할 수 없게 되었다는 것을 부각시키고 있는 듯이도 보인다. 그러나 '와다쓰미'에 대한 증오가 소실되었다는 것은 환언하자면 '증오라는 관심'이 사라졌다는 것을 의미하는 것이기도 했다. 젊은이들이 와다쓰미상을 파괴하지 않는다는 것은 전쟁체험에 대한 관심과 공감이 깊어졌다는 것을 나타내는 것이 아니다. 반대로 그것들에 대한 무관심을 나타내는 것이다. 관심이 없으면 증오가 생길 일도 없고, 당연하지만 상을 파괴하려는 움직임이 나타날 일도 없다.

이것은 유고집 『들어라, 와다쓰미의 소리를』의 출판 상황에서도 엿볼 수가 있다. 『들어라, 와다쓰미의 소리를』은 1982년이 되어서 이와나미문고(岩波文庫) 속에 포함되었다. 그러나 예전에 그런 기회는 좌절되었었다.

일본전몰학생기념회는 1959년에도 이와나미문고화(岩波文庫化)를 모색했던 적이 있었다. 이와나미문고는 '적어도 만인이 필독할만한 진정한 고전적 가치가 있는 책'(「이와나미문고 발간에 즈음하여」)을 모은, 이른바 엘리트적 교양주의의 미디어였다. 전몰학생들은 독서가 곤란한 시대에 조금이라도 지(知)·사상을 접하려고 이와나미문고를 많이 읽었다. 그러한 점도 있고 해서 편자인 일본전몰학생기념회는 이 책의 이와나미문고화를 지향했는데, 이와나미서점(岩波書店)은 그것을 받아주지 않았다. 그 결과, 고분샤(光文社) 갓파 북스라는 대중적 신서(新書) 시리즈에 수록되었다. 갓파 북스는 어디까지나 일반

방탄 유리케이스에서 나온 와다쓰미상
(리쓰메이칸대학 국제평화뮤지엄, 1992년 5월 20일)

대중에게 지식·교양(때로는 오락도)을 제공하는 서민적 교양미디어였다.

반대로 이야기하자면, 『들어라, 와다쓰미의 소리를』은 엘리트에게 외면 받는 '고전적'인 것으로 간주된 것이 아니라 서민층에게 널리 읽히는 것으로 사회적으로 자리매김되고 있었다.

이 『들어라, 와다쓰미의 소리를』은 1982년이 되어서야 마침내 이와나미문고에 수록된다. 초간 간행으로부터 33년을 경과해 마침내 이 유고집은 '적어도 만인이 필독할만한 진정한 고전적 가치가 있는 책'으로써 정전화(正典化)된 것이다.

그런 한편으로 '와다쓰미'와 서민적 교양과의 결합은 희박해진 것 같다. 이미 기술한 바와 같이 1950년대에는 '와다쓰미'는 서민적 교양의 대표적 미디어인 『인생수첩』, 『갈대[葦]』와 결부되어 있었고, 1959년에는 갓파 북스라는 서민적 교양미디어에 수록되었다. 그러나 1980년대가 되자 이미 서민적 교양주의는 쇠퇴하였다. 『인생수첩』은 1974년에, 『갈대』는 1960년에 종간되었다. 갓파 북스는 1960년대에 황금기를 맞이해 베스트셀러를 독점했지만, 70년대가 되자 7년에 가까운 노동쟁의 영향도 있고 해서 예전의 활기를 잃었다. 대학에서도 교양주의가 몰락해, '독서하는 대학생'이 적어지고 있는 가운데 일반 대중 사이에서는 그 이상으로 '독서를 통한 인격도야'라는 규범을 잃어버리고 있었다.

교양의 가치관을 내면화하고 있던 전중파 세대와 전몰학도의 유족의 입장에서 보면 이와나미문고에 의한 '와다쓰미'의 정전화(正典化)는 감계가 깊은 일이었겠지만, 그런 교양의 가치관을 지니고 있지 않은 많은 대중에게 있어 이와나미문고화된 '와다쓰미'는 먼 존재가 아니었겠는가.

이것은 '와다쓰미'에 대한 사회적 무관심을 드러내는 것이었다. 20세기 말의 시기에 있어서 『들어라, 와다쓰미의 소리를』을 읽는다는 것이 이와나미문고를 일상적으로 구입하는 지적인 층에 한정되어 있었다고 한다면 거기에는 '와다쓰미'에 대한 사회적 무관심이 엿보인다. 와다쓰미상이 방탄 유리케이스에서 나올 수 있었던 것에는 이러한 배경이 있었다.

와다쓰미상은 예전에는 지식인과 학생들과 함께 '반전'을 강조할 수가 있었고, 또 어느 때에는 학생들에 의해 파괴되기도 했다. 그 후에도 방탄 유리케이스로 보호되거나 거기에서 나오거나 하면서, 여러

가지 변화를 겪었다. 그것은 학도병에 대한 사회적 공감, 증오, 무관심을 드러내는 것이기도 했다.

여기에는 반전운동과 학생운동을 둘러싼 여러 정치상황과 세대 간 차이가 관계하고 있었다. 그러나 그것만이 아니다. '교양'을 둘러싼 사회적 가치관의 변천도 분리할 수 없을 정도로 서로 뒤엉켜 있었다. 전후 일본에서의 '와다쓰미 = 학도병'상의 변용과정에는 '전쟁체험'의 내러티브의 배후에 있는 다양한 역학관계가 드러나 있었던 것이다.[24)*]

---

24) 본고에서는 전후 일본에서의 가해책임의 논의와 천황의 전쟁책임론의 변천에 대해서는 언급할 수 없었다. 이점의 사상사 · 사회운동사에 초점을 맞춘 것으로는 졸저 『「戦争体験」の戦後史ー世代 · 教養 · イデオロギー』, 中公新書, 2009, 『焦土の記憶ー沖縄 · 広島 · 長崎に映る戦後』, 新曜社, 2011를, 영화 등 대중문화를 다룬 것으로는 『「反戦」のメディア史ー戦後日本における世論と輿論の拮抗』, 世界思想社, 2006, 『殉国と反逆ー「特攻」の語りの戦後史』, 青弓社, 2007가 있다. 적절히 참고하기 바란다.

* 이 논문은 후쿠마 도시아키의 「學徒兵像の変容ー戦後日本における『戦争体験』の力学ー」, 『日本學硏究』 39, 2013. 5을 이권희가 번역한 것임.

【참고문헌】

安田武,『戦争体験』, 未来社, 1963.

______,『人間の再建』, 筑摩書房, 1969.

小熊英二,『<民主>と<愛国>』, 新曜社, 2002.

竹内洋,『教養主義の没落』, 中公新書, 2003,

福間良明,『「反戦」のメディア史ー戦後日本における世論と輿論の拮抗』, 世界思想社, 2006.

______,『殉国と反逆ー「特攻」の語りの戦後史』, 青弓社, 2007.

______,『「戦争体験」の戦後史ー世代・教養・イデオロギー』, 中公新書, 2009.

______,『焦土の記憶ー沖縄·広島·長崎に映る戦後』, 新曜社, 2011.

근대 일본의 전쟁영웅(戰爭英雄) 창출
-메이지기(明治期) 군국주의(軍國主義) 교육사상을 중심으로-

정형

머리말

어느 시대 어느 국가를 막론하고 모든 가치를 초월하여 온 국민의 사상과 이념을 하나로 통합해 왔던 것은 민족주의, 즉 내셔널리즘(nationalism)이라는 궁극적 가치였다. 국체사상(國體思想)을 중심으로 형성되어 온 일본의 민족주의는 에도(江戶)시대 후기에 발흥한 존황(尊皇)사상과 황국론(皇國論)을 원류로, 메이지(明治)·다이쇼(大正)시대의 제국주의(帝國主義)를 거쳐 군국주의(軍國主義)로 치닫는 격동의 근대시대에 그 절정을 맞이하게 된다.

그러나 일본의 내셔널리즘은 7, 8세기의 고대시대로부터 21세기 현재에 이르기까지, 표현 방법과 정도의 차는 있었을지언정 영구불변의 가치와도 같은 국민통합의 기제로써 작용했으며, 그 중심에는 언제나 공동체적 영웅의 존재가 있었다. 특히 사회가 불안해지거나 전쟁 등으로 인한 국가의 안태(安泰)가 위태로울 때 초인적 인물로서의 영웅이 요구되었으며, 한번 영웅으로 창출된 후에는 시공을 초월하여 수

많은 전승과 소문이 만들어지고, 그 행위를 확대·과장시켜가며 결국에 가서는 신(神)과 같은 존재로서 사회통합의 중심적 역할을 담당하게 되는 것이다.

지금까지 국내에서의 근대 일본의 교육사상에 관한 연구는 한일 양국의 학제를 단순 비교하거나(윤종혁, 2008), 교육사적 관점에서 1945년 이후 양국의 학제에 관한 개괄적 연구(한용진, 2010)가 주를 이루어왔다. 여기에 구체적인 실례로써 교육령 반포 이후의 수신(修身)과목에 주목한 연구(김순전 외, 2004)와 메이지기(明治期) 창가(唱歌)교육을 중심으로 한 교육사상의 변용에 관한 연구(이권희, 2012) 등이 주목 받고 있다. 따라서 본고에서는 이러한 선행연구들을 참조하면서도 1990년대 이후 급격히 대두되고 있는 일본 내 네오내셔널리즘(neo-nationalism)의 확산을 배경으로 국가적 애착 및 민족적 자긍심을 강조하기 위해 다시금 주목받고 있는 근대 일본의 전쟁과 전쟁영웅이 황도(皇道)이데올로기를 바탕으로 하는 국가주의(國家主義)·군국주의(軍國主義) 교육사상을 최고의 가치로 삼았던 근대 일본의 공교육의 장을 통해 어떻게 창출되고 변용되어 왔는지를 규명하려 한다. 구체적으로는 메이지(明治)시대 일본의 교육이념의 설정과 변천이라는 커다란 흐름을 학제와 이를 개정한 교육령의 분석을 통해 개관하고, 1880년 개정교육령 반포 이후의 '덕육(德育)'이라는 교육사상 형성에 초점을 맞추어 '국민국가 일본의 규범 형성과 교육'이라는 커다란 문제를 풀어갈 수 있는 작은 실마리를 찾아보려 한다. 이와 더불어 교육의 장을 통해 전쟁영웅이 어떻게 창출되고 변용되어 왔는지를 규명함으로써 근대기(近代期) 일본·일본인들의 일그러진 한 단면을 함께 생각해 볼 수 있는 계기가 되기를 바란다.

1. 국가주의(國家主義)사상의 형성과 교육

메이지 신정부는 '문명개화(文明開化)'·'부국강병(富國强兵)'·'식산흥업(殖産興業)'을 국가적 목표로 서구 선진 제국(諸國)을 모델로 한 근대 국민국가 건설에 국운을 걸었다. 일본의 교육개혁 또한 서양 문명의 발전이 교육을 통한 인재양성에 의해 이루어졌음을 알게 된 메이지 신정부의 교육근대화 정책에 의해 추진된다. 1872년의 학제(學制) 반포 이후 메이지 신정부가 구상한 근대적 교육제도가 우여곡절을 거치며 비교적 빠른 속도로 보급·확산되어 갈 수 있었던 것은 무엇보다도 위로부터 일반 서민에 이르기까지 교육에 대한 이해와 열정이 있었기 때문이다.

주지하는 바와 같이 약 260년간의 도쿠가와(德川)시대에는 대외적으로는 쇄국정책과 내적으로는 막번체제(幕藩體制)를 기본 정책으로 안정과 평화를 향유하며 꽤 높은 수준의 문화적 성숙을 이루었으며, 서민들의 식자율(識字率) 또한 세계적으로 높은 수준이었다.[1)] 근세의 학문은 유학(儒學)이 모든 것의 기초가 되었다. 의학·본초학·불

---

1) 도쿠가와막부(德川幕府)의 문교 정책에 의해 무사들의 자제를 대상으로, 주자학 등 중국의 고전 학습을 중심으로 하는 공적 교육기관 한코(藩校), 서민의 자제들이 주로 읽고 쓰기 등의 실용적 기능을 배우던 학습기관인 데라고야(寺子屋), 특수교육을 담당했던 사설 교육기관 시주쿠(私塾) 등이 있었고, 상인이나 직능인(職能人) 사이에서의 도제제도(徒弟制度)의 발달, 다도(茶道)·화도(華道)·전통음악의 게이코(稽古)의 유행 등 높은 교육열을 자랑했다. 번교(藩校)에서는 주로 무가(武家)의 자식을 교육시켰고, 서민의 자녀는 데라고야(寺子屋)에서 읽고 쓰기를 중심으로 산수 정도의 극히 실용적인 지식을 습득했다. 그것도 생활에 여유가 있던 집의 아이들이나 다닐 수 있었고, 대부분의 아이들은 가사를 도우거나, 아이를 돌보면서 공부와는 무관한 생활을 했었다.

교 · 병학은 물론이며, 난학(蘭學)의 학습조차도 유학적인 교양이 필수였다.[2] 유학, 즉 주자학을 기초로 하는 근세의 교육이야말로 문자문화의 공통화, 이에 따르는 공통의 교양 공급과 독서의 민중 침투 및 대량 출판의 기술과 보급은 마침내 근대 국민국가를 성립시키는 문화적 전제가 되었다고 해도 과언이 아닐 것이다. 이러한 교육에 대한 이해를 배경으로 일본의 근대교육은 메이지(明治) 신정부의 개혁의 일환으로 추진되었다.

'학제서문(學制序文)'이라고도 불리는 '태정관포고 제214호(太政官布告第二一四号)'를 통해 알 수 있듯이 일본의 근대교육은 사민평등(四民平等) · 계몽주의 · 지식주의 · 권학주의라는 공리적 실학사상(實學思想)을 이상으로 삼았다. 적어도 제도적인 면에 있어서는 전 시대와 단절되는 사민평등의 세상에서 남녀의 구별도, 지위의 고하와도 상관없이 뜻만 있다면 누구나가 교육을 받을 수 있는 '국민개학(國民皆學)'사상을 기치로 1972년 '학제(學制)'의 반포와 더불어 일본의 근대교육은 태동하였다. 이것은 전 시대의 황도주의(皇道主義) 사상을 기본으로 하는 봉건(封建) · 계급적 교육이념과 체제를 포기하고, 개인의 자유와 독립을 존중하며, 스스로의 노력에 의해 입신출세가 가능하다는 교육이념의 제시와 계급과 신분에 의한 차별 없이 국민 모두에게 학교교육을 개방한다는 교육목표의 설정이었다.

그러나 학제 반포 이후 1879년의 교육령(자유교육령), 1880의 교육령의 개정(개정교육령) 등, 일련의 학교 제도의 정비와 그에 따른 세부 규칙의 변화를 거치며 메이지 신정부가 지향하는 교육이념은 이른바 '지육(智育)'에서 '덕육(德育)' 중시의 교육으로 전환되어 갔고,

---

2) 辻本雅史 외, 『일본교육의 사회사』, 이기원·오성철 역, 경인문화사, 2011, p.175.

1886년 모리 아리노리(森有礼)의 종별 '교육령(教育令)' 반포에 이르러서는 '덕육' 중시교육을 기반으로 군국주의교육이념이 새롭게 학교교육의 전면에 등장하게 된다는 교육이념의 변화에 주목할 수 밖에 없다. 학제의 교육이념, 즉 교육은 개인주의적 · 공리주의(功利主義)적 실학사상을 바탕으로 한 개인의 입신(立身) · 치산(治産) · 창업(創業)을 위한 실학(實學)을 근간으로 하는 국민개학(國民皆學)을 이상으로 삼고 있었다는 일본 교육사적 평가와는 별도로, 그 이면에 '국민개병(國民皆兵)'을 위한 기초교육을 위한 학교교육이라는 또 다른 목적이 있었다는 점을 간과해서는 안 된다는 점이다.

1872년 8월 학제의 공포와 거의 동 시기라 할 수 있는 1872년 11월에 전 국민을 대상으로 하는 징병에 관한 천황의 칙령(勅令)이 내려졌고, 이를 받은 태정관(太政官) 고유(告諭)에 따라 1873년 1월에 '징병제(徵兵制)'가 반포되었다.[3] 이른바 '국민개병(國民皆兵)'을 목표로 만 20세의 남성을 대상으로 징병검사를 거쳐 육군에 3년간 복무시킨다는 것을 골자로 하는 근대적 징병제도가 실시되었다는 것은 국민개학과 개명을 목적으로 시작한 일본의 근대교육의 태동을 병사에게 필요한 교양과 능력의 형성이라는 관점에서도 바라볼 수 있다는 것을 의미하는 것이기도 하다.[4] 실제로 근대 일본의 교육사상 '소학교(小

---

3) 이때의 징병령에는 호주 및 그 상속인, 관리 및 소정 학교의 생도 및 졸업생, 대인료(代人料) 270엔을 상납하는 자 등에게는 병역을 면제해주는 광범위한 면역(免役) 조항이 있었다. 이 때문에 징병을 기피하려는 자가 속출했다. 당시 군대의 주요한 임무는 사족(士族)의 반란이나, 농민반란 등을 진압하는 데 있었고 병력수도 적었다. 실제로 현역병으로 입영하는 젊은이가 같은 세대의 젊은이 중에 차지하는 비중은 1877년에 3.5%, 1888년에 4.6%에 지나지 않았고, 소수정예주의를 취하는 정부 측도 '국민개병'의 이념을 문자 그대로 실현할 의도는 가지고 있지 않았다고 한다. 加藤陽子, 『徵兵制と近代日本』, 吉川弘文館, 1996. 참조.

學校)'라는 명칭이 처음 사용된 것은 학제 반포 이전인 1868년 12월에 개설된 누마즈병학교(沼津兵學校) 부속 소학교였다.[5] 일본 최초의 소학교가 양식병학(洋式兵學)을 가르치기 위한 병학교에 병설(併設)된 부속 소학교였다는 점은 군사교육에 필요한 근대적 교양과 지식의 습득이라는 점에서 근대교육의 군국주의적 색채를 강하게 느끼게 한다.

이렇게 볼 때, 근대적 학교제도를 출범시킴으로써 정부가 목표했던 국민개학의 목적은, 표면적으로는 개인주의 · 공리주의(功利主義)적 가치를 우선하는 것이기는 했지만, 서구의 지식을 습득하는 본질적 목적은 천황과 국가를 위함이라는 국가주의사상의 주입에 있었으며, 다른 한편으로는 부국강병 정책의 일환으로 병사들에게 필요한 기본 지식과 소양을 전수하기 위함이었음을 확인할 수 있다.

2. 모리 아리노리(森有礼)의 국가주의 교육

1885년 초대 문부대신 자리에 오른 모리 아리노리(森有礼, 1847~1889)는 국가주의교육을 최우선시 하며 학교교육과 군대교육의 연결 강화를 위해 노력을 한 인물로 주목 받는다. 모리의 사상은 영국과 미국 유학시절, 주미공사(駐美公使) 시절, 메이로쿠샤(明六社) 시절을 통해 서구의 개인주의적 영향 하에 진보적 개혁주의자의 색채를 강하게 띠었다. 그러던 것이 청국(淸國) 특명전권공사(特命全權公使)

4) 이권희, 「근대 일본의 교육과 전쟁에 관한 고찰」, 『日本思想』23호, 한국일본사상사학회, 2012 · 12 참조.

5) 柿沼肇, 『国民の「戦争体験」と教育の「戦争責任」』, 近代文芸社, 2005. p.160.

시절을 계기로 변화가 보이기 시작한다. 그는 열강에 의해 잠식당하는 청국을 직접 목격하며 일본이 하루 빨리 근대국가로서의 실력을 쌓을 필요성을 통감하며 국가주의적 사상을 강하게 갖게 된다. 그 배경에는 메이지 1880년 대 중반 이후 천황제 절대주의 국가체제가 하나 둘 씩 정비되어 가는 과정에서 서구 열강들과 대치했던 외교관으로서의 경험이 크게 영향을 미쳤다.[6] 모리의 국가주의 교육의 요점은 국가는 그 자체로 영원한 생명력을 갖는 것이 아니고 항상 국민으로부터 생명 유지에 필요한 신선한 에너지를 공급받아야 한다는 것이었다. 즉, 국민이 강하고 우수하지 않으면 국가도 강해질 수 없다는 것이다. 모리가 국가를 지탱하는 국민을 중시하고, 국민의 교육에 힘을 쏟는 이유는 바로 여기에 있었다. 국가 관료이자 외교관의 입장에서 당시의 국제 정세와 국내 정세를 파악하고, 교육을 아이들을 생각하는 교육이 아닌, 어디까지나 위정자의 입장에서 국가통치 · 부국강병에 어떻게 활용할까라는 시점에서 파악했다. 그가 오랜 기간 직접 목격했던 서구 열강의 선진화된 힘, 즉 산업의 발달과 강력한 군대는 모두 계몽된 국민의 힘에서 나오는 것이라 생각했기 때문이다.

모리에게 있어 계몽된 국민이란 교육에 의해 무지몽매한 인간이 계발(啓發)되어 바른 지식을 통해 사리분별의 능력을 갖고, 스스로 정사선악(正邪善惡)을 구별할 수 있는 주체적이며 자립적인 인간이 아닌, 국가주의라는 테두리 안에서의 '선량한 신민'을 의미했다. 즉, 모리가 이상으로 생각했던 국민은 국가의 방침에 무비판적으로 복종하는, "제국신민으로서의 의무를 충분히 다하고(帝国臣民タルノ義務ヲ充分ニ尽シ)", "기풍을 확실하게 하고 국가의무를 잘 수행하며 또한 분수

6) 井上勝也, 『国家と教育』, 晃洋書房, 2000, p.56.

에 잘 맞추어 역할하여(気質確実ニシテ善ク国役ヲ務メ又善ク分ニ応シテ働く)"인간이었다.[7)]

교육이야말로 '국가부강의 근본(國家富强ノ根本)'이라 생각했던 모리는 자신이 직접 체험했던 선진화된 서구 제국(諸國)의 정치 · 경제 · 문화 · 교육 현황을 참고함과 동시에, 제국주의적 세계상황을 충분히 인식한 다음 그 결론으로서 일본의 근대국가 건설에 필요한 방법을 서구에서 찾으면서도 일본의 풍토 · 역사 · 민족성을 고려하여 1886년에 종래의 교육령을 대신하는 소학교령(小學校令) · 중학교령(中學校令) · 제국대학령(帝國大學令) · 사범학교령(師範學校令) 등의 개별 학교령 발령을 통해 학교체계를 구축했다. 국가주의체제를 공고히 뒷받침한다는 그의 교육사상과 그 구체적 실천은 이후 1945년 패전까지 군국주의의 색채를 더해가며 고정화되어 간다.

모리의 국가주의교육의 핵심은 애국심(愛國心) 배양에 있었으며, 이를 실천하기 위한 기재(器材)로써 천황제를 이용하였다. 각급(各級) 학교에 '어진영(御眞影, 천황 내외의 사진)'을 하사하고 기원절(紀元節), 천장절(天長節) 등의 국가 의례 시에는 어진영 배례를 중심으로 한 축하의식을 추진했다.[8)] 또한 학교교육과 군대교육의 연결 강화를

---

7) 大久保利謙 編,「和歌山県尋常師範学校において郡区長常置委員及び学校長に対する演説」,『森有礼全集』1 巻, 宣文堂書店, 1972, p.581.

8) 1873년 10월10月 태정관(太政官) 포고에 따라 기원절, 천장절 등의 축일이 정해졌다. 1885년 모리 아리노리가 초대 문부대신으로 취임하면서부터 축일(祝日)에 학교에서 처음 의식을 거행하게 되었다. 1890년 '교육칙어'가 발포되자, 1891년 6월부터 '축일대제일(祝日大祭日)' 의식에 관한 구체적 시행 규칙인 문부성령 제4호『소학교축일제일의식규정(小学校祝祭日儀式規定)』이 제정되었는데, 여기에서는 '어진영(御眞影)'에 최고의 경례(最敬礼)를 하고 만세(万歳). '교육칙어 봉독(教育勅語奉読), 교장 훈화, 창가 합창 등의 식순을 자세히 정하고 있다. 이 규정은 1893년에 간소화 되어 1월 1일, 기

위해 모리가 생각해 낸 것이 바로 학교교육에 병식체조(兵式体操)를 도입하는 것이었다.

근대라는 시대는 조직이 원하는 행동에 익숙해지는 규율 있는 신체를 필요로 한다.[9] 신체의 규율화를 위해 모리가 도입한 것이 바로 군사 훈련의 일종인 병식체조였다. 이 병식체조는 1886년 종별 학교령이 반포된 이후 중학교와 사범학교의 체조과목에 도입되었고, 소학교에서는 '대열운동'이라는 이름으로 아이들의 신체를 근대적 규율로 억압하기에 이르렀다.[10] 모리에 의하면 병식체조는 아동들 사이에 '순종(順從)의 습관'과 '상조(相助)의 정(情)', '엄숙한 예의'를 양성해 가기위해 '이용해야 하는 하나의 선택'이었다.[11] 즉, 다시 말해 모리가 학교교육에 병식체조를 도입한 것은 '덕육(德育)'의 수단임과 동시에 일본인들의 체격을 서구 사람들과 대적할 수 있을 정도까지 개조하는데 있었고, 그 조교 시스템을 군대로부터 빌려와 이용하고자 했다는 것이 일반적인 견해이기는 하지만,[12] 1889년 징병령의 개정에 따른 징병기간 단축을 보충하기 위한 군사적 예비교육으로써의 병식체조 도입이라는 또 다른 배경을 생각할 수도 있을 것이다.

사범학교 교육의 중요성에 대해서 언급한 연설 속에서 모리는 종래의 '공송암기(公誦暗記)'의 폐해를 지적하며, '종순(從順)'·'우정(友

원절, 천장절의 삼대절 의식은 반드시 거행하고 나머지는 임의대로 해도 좋게 되었다. 메이지 시대 이후에는 특히 四方節(1월1일), 紀元節, 明治節, 天長節의 '사대절(四大節)'로 고정되어 갔다.

9) 요시다 유타카 저, 최혜주 옮김, 『일본의 군대』, 논형, 2005, p.63.

10) 소학교의 '대열운동'(대열행진) 또한 1888년 병식체조라 이름이 바뀌었다.

11) 大久保利謙 編, 「埼玉県尋常師範学校ニ於テノ演說.」, 『森有礼全集』1 巻, 宣文堂書店, 1972, pp.481~486.

12) 大熊廣明, 「わが国学校体育の成立と再編における兵式体操・教練採用の意味」, 『筑波大学体育科学系紀要』, 2001, p.62.

情)'·'위의(威儀)'(후에 '순량(順良)'·'신애(信愛)'·'위중(威重)의 세 가지 기질(氣質)을 겸비한 '선량한 사람'의 양성을 강조하고 있는데,[13] 이 세 가지 기질은 모리 자신도 언급하고 있듯이 바로 군인(軍人)이 갖추어야 할 기질로 요구되던 덕목이기도 했던 것이다. 퇴역 군인들이 중심이 되어 학생들을 감독하고 지도했으며, 학생들은 육군 하사관들의 제복을 흉내 낸 양식 제복을 입고, 목총이 아닌 진짜 총을 들고 규율을 중시하는 집단훈련을 반복했다. 거기에다가 행군(行軍)이나 발화(發火)연습 등이 더해지면서 점점 노골적인 군사훈련의 색채를 강화해 갔다. 집단훈련 속에서 학생들은 교관에 대한 절대적인 복종을 강요받고, 그 일거수일투족을 감시 받으며 긴장감 속에 유기체적 행동에 익숙해진다. 모리는 그러한 비일상적 행동을 통해 '종순(從順)'·'우정(友情)'·'위의(威儀)'의 기질이 자연스럽게 신체화(身體化)되기를 의도했던 것이다.

이처럼 종별 학교령의 시행과 더불어 학교체육에 병식체조를 도입하고 이를 철저히 관리·감독함으로써 종래 학교교육의 주지주의(主知主義)적 태도, 특히 체육과 체조과목에 있어 신체에 대한 양생(養生) 중심의 인식은 크게 변화하였으며, 학생들의 신체는 한 개인의 것이 아닌 국가가 이를 관리하고 통제하는 것, 즉 국가의 통제 하에 놓이게 되었다.

---

13) 주)8과 같음.

3. 군국주의(國家主義)사상의 형성과 교육

메이지(明治) 중기 이후부터 다이쇼(大正)시대를 거쳐 쇼와(昭和) 20년의 패전 이전까지 일본 교육사상에 가장 큰 영향을 미친 것은 '교육에 관한 칙어(教育に関する勅語)', 이른바 '교육칙어(教育勅語)'였다고 단언할 수 있다.

1889년 '대일본제국헌법(大日本帝國憲法)'의 반포와, 이듬해인 1890년의 국회개설 등, 메이지 신정부가 지향했던 국민국가의 제도적 틀은 정도 모습을 갖추어 나가게 된다. 국민국가로서의 체제가 갖추어져 나가는 과정에서 반포된 교육칙어는 근대 국민국가로서의 여러 제도의 확립과 실천을 정신적·정서적인 면에서 보완하기 위해 만들어진 이데올로기 장치였다.[14)]

---

14) 짐이 생각건대 우리 황조황종(皇祖皇宗)이 나라를 연 것이 굉원(宏遠)하고 덕을 세움이 심후(深厚)하다. 우리 신민이 지극한 충과 효로써 억조창생(億兆蒼生)의 마음을 하나로 하여 대대손손 그 아름다움을 다하게 하는 것, 이것이 우리 국체(國體)의 정화(精華)이고 교육의 연원이 실로 여기에 있다. 그대들 신민은 부모에게 효도하고 형제 간 우애하며, 부부 서로 화목하고 붕우 서로 신뢰하며 공검(恭儉)하고, 박애를 여러 사람에세 미치며, 학문을 닦고 기능을 익힘으로써 지능을 계발하고 덕기를 성취해 나아가 공익을 널리 펼치고 세상의 의무를 넓히며, 언제나 국헌을 존중하고 국법을 따라야 하며, 일단 위급한 일이 생길 경우에는 의용(義勇)을 다하며 공을 위해 봉사함으로써 천양무궁의 황운을 부익(扶翼)해야 한다. 이렇게 한다면 그대들은 짐의 충량한 신민이 될 수 있을 뿐만 아니라 그대들 선조의 유풍(遺風)을 현창(顯彰)하기에 족할 것이다. 이러한 도는 실로 우리 황조황종의 유훈(遺訓)으로 자손과 신민이 함께 준수해야 할 것들이다. 이것을 고금을 통하여 어긋나게 해서는 안 될 것이다. 이를 중외(中外)에 베풂에 있어 도리에 어긋남이 있어서는 안 될 것이다. 짐은 그대들 신민과 더불어 권권복양(拳拳服膺)하며 널리 미치게 하고, 그 덕을 함께 공유할 것을 절망한다. (朕惟フニ我カ皇祖皇宗國ヲ肇ムルコト宏遠ニ徳ヲ樹ツルコト深厚ナリ 我カ臣民克ク

교육에서의 덕육주의 진흥이라는, 교육칙어 제작과 반포의 직접적인 계기가 된 것은 1889년의 대일본제국헌법 공포에 따른 새로운 법 체제로의 이행, 총선거 실시 등에 의한 정당정치의 확립에 따른 구래(舊來)의 질서유지에 불안을 느낀 지방 장관들이 1890년 2월 지방장관회의에서 덕육진흥의 건의를 수합하여 문부성에 덕육교육을 확정해 줄 것을 건의한 것이었다. 점차로 세력을 키워가고 있던 자유민권운동(自由民權運動)과 사회에 만연해 있던 구화사상(歐化思想)에 반대하는 전통주의적 · 유교주의적 입장에서 당시 일정한 지침 없이 시행되고 있던 덕육(德育)을 교육의 기본이념으로 명시하고, 덕육의 구체적인 방침을 천황의 이름으로 제시하고 있는 교육칙어의 골자는 신민(臣民)이 지극한 충과 효로써 대대손손 천황과 나라를 위해 진력하는 것이 '국체(國體)의 정화(精華)'이며 '교육의 근원'이라 정의하며, "개인보다는 공(公)을 우선시 하고, 일단 위급한 일이 생길 경우에는 의용(義勇)을 다하며 공을 위해 봉사함으로써 교육의 목적이 궁극적으로는 황운(皇運)을 부익(扶翼)함에 있음을 천황의 이름으로 명시하고 있다는 것이다.[15] 전문 315자, 중단의 "그대들 신민은 부모에게 효

忠ニ克ク孝ニ億兆心ヲ一ニシテ世々厥ノ美ヲ済セルハ此レ我力國體ノ精華ニシテ教育ノ淵源亦實ニ此ニ存ス爾臣民父母ニ孝ニ兄弟ニ友ニ夫婦相和シ朋友相信シ恭倹己レヲ持シ博愛衆ニ及ホシ学ヲ修メ業ヲ習ヒ以テ智能ヲ啓發シ德器ヲ成就シ進テ公益ヲ廣メ世務ヲ開キ常ニ國憲ヲ重シ國法ニ遵ヒ一旦緩急アレハ義勇公ニ奉シ以テ天壌無窮ノ皇運ヲ扶翼スヘシ是ノ如キハ獨り朕力忠良ノ臣民タルノミナラス又以テ爾祖先遺風ヲ顯彰スルニ足ラン斯ノ道ハ實ニ我力皇祖皇宗ノ遺訓ニシテ子孫臣民ノ倶ニ遵守スヘキ所之ヲ古今ニ通シテ謬ラス之ヲ中外ニ施シテ悖ラス朕爾臣民ト倶ニ拳々服膺シテ咸其德ヲ一ニセンコトヲ庶幾フ) 교육칙어는 일본 문부과학성 홈페이지 http://www.mext.go.jp (검색일: 2013.1.5)의 '学制百年史　資料編'에서 인용. 한국어 역은 필자.

15) 1890년 2월 지방장관회의에서 덕육(德育)의 구체적 방침을 내려줄 것을 문

도하고"에서부터 "황운을 부익(扶翼)해야 한다"까지 12가지 덕목을 포함하고 있다.

교육칙어 발포 이듬해인 1891년 문부성의 의뢰에 따른 이노우에 데쓰지로(井上哲次郎)의 『칙어연의(勅語衍義)』가 발표되었다. 이 책은 교육칙어 발표 후 출판된 여러 해설서 가운데 가장 대표적인 것으로, 직접 학생들에게 칙어의 내용을 교습하는 교과서로 널리 사용되었다.[16] 또한 문부성에서는 '교유칙어'의 등본(謄本)을 직접 만들어 전국의 학교에 이를 배포했으며 천황 부부의 어진영(御眞影)과 더불어 각종의 학교의식 시에 교직원을 비롯하여 학생들은 최고의 경례(敬禮)를 표해야 했다. 이러한 과정에서 1891년 동경 제일고등학교(第一高等中學校)의 촉탁교원이었던 우치무라 간조(内村鑑三)의 교육칙어 배례(拜禮) 거부라는, 이른바 '우치무라 간조 불경사건(内村鑑三不敬事件)'을 계기로 교육칙어 등본을 더욱 주의해서 다루라는 훈령(訓令)이 내려졌으며, 같은 해 정해진 '소학교축일대제일의식규정(小學校祝日大祭日儀式規定)'(文部省令 第4號)와 1900년에 정해진

부대신 에노모토 다케아키(榎本武揚)에게 건의한 것이 계기가 되어, 같은 해 5월 에노모토를 대신해 야마가타 아리토모(山県有朋) 내각의 문부대신으로 취임한 요시카와 아키마사(芳川顕正) 밑에서 법제국장관(法制局長官) 이노우에 고와시(井上毅)를 중심으로 전 천황의 시강(侍講)이었던 추밀고문관(樞密顧問官) 모토다 나가자네(元田長孚)의 협력에 의해 기초(起草)가 만들어졌으며, 10월 30일 일반적인 정무조칙(政務詔勅)과는 달리 대신의 부서(副署) 없이 발포되었다. 천황이 직접 국민에게 하사한다는 취지의 형식을 취했다는 점이 특이하다.

16) 당시 제국대학(훗날 도쿄대학) 문과대학 교수였던 이노우에 데쓰지로(井上哲次郎)의『勅語衍義』는 1891년 9월 초판의 것과 1899년의『增補勅語衍義』(24판)가 있다. 이노우에에 의한 칙어해설을 기점으로 메이지 말기에 걸쳐 '국민도덕론(國民道德論)'이 형성되어 갔다. 그런 이노우에의 대표적인 저서로는『國民道德概論』이 있다.

'소학교령시행규칙(小學校令施行規則)(文部省令 第14號)등에 따라, 천장절(天長節)·기원절(紀元節) 등 학교에서 열리는 각종 행사나 국가적 의례 시에는 학교장이 이를 봉독(奉讀)하도록 정하였다.[17)]

이렇듯 교육칙어는 국민의 천황에 대한 절대복종의 귀일적(歸一的) 신앙의 대상으로 만든 교육의 절대적 규범이었다. 대일본제국(大日本帝國)의 신민(臣民)에게 천황의 신성성(神聖性)·불가침성(不可侵性)의 관념을 유년시절서부터 정신적·육체적으로공유시키기 위해 정치적으로 창출된 의식(儀式)을 통해 교육칙어는 국민도덕의 절대적 기준으로, 혹은 최고의 교육이념으로 신성시(神聖視) 되었고, 국어·수신(修身) 과목을 비롯한 여러 교과서는 이러한 천황의 신성(神聖)함을 주입하는 내용으로 개정되었다. 그 중에서 본 연구에서 주목하고자 하는 것은 천장절(天長節)·기원절(紀元節)로 대표되는 당시 학교에서 치러졌던 각종 행사나 국가적 의례의 기능이다.

공공의 장(場)에서 치러지는 의식(儀式)이라는 것의 본질은 개개인이 일정한 장(場)에 참여함으로써 개별의사(個別意思) 위에 성립하는 공공의 공동적 의사를 우선하는 장을 형성하는데 있다. 그러한 의미에서 '교육칙어' 봉독식(奉讀式)은 국가적 공동성에 멸사봉공(滅私奉公)적 참여를 자명시하는 신민(臣民)의식, 즉 국가가 강제하는 사항을 강제라 느끼지 않고, 오히려 자주적 숭배(崇拜)·공순(恭順)으로 여기

17) 치안유지법(治安維持法) 체제 하인 1930년대에 들어서면 교육칙어는 국민교육의 사상적 기초로 신성시된다. 교육칙어 등사본은 거의 모든 학교에서 '어진영(御真影)'과 함께 봉안전(奉安殿)·봉안고(奉安庫) 등이라 불리던 특별한 곳에 보관되었다. 또한 학생들에게는 교육칙어 전문을 강제적으로 암송(暗誦)케 했다. 특히 1931년 만주사변으로부터 1945년의 패전에 이르기까지 체제를 옹호하는 한 방편으로 이용되었다. 즉, 교육과는 괴리된 군국주의의 교전(教典)으로 이용되었다.

는 공동적 의사를 함양하기 위한 절호의 방책으로 기능했다.[18)]

교육칙어를 통해 명시된 천황제국가의 사상, 또는 교육이념은 1894년(明治27)의 청일전쟁(清日戰爭)과 1904년(明治37)의 러일전쟁(露日戰爭)에 참가한 군인들의 충군애국(忠君愛國) 정신 함양에 절대적 영향을 미쳤으며, 1931년(昭和6)부터 이어지는 이른바 '15년 전쟁' 기간 동안에는 극단적으로 신성시되기도 하였다. 1894년의 청일전쟁과 1904년의 러일전쟁으로 이어지는 일련의 대외전쟁을 수행하는 군인들은 대부분 메이지시대에 태어났고, 메이지의 교육환경 속에서 정신적으로도 육체적으로도 국가와 민족을 강하게 의식하며 신민으로서의 책임과 의무를 다하기 위해 전투에 임했을 것이다. 교육의 전쟁책임이라는 문제를 피해갈 수 없는 이유가 바로 여기에 있다.

'교육칙어' 반포에 앞서 메이지 정부는 1882년 1월 4일 '육해군 군인에게 내리는 칙유(陸海軍軍人に賜りたる勅諭)', 이른바 '군인칙유(軍人勅諭)'를 반포한다. 야마가타 아리토모(山県有朋)에 의해 작성된 '군인칙유'는 "짐은 너희들 군인의 대원수이다(朕は汝等軍人の大元帥なるぞ)"라는 표현으로 알 수 있듯이, 한마디로 말해 '천황을 육해군의 통수권자로 우러르며 천황에 대한 충절을 군인에게 있어 최고의 가치로 삼는다'는, 천황에 의한 군대의 통제를 선언한 것이다. 작성의 계기는 '다케시바(竹橋)사건'·'사장상주(四将上奏)사건'이 작성의 계기가 되었다는 것은 널리 알려진 바와 같다.[19)] 주문(主文)의 골자는

18) 이권희, 전게논문, p.179.

19) '다케시바(竹橋)사건'은 근위병(近衛兵)에 의한 반란사건이다. 당시는 징병제도가 발족한 지 얼마 되지 않아 여러 가지로 제도가 정착되지 않은 상황에서 한 장교가 자기의 의사로 부하를 인솔해 상관을 살해하는 사건이 발생했다. 이 사건을 계기로 군인의 행동지침에 제한을 가하는 『군인훈계(軍人

이하의 5개조 항목으로 구성되어 있다.[20]

一 군인은 충절을 다함을 본분으로 해야 할 것
一 군인은 예의를 바르게 해야 할 것
一 군인은 무용을 존중해야 할 것
一 군인은 신의를 중시해야 할 것
一 군인은 검소해야 할 것

실제로 '군인칙유'는 어린 학생들과는 관계가 없는 것이었지만 아시아·태평양전쟁 시기 후반으로 가면 여러 가지 형태로 학교교육 현장에 등장한다. 소학교 학생이라고는 해도 졸업을 하면 바로 전선으로 끌려가야 하는 시대적 상황이 있었음은 물론이다. 학생들은 5개조 항목을 암기하여 암송을 하면 교사가 그 내용에 대해서 설명을 하는 형식으로 수업이 진행되었다.

1882년의 '군인칙유', 1889년의 '대일본제국헌법', 1890년의 '교육칙어'의 반포를 통해 근대 국민국가를 지향하는 메이지 신정부의 사상적 기틀은 그 기본틀을 갖추게 되었다. 널리 민중에게 신민(臣民)의식을 주입하는 역할을 담당했던 것이 '교육칙어'라 한다면 군대교육에

訓戒)』가 배포되었고, 이것이 '군인칙유'의 기초가 되었다. '사장상주(四将上奏)사건'은 鳥尾小弥太·谷干城·三浦梧楼·曾我祐準의 네 명의 장군이 黒田清隆이 주동이 된 '홋카이도 관유물 유출사건(北海道官有物 払下げ事件)'을 알고 이와 같은 부정이 통하는 부패한 정치를 개선하자고 천황에게 상주한 사건이다. 군인의 정치에 대한 언급이었다.

20) 一 軍人は忠節を尽くすを本分とすへし 一 軍人は礼儀を正しくすへし 一 軍人は武勇を尚ふへし 一 軍人は信義を重んすへ 一 軍人は質素を旨とすへし)

있어서 황군(皇軍)관념 형성을 직접 담당한 것이 바로 '군인칙유'였다. 게다가 이러한 '칙어'와 '칙유'의 정신을 정치권력 레벨로 통괄했던 것이 '대일본제국헌법(大日本帝國憲法)'이었다고 할 수 있다. '대일본제국헌법'에서는 일본 국민의 신민으로서의 존재, 즉 주군과 신민과의 관계는 명령과 복종이 있을 뿐이며 독립된 인격, 자주적 인권은 국가에 대한 신민의 의무와 책무를 다한 연후에만 인정받을 수 있다고 정의하고 있다.[21] 이 또한 개인주의적인 윤리와 책임감에 의한 생활태도보다는 국가 본위의 부국강병의 국가개념을 국민에게 강하게 의식시키는 것이었다.[22]

---

21) '대일본제국헌법'은 告文 憲法発布勅語 第１章 天皇（第１条－第17条）第２章 臣民権利義務（第18条－第32条）第３章 帝国議会（第33条－第54条）第４章 国務大臣及枢密顧問（第55条－第56条）第５章 司法（第57条－第61条）第６章 会計（第62条－第72条）第７章 補則（第73条－第76条）으로 구성되어 있다.

22) 예를 들면, 제2장 신민권리의무(臣民權利義務)의 제31조에 본장에서 들고 있는 조규는 전시 또는 국가사변이 있을 경우에 있어 천황의 대권 시행에 방해가 되어서는 안 된다(本章ニ掲ケタル条規ハ戦時又ハ国家事変ノ場合ニ於テ天皇大権ノ施行ヲ妨クルコトナシ), 제32조에 본장에서 들고 있는 조규는 육해군의 법령 또는 기율에 저촉되지 않는 것에 한해 군인에 준행한다(本章ニ掲ケタル条規ハ陸海軍ノ法令又ハ紀律ニ牴触セサルモノニ限リ軍人ニ準行ス)고 명시하고 있다. 또한 제1장 천황의 제１조에서는 "대일본제국은 만세일계 천황이 이것을 통치한다(大日本帝国ハ万世一系ノ天皇之ヲ統治ス), 제３조 천황은 신성하며 범할 수 없다(天皇ハ神聖ニシテ侵スヘカラス), 제4조 천황은 나라의 원수이며 통치권을 총람하고 이 헌법의 조규에 따라 이것을 행한다(天皇ハ国ノ元首ニシテ統治権ヲ総攬シ此ノ憲法ノ条規ニ依リ之ヲ行フ). '제국주의헌법'의 인용은 국립국회도서관 전자문서 http://www.ndl.go.jp/constitution/etc/j02.html에 의함. 검색일(2012:11.17)

4. 전쟁영웅(戰爭英雄)의 창출과 교육

근대 국민국가를 지향하는 메이지 신정부는 교육의 근대화와 강력한 군대 건설을 통한 부국강병(富國强兵)을 국가의 최우선 목표로 삼았고, 메이지 후기에 이르러서는 상당부분 이 목표를 달성하기에 이르렀다. 메이지 신정부가 서구 열강과 어깨를 나란히 하는 근대 국민국가로서 자리매김 할 수 있었던 요인이야 여러 가지가 있겠지만 1894년의 청일(淸日)전쟁, 1904년의 러일(露日)전쟁으로 대표되는 전쟁의 역할이 컸다는 점은 부정할 수 없다. 전쟁은 국가가 정한 정치적 목적을 달성하기 위한 하나의 수단이었고 교육은 이러한 목적 실현을 위해 국민 전체의 적극적 협력 자세를 끌어내기 위한 통합된 이데올로기 형성의 장으로 기능했다.

전쟁 자체만을 놓고 봤을 때 그 정신적 · 물적 피해는 새삼 언급할 필요도 없겠지만, 메이지 신정부가 근대국가로서 발 돋음하고 20세기에 들어 서구 열강들과 어깨를 나란히 할 수 있었던 것에 전쟁의 역할이 컸다는 점은 부정할 수 없다. 1874년 대만(臺灣)을 무력 정복한 것을 제외하고 근대 일본이 치른 최초의 대외전쟁은 청일전쟁(1894~95)이었고, 그 다음이 러일전쟁(1904~05)이었다. 청일 · 러일 두 번에 걸친 전쟁에서의 승리는 무학문맹(無學文盲)인 일본의 서민들마저 흥분시켰고, 개국 이래 서구 열강의 군사적 · 경제적 위협에 동분서주했던 일본 국민들에게 있어 자신들이 신봉해왔던 지도자와 체제에 대한 의심을 불식시키고 국가와 국민을 강하게 의식하게 만드는 계기가 되었다. 물론 여기서 말하는 국가는 곧 황도주의적 국체(國體)를 말하는 것이다.

1890년대 초반 시점을 경계로 근대 일본의 교육은 군국주의사상 형성과 실천의 첨병 역할을 담당하게 된다. 1886년 모리의 개별 교육령 발령 이후 특히 현저해진 학교교육의 목표가 개인의 입신출세와 행복을 추구하기보다는 '부국강병(富國强兵)'을 위한 이념적 교육에 편중되어 갔다는 것은 전술한 바와 같은데, 그렇기 때문에 대외 전쟁에서의 승리는 곧 '국위(國威)의 발양(發揚)'이었으며, 그로 인한 '국토의 확대'는 마치 자신들의 경제적 이익에 직결된다는 단순한 생각에 일본인들은 이를 반겼던 것이다.

물론 개인보다는 전체를 우선하는 대의적 집단정신은 그것만으로 충분히 숭고한 가치를 인정받을 수 있겠지만, 그 어떤 이데올로기보다 집단을 우선시 해야만 한다는 것은 개인의 행복을 돌아볼 여지가 없다는 것을 의미한다. 메이지 신정부의 교육이념이 국가와 민족, 나아가서는 천황을 최우선으로 생각하는 전체주의적 교육으로 변질되어 갔다는 것은 결과적으로 집단적 광기(狂氣)를 제어할 아무런 장치를 교육에서 마련하지 못했을 뿐만 아니라, 오히려 교육이 이에 적극 협력했음을 의미한다.

유신(維新)이라는 이름으로 행해진 교육개혁을 포함한 근대 일본의 정치·사회 개혁이 1889년의 일본제국헌법(日本帝國主義憲法)의 공포(公布)와 1890년 제국의회(帝國議會) 개설, 같은 해의 교육칙어를 통해 어느 정도 안정되자 당시 서구 열강이 그러했듯이 일본의 위정자들은 자국의 경제적 이익을 위한 해외시장 개척에 눈을 돌리게 되었고, 일본 역시 조선을 대상으로 경제적· 군사적 이익을 취하기 위해 청국(淸國)과 러시아와 대립하게 된다.

여기서 강조하고 싶은 것은 본 논문의 주된 논지로서 1890년의 '교육칙어'의 반포와 1894년의 청일전쟁 등, 1890년대 초반 시점을 경계로 하는 군국주의사상의 형성과 일반국민을 대상으로 하는 실천에 교육이 절대적인 역할을 담당하게 된다는 것이다. 즉, 자국의 정치적 목적을 달성하기 위한 수단으로 선택한 전쟁과, 전쟁을 수행함에 있어 국민 전체의 적극적 협력 자세를 끌어내기 위한 통합된 이데올로기 형성의 장으로 학교교육의 장이 적극 이용되기 시작했다는 것이다.

조선에 대한 침략을 위한 일련의 정치적·군사적 행동과는 별도로 일본정부는 학교교육을 통해 아이들에게 왜곡된 조선관(朝鮮觀)을 주입시킨다. 조선 진출에 대한 당위성 확보를 위함이었다. 청일전쟁 직전인 1893년 당시 대표적인 역사교과서라 할 수 있는 『소학교용 일본역사(小學校用 日本歷史)』(金港堂)를 예로 들어 보기로 하자. 제1장에서는 일본에서는 날로 문명이 발달하여 천하가 태평하고, 농공상(農工商)의 직업도 발달로 인해 평화로운 세상을 맞이하고 있음을 홋카이도(北海道)의 아이누와 비교해, 그 야만스런 생활상을 설명을 하고는, 제2장부터 차례대로 진무천황(神武天皇), 야마토타케루노미코토(日本武尊), 신공황후(神功皇后) 순으로 장을 세워 일본의 유래에 대해서 설명하고 있는데, 이러한 구성은 그 후의 소학교용 국정 일본사교과서의 원형이 되었다.[23]

조금 구체적으로 살펴보면, 초대 천황 진무천황의 동정(東征)에 관한 기술을 통해 천황에게 복종하지 않는 자들을 무력으로 정복해 일본 국내의 통일을 이루었다는 것을 말하고, 게이코(景行)천황의 아들 야마토타케루를 주인공으로 하는 기술에서는 서정(西征)과 동정(東征)을 통해 다시 한 번 조정(朝廷)에 복종하지 않는 무리들을 차례로 정벌해 나간다는 내용으로 구성되어 있다. 그 후 신공황후가 구마소

---

23) 山住正巳, 『戦争と教育』, 岩波書店, 1997, p.11.

(熊襲)의 배후에 있던 신라 · 백제 · 고려(高麗)의 삼한(三韓)을 정벌하는 내용이 이어지는데, 특히 신공황후의 이른바 삼한정벌(三韓征伐)의 결과 "가령 해가 서쪽에서 뜨는 일이 있더라도 오랫동안 일본의 속국이 되겠습니다"라고 하며 신라왕이 항복을 맹세함과 동시에 공물(貢物)을 바쳤다는 기술이 이어진다. 이와 같은 왜곡된 역사기술을 여과 없이 아이들에게 교육함으로써 형성되는 왜곡된 조선관과, 근거 없는 자국 우월주의를 배경으로 조선에 대한 침략을 정당화시키고 청일전쟁의 당위성을 아이들에게 납득시키는 장치가 되었음은 충분히 짐작할 수 있다.

일본의 일반 국민들은 청일전쟁이 일어난 원인에 대해서 잘 알지 못했다. 이에 청일 · 러일전쟁을 겪으면서 역사상의 영웅과 날조된 군국미담(軍國美談)이나 전쟁영웅 등을 소재로 교과서를 구성하고, 이를 학교교육의 현장에서 가르침으로써 전의(戰意) 고양은 물론 국민의 사기(士氣) 진작과 애국심의 함양, 나아가서 일본 · 일본인이라는 공동체의식과 연대의식의 강화를 꾀하였던 것이다.

오카야마현(岡山県) 출신의 육군 이등졸(二等卒) 기쿠치 쇼헤이(木口小平)의 미담은 그 대표적인 예라 할 수 있다. 기쿠치는 보병 제21연대의 나팔수로 조선의 성환전투에서 총을 맞고 전사하는데, 죽는 순간까지 진군의 나팔을 손에서 놓지 않고 계속해서 불었다는 이야기이다. 또한 평양 점령 시 현무문(玄武門)에 가장 먼저 도착해서 문을 열었다고 하는 육군 일등졸(一等卒) 하라다 주키치(原田重吉)의 무용담 등, 군인으로서의 장렬한 전사와 용맹함은 소학교 수신교과서(修身教科書)를 위시로 다양한 교과목의 주된 소재가 되었다. 이것은 당연 애국심을 고양시키기 위해 만들어낸 가상의 이야기였다.[24] 또한 히로세 중령(広瀬中佐)나 다치바나 중령(橘中佐)와 같이, 러일전쟁 당시 나라와 전우를 위해 극한 상황에서 목숨을 버린 전쟁영웅들의 이야기가 교과서에 실렸다. 히로세 다케오는 여순(旅順)항구 폐쇄라는 특별작전에 참가하여 행방불명이 된 부하를 찾아 나선 끝에 구명보트 위에서 러시아의 포탄에 맞아 장렬한 최후를 맞이하는데, 이후 신문 매체나 학교교육 현장에서 상사로서 부하를 배려하는 행동과 평소의 성품도 훌륭했다는 점 등을 과장되게 담론화시킴으로써 대중에게 군신(軍神)으로 추앙받았다.[25]

1904년 2월부터 시작된 러일전쟁[日露戰役]은 해상 전투로 시작되었다. 러시아 함대는 입구가 지형적으로 좁은 여순항(旅順港)으로 숨어 방비를 하고 있었고, 일본은 야음(夜陰)을 틈타 여순항 입구에 노구선(老朽船)을 침몰시켜 이를 봉쇄하는 작전을 취했다. 2월 24일 미명(未明) 작전을 결행했으나 러시아 측에 발각되어 포격을 받아 목적을 달성하지 못하고 5척의 일본 군함은 침몰·좌초해 버렸다. 그 작전의 개황(概況)과 배에 타고 있던 77명의 승조원의 계급과 씨명이

---

24) 山住正巳, 上掲書, p.18.

25) 군신(軍神)이라는 칭호는 군부와 정부의 인정에 의해 탄생한 것이 아니고, 신문이나 잡지에서 우연히 그렇게 불리게 된 것이 정착된 것이다. 처음 군신이 된 히로세 다케오(廣瀬武夫)의 전기에는 "이 존호(尊号)는 사람들이 모여 평의(評議)하여 수여한 것이 아니라 소위 하늘의 소리, 즉 하늘의 명이기 때문에 영원히 전해질 것이다"라고 쓰여 있다. 井田麟鹿 編, 『七生報国 廣瀬中佐』, 廣瀬家, 1928, p.3. 또한 군신에는 세 가지 유형이 있다고 한다. 첫 번째는 전선의 지휘관으로서 전사한 위관급(佐官級) 장교이다. 그들은 부하를 아끼는 행동으로 인해 전사한 훌륭한 인격의 소유자로서 존경을 받아왔다. 두 번째는 전쟁의 귀추(帰趨)를 좌우하는 큰 작전을 지도한 것으로 유명한 장군들이다. 노기 마레스케(乃木希典)가 대표적 인물이라 하겠다. 세 번째는 쇼와(昭和) 초기가 되어 등장하는 새로운 타입의 군신이다. 그들은 집단에서 자신의 목숨을 걸고 작전을 수행한 젊은이들로, 육탄삼용사(肉弾三勇士)가 가장 대표적이라 할 수 있다. 山室建德, 『軍神』, 中新公書, 2007.

27일에 신문 지상을 통해 공표되었다. 이 무렵 러시아와의 본격적인 충돌은 일어나지 않은 상태였고 전사자 수는 그다지 많지 않았다. 그 때문에 폐쇄작전뿐만 아니라 실전에 참가한 장졸(將卒) 한 사람 한 사람의 경력과 활약상이 자세하게 소개되었던 것이다. 예를 들면 『국민신문(國民新聞)』은 "폐쇄대의 대담한 행동은 우리들의 무사적(武士的) 정신을 사실상 발휘하여 우리 국민적 성격의 가장 정화한 부분을 표창하기에 유감이 없는 것"이라 하며, "우리 국민이 충심감사(衷心感謝)의 마음으로 세계 열국이 탄상(嘆賞)의 마음을 가지고 이 쾌보를 받아들이는 것도 그 이유가 없지 않을 것이다"라 선동하고 있다. 그 때문에 예상했던 성과를 거두지는 못하였지만, "이 일거로서 적을 기사(氣死)시키기에 충분하다"라고 평가하고 있다.[26]

이 작전에서 침몰 또는 좌초한 5척의 배에는 장교가 한 사람(중령 1 명, 소령 1명, 대위 2명, 중위 1명)씩 지휘관으로서 승선하고 있었는데, 그 중에서도 총지휘를 한 당시 44세의 아리마 료키쓰(有馬良橘) 중령(中佐)과 부지휘관(副指揮) 자격이었던 37세의 히로세 다케오(廣瀨武夫) 소령(少佐)은 특히 주목을 받았는데, 그들의 경력과 성품이 삽시기사에 좋은 소재를 제공하였다. 특히 히로세에 대해서는 근엄실직(謹嚴實直)한 군인이라기보다는 많은 사람들로부터 사랑받는 호남(好男)의 이미지를 창출하는 일화가 많이 소개되어 일약 전국적 인기 유명인이 되었다.

한 달 후인 3월 29일 두 번째 여순폐쇄작전의 결과가 각 지면을 통해 발표되었다. 그 중에서 히로세 소령이 행방불명이 된 부하 스기노 병조장(杉野兵曹長)을 찾아 선내를 세 번에 걸쳐 수색을 했지만 발견

26) 『国民新聞』, 1904년 2월 29일.

을 못하고 보트로 옮겨 탔을 때 적탄에 맞아 전사한 것이 보도되었다. 『東京朝日新聞』에는 '군신 히로세 중령(軍神廣瀨中佐)'이라는 제목이 붙여지고, "특히 그 전사는 그 부하 한사람을 구하기 위해 일어났다. 부하 한 사람의 죽음을 보기보다도 스스로 자진해 죽었다. 중좌가 일본 무사의 혼은 바로 이런 것이라고 보여준 그 죽음, 이것은 이미 일본에 대한 큰 공이다"[27] 라고 하고 있다. 즉, 군인으로서의 전공보다도 '일본 무사의 혼'과 '인(仁)'을 보여줬다고 인식되어 히로세의 죽음은 커다란 반향을 불러일으켰다.

수산보(首山堡)의 러시아군 방어진지에서 벌어진 공방전을 지휘하다 8월 31일 40세의 나이로 전사한 다치바나 슈타(橘周太) 소령은 육군에서 만들어낸 대표적 전쟁영웅이었다. 히로세 중령을 전쟁영웅으로 만든 여순 폐쇄작전에 종사했던 군인은 수십 명에 불과했고 그 전원의 씨명(氏名)이 신문에 게재되는 등 세간의 주목을 받았다면, 다치바나가 참전한 요양회전(遼陽會戰)은 훨씬 대규모의 전투였다. 다치바나 중좌의 모범적 군인상과 부하에게 추앙받으며 죽어간 경위를 자세히 소개하는 기사가 여러 지면에 실리게 되었는데, 다치바나의 경우는 해군에 대한 대항심에서 육군에서도 '군신(軍神)'을 만들어내고 싶다는 육군의 의향이 작용하고 있었다는 것은 널리 알려진 사실이다. 어찌 되었건 마침내 해군의 히로세에 대적할만한 육군의 군신으로서 다치바나의 이름은 널리 침투해 가게 되는데, 그 최대의 매체가 된 것이 바로 소학교의 국정교과서(國定教科書)였다.[28] 당시에는 교

27) 『東京朝日新聞』, 1904년 3월 30일.

28) 1902년 교과서 채택을 둘러싸고 회사 측과 교육관계자들 간에 부정한 거래가 적발되어 전국적으로 157명이 검거된 '교과서의옥사건(教科書疑獄事件)'이 일어났다. 이를 계기로 1903년 국어독본 · 수신 · 일본역사 · 지리 교과서에 대한 국정제(國定制)를 시행하였다. 국정교과서 제도는 모든 학교에서

과서 통합이라는 원칙하에 같은 소재를 가지고 국어 · 수신 · 역사 · 창가 등의 교과서가 구성되었다.

국가의 정치적 목적을 위해 치러졌던 일련의 전쟁을 직접 수행한 병사들은 메이지기 이후 새롭게 만들어진 교육시스템 안에서 '교육칙어'로 대표되는 국가의 일방적 교육이념 설정과 통제에 의해 강한 국가관과 존황사상으로 세뇌(洗腦)되어 있었다. 교육의 현장에서는 청일 · 러일전쟁을 치르면서 창출된 전쟁영웅의 군국미담을 다양한 교과목에서 반복 교육함으로써 국민 전체의 적극적 협력 자세를 끌어내기 위한 통합된 이데올로기 형성의 장으로 중요한 역할을 담당했다.

맺음말

현대 사회는 외적 환경이 유사해짐으로서 나타나는 사상과 이념의 수렴현상 속에서 통합의 주체로 자리매김 하기 위한 공동체적 가치의 창출과 확산이 그 어느 때보다 중요시되고 있다. 또한 다문화사회로 점철되고 있는 현대 일본 사회에서 공동체적 전쟁영웅에 대한 재발견이 일본의 전통적 가치 및 일본문화의 확산, 또는 정치적 · 사회적 주체형성을 위한 도구로써 어떻게 기능을 하고 있는가에 대한 실증적 분석은 앞으로도 반복될 유사(類似) 내셔널리즘의 예측과 함께 일본인의 에스니시티(ethnicity)를 분석하는 하나의 단초를 제공해줄 것이라 확신한다.

학습하는 학습자에 대해서 동일한 교과서를 사용하게 함으로써 학습내용에 행정기관, 즉 국가의 의지가 여과 없이 반영된다.

1990년대 중반부터 시작된 급속한 경기침체로 인한 전후 최대의 위기의식과, 강한 일본을 표방했던 고이즈미(小泉)·아베(阿倍)로 이어지는 극우성향 내각의 출현 속에서 종전의 자학사관(自虐史觀)에 대한 비판의 목소리는 높아 갔다. 도쿄대(東京大) 교수 후지오카 노부가쓰(藤岡信勝)를 중심으로 하는 자유주의사관(自由主義史観)에 의한 역사인식은 '새로운 역사교과서를 만드는 모임(新しい歴史教科書をつくる会)'의 모태가 되었으며, 이러한 시류 속에서 무조건적으로 일본을 찬미하는 일련의 저서들의 유행은 탈영역·탈경계적 트랜스내셔널리즘(trance-nationalism)의 확산 이면에 여전히 자국 중심적 내셔널리즘이 뿌리 깊게 존재하고 있음을 극명하게 보여주고 있다.

그런데 여기서 우리가 주목하여야 할 것은, 종래의 일본 민족주의는 전통적 보수사상에 기인했던 것으로, 그 주창자와 찬동자 또한 극히 일부의 극우주의자나 극우단체에 한정되어 있었던 것에 비해, 오늘날 나타나고 있는 일본의 네오내셔널리즘(neo-nationalism) 현상은 각계각층의 폭 넓은 지지를 받고 있다는 점이다. 특히 전쟁을 경험해 보지 못한 일반대중과 젊은이들로부터도 지지를 받고 있다는 점은 특기할 만하다. 이것은 전란(戰亂)을 소재로 한 역사·전쟁소설의 유행이나 이를 원작으로 하는 전란 속 전쟁영웅들을 소재로 한 영화나 대하드라마, 공연예술의 제작 등, 종래에는 주로 문학텍스트를 중심으로 하여 형성된 담론(談論)에 더해서 미디어나 영상매체, 공연예술물 등을 통해 형성된 다양한 담론이 시간과 공간의 균질화를 가능케 했기 때문일 것이다. 거기에다가 1990년대 이후 이어지고 있는 장기불황 속에서 단편화 되어가는 개인의 아이덴티티를 통합하며 불안감을 해소하고 심리적 안정을 가져다주는 매개체로써 공동체적 전쟁영웅을 중심으로 하는 내러티브가 적극적으로 활용되고 있기 때문이라 할 수 있다.

본고에서는 1990년대 이후 급격히 대두되고 있는 일본 내 우경화 현상, 즉 네오내셔널리즘(neo-nationalism)의 확산을 배경으로 국가적 애착 및 민족적 자긍심을 강조하기 위해 다시금 주목받고 있는 근대 일본의 전쟁과 전쟁영웅이 황도(皇道)이데올로기를 바탕으로 하는 국가주의(國家主義)·군국주의(軍國主義) 교육사상을 최고의 가치로 삼았던 근대 일본의 공교육의 장을 통해 어떻게 창출되고 변용되어 왔는지에 대해 살펴보았다.

그 결과 청일·러일전쟁 등, 일련의 전쟁을 직접 수행한 병사들은 새롭게 만들어진 근대 교육시스템 안에서 '교육칙어'로 대표되는 국가주의·군국주의적 교육사상의 일방적 설정과, 병식체조·운동회·칙어봉독 등의 다양한 의식(儀式)과 행사를 통한 육체적·사상적 통제에 의해 강한 국가관과 존황사상으로 무장되어 있었음을 우리는 다양한 무용담의 확대·재생산을 통해 확인할 수 있었다.*

* 이 논문은 「근대 일본의 전쟁영웅 창출에 관한 고찰」(『東洋學』 53, 2013, 2)을 수정한 것임.

【참고문헌】

井田麟鹿 編,『七生報国廣瀬中佐』, 廣瀬家, 1928.

海後宗臣 仲新 編,『近代日本教科書總說 解說篇』, 講談社, 1969.

大久保利謙 編,『森有礼全集』1 巻, 宣文堂書店, 1972.

『學制百年史 記述編』, 文部省, 1972.

『學制百年史 資料編』, 文部省, 1972.

山住正巳『戦争と教育』, 岩波書店, 1997.

大久保利謙,『大久保俊謙歴史著作集 4 明治維新と教育』 吉川弘文舘, 1987.

中村紀久二,『教科書の社会史 ―明治維新から敗戦まで』, 岩波新書, 1992.

加藤陽子,『徴兵制と近代日本』, 吉川弘文舘, 1996.

________,『戦争の日本近現代史』,講談社現代新書, 2002.

遠山茂樹,『明治維新』, 岩波書店, 2000.

井上勝也,『国家と教育』, 晃洋書房, 2000.

田中彰,『明治維新と西洋文明』, 岩波書店, 2003.

_____,『明治維新』, 講談社学術文庫, 2003.

김순전 외,『수신하는 제국』, 제이엔씨, 2004.

藤原正彦,『国家の品格』, 新潮社, 2005.

柿沼肇,『国民の「戦争体験」と教育の「戦争責任」』, 近代文芸社, 2005.

吉見俊哉 外(이태문 역),『운동회 근대의 신체』, 논형, 2007.

山室建德,『軍神』, 中新公書, 2007.

윤종혁,『한국과 일본의 학제 변천 과정 비교 연구』, 한국학술정보, 2008.

한용진,『근대 이후 일본의 교육』, 문, 2010.

坂野潤治·大野健一,『明治維新』, 講談社現代新書, 2010.

辻本雅史 外(이기원·오성철 역),『일본교육의 사회사』, 경인문화사, 2011.

北桐芳雄 外(이건상 역),『일본 교육의 역사』, 논형, 2011.

伊藤哲夫,『教育勅語の真実』, 致知出版者, 2012.

三谷博,『明治維新を考える』, 岩波書店, 2012.

이권희,「메이지기(明治期) 국민교육과 전쟁·전쟁영웅-창가교육을 중심으로-」,

『日本學硏究』 제37집, 2012.
______, 「메이지기(明治期) 일본의 교육과 전쟁에 관한 고찰」, 『日本思想』제23호, 2012.

근대 일본의 교육과 전쟁

이권희

머리말

일본의 근대교육은 메이지 신정부의 교육 개혁의 일환으로 추진되었다. 필자는 지금까지 일련의 논문을 통해 메이지기 일본의 국가주의적 교육제도와, 교육을 통해 실현하고자 했던 새로운 이념과 시대의 가치 창출을 창가(唱歌)교육이라는 구체적 실례를 통해 규명해 왔다.[1)] 필자가 메이지 성부의 교육제도의 변천과 교육이념의 변화에 주목하는 이유는 메이지유신을 통해 전근대적 요소를 과감히 개혁하고,

---

1) 졸고 「근대일본의 '소리문화'와 창가(唱歌) -창가의 생성과 '음악조사계 (音樂取調掛)'의 역할을 중심으로-」(『日本思想』제19호, 2010 · 12) 「근대기 일본의 국민국가 형성과 창가(唱歌) -'문부성창가(文部省唱歌)'를 중심으로-」(『日語日文學硏究』제77호, 2011.5) 「메이지(明治) 전기 국민국가 형성과 교육 - 학제(學制)의 변천과 창가(唱歌) 교육을 중심으로-」(『日本思想』제21호, 2011 · 12) 「메이지(明治) 후기 국민교육에 관한 고찰 -창가(唱歌)를 통한 신민(臣民) 형성과정을 중심으로-」 (『아태연구』제19권 제1호, 2012 · 4) 메이지기(明治期) 국민교육과 전쟁 · 전쟁 -창가(唱歌)교육을 중심으로-(『日本學硏究』제37집, 2012 · 9) 등.

나아가 서구열강과 어깨를 나란히 하는 근대 국민국가로서의 일본의 완성이 교육제도의 개혁과 그 제도를 바탕으로 하는 국민교육의 구체적 가치 설정, 그리고 이를 실천해 나아가는 과정 속에서 배출된 인재들의 활약이 뒷받침되었기에 가능했다고 보기 때문이다. 게다가 본고에서 다루고자 하는 1894년의 청일전쟁, 1904년의 러일전쟁을 필두로, 1914년의 제1차 세계대전 참전, 1931~1945년에 걸친 이른바 15년전쟁으로 이어지는 근대 일본의 전쟁사에 공교육이 담당했던 책임 또한 가볍지 않기 때문이다.

본고는 근대기 일본이 수행했던 전쟁 가운데 1894년의 청일전쟁, 1904년의 러일전쟁을 전후로 해서, 전쟁을 수행함에 있어 국민의 사상과 총력을 한데로 집약시키기 위해 구축된 황국사관을 비롯한 다양한 국체 이데올로기 형성에 주도적 역할을 담당했던 공교육의 실태를 소학교교육을 중심으로 살펴보고자 한다. 구체적으로는 청일·러일전쟁을 전후로 한 역사교육과 창가(唱歌)교육을 중심으로 제국주의, 군국주의의 길로 치닫는 근대기 일본의 사상적 정체성 확립에 메이지기 공교육이 어떻게 관여하고 이를 이용했는지 살펴볼 것이다. 이를 통해 근대 국민국가 일본의 사상적 규범 형성과 통일된 사상을 무의식적으로 신봉하며 자행한 근대기 일본의 전쟁에 관여한 공교육의 문제를 규명할 수 있는 작은 실마리를 찾을 수 있을 것이라 기대한다.

1. 메이지 초기 교육사상의 형성

메이지기 초 근대 국민국가체제로의 변혁을 목표로 유신(維新)이라는 이름으로 행해진 정치·사회 개혁은 1889년의 일본제국헌법(日本

帝國主義憲法)의 공포(公布)와 1890년 제국의회(帝國議會) 개설을 통해 완성되었다고 할 수 있을 것이다.

1867년 10월 14일 도쿠가와막부(徳川幕府)의 마지막 장군 도쿠가와 요시노부(徳川慶喜)의 대정봉환(大政奉還)에 따라 그 해 12월 9일 왕정복고(王政復古)의 대호령(大號令)이 발령되고, 이듬해인 1868년 3월 14일 메이지 천황의 5개조 서문(誓文) 공포와 함께 메이지 신정부가 출범한다. 이 서문은 메이지 신정부의 기본방침을 천명하는 내용으로 구성되어 있는데, 그 가운데에 교육에 대한 기본방침이 명확히 나타나 있어 주목된다.[2)]

一 널리 회의를 열어 모든 일을 공론의 장에서 결정할 것
一 상하 마음을 하나로 하여 경론(국가질서)을 활발히 할 것
一 문관과 무관을 비롯해 일반 서민에 이르기까지 모두 뜻을 이루고 도중에 포기하거나 게을리 하는 일이 없도록 도모할 것
一 과거의 잘못된 폐해와 풍습을 타파하고 모든 일을 천지 도리에 따를 것
一 지식을 전 세계에서 구하고 '황기(皇基)'를 진기할 것

교육의 방법과 내용에 대해서 "지식을 전 세계에서 구하고 황기를

---

2) 문안은 최종적으로 기도 다카요시(木戸孝允)가 작성했다고 전해진다. 5개조 서문(誓文)은 일본 문부과학성 http://www.mext.go.jp(검색일: 2012. 10.15)의 '学制百年史　資料編'에서 인용. 번역은 필자.

五ケ条ノ御誓文（明治元年三月十四日）一　廣ク會議ヲ興シ萬機公論ニ決スヘシ一　上下心ヲ一ニシテ盛ニ經綸ヲ行フヘシ　一　官武一途庶民ニ至ル迄各其志ヲ遂ケ人心ヲシテ倦マサラシメン事ヲ要ス　一　舊來ノ陋習ヲ破リ天地ノ公道ニ基クヘシ　一　智識ヲ世界ニ求メ大ニ皇基ヲ振起スヘシ我國未曾有ノ変革ヲ爲ントシ朕躬ヲ以テ衆ニ先ンシ天地神明ニ誓ヒ大ニ斯國是ヲ定メ萬民保仝ノ道ヲ立ントス衆亦此旨趣ニ基キ協心努力セヨ

진기할 것"이라 언급하고 있는데, 이는 바로 앞으로의 교육은 데라코야(寺子屋)와 사숙(私塾) 등을 중심으로 이루어졌던 전근대적 개별 교육에서 탈피하여 서구의 지식을 습득함으로써 결국에는 천황과 국가를 위한 교육이어야 한다는, 국민교육의 지향점을 분명히 제시하고 있는 것이다.

이에 메이지 원년 3월에는 교토의 학습원(學習院)을 재건하고, 구 막부의 직속이었던 의학소(醫學所), 창평횡(昌平黌), 개성소(開成所)는 신정부에서도 그대로 이어져 각각의 명칭을 의학교(醫學校), 창평학교(昌平學校), 개성학교(開城學校)라 개명하고, 의학교에서는 서양 의학을, 창평횡에서는 한학(漢學)을, 개성학교에서는 양학을 주로 가르쳤다. 1869년 6월 15일 창평학교를 대학교(大學校)로 개칭하여 교육행정 전반을 관장함과 동시에, 개성학교는 대학남교(大學南校)로, 의학학교는 대학동교(大學東校)로 개칭해 대학교가 이 두 학교를 관리하며 교육행정 전반을 관장하게 하였다.[3)]

---

3) 메이지 원년(1868) 2월 신정부는 히라타 아쓰타네(平田篤胤)의 양자이며 당시 신기사무국(神祇事務局)의 판사(判事)였던 히라타 가네타네(平田鉄胤), 내국사무국(內國事務局) 권판사(權判事)였던 다마마쓰 미사오(玉松操), 그 외 야노 하루미치(矢野玄道) 3인에게 학교제도를 조사하라는 명(命)을 내리는데, 이들 3인은 모두 히라타파(平田派)의 국학자로서, 메이지시대 초기 신정부가 이들 국학자들에게 학교제도에 대해서 조사하라 한 것은 전통적 한학(유학) 중심의 교육에서 국학 중심의 교육으로의 전환을 시도했었다는 것을 의미한다. 이리 하여 같은 해 3월 28일 '학사제(學舍制)'라 불리는 새로운 학제안(學制案)이 만들어졌다. 그러나 한학 중심적 교육 풍토를 타파하려 했던 '학사제'파의 기획은 당시 메이지 신정부의 근대화 정책에 반대했던 교토(京都)의 '학습원(學習院)'을 중심으로 하는 '학습원'파의 반발에 의해 무산되었다.[1)] 이러한 가운데 새로운 대안으로써 어느 파에도 속하지 않은 하세가와 아키미치(長谷川昭道)가 황도주의(皇道主義)에 입각한 교육론을 포함한 건언서(建言書)를 이와쿠라 도모미(岩倉俱見)에게 제출한 것을 계기로,

1871년 7월 14일에 폐번치현(廢藩置縣)이 단행됨에 따라 같은 해 11월경까지 지방관(地方官)의 임명과 3부 72현의 지방 행정구역이 설정되었다. 중앙집권적 정치체제가 대략적인 모습을 갖추게 됨에 따라 1869년부터 6월 15일부터 교육행정의 중추를 담당했던 대학교를 1870년 12월에 대학(大學)으로, 1871년 4월 7일에는 이를 폐지하고 문부성(文部省)을 설치해 교육행정 전반을 총괄하게 하였으며, 국민교육을 위한 학제 제정에 착수하게 된다.[4)]

주지하는 바와 같이, 서구 열강에 비해 늦게 근대화의 길로 들어선

메이지 원년 9월 13일 교토(京都)에 '학사제'파 계통의 '황학소(皇學所)'와 '학습원'파 계통의 '한학소(漢學所)'를 설치한다는 발령(發令)이 내려진다. 종래의 한학 중심의 교육으로부터 탈피하려 했던 이와쿠라 도모미(岩倉俱見)를 중심으로 한 신정부의 의도는 종래의 한학 중심 교육에 '황학(國學)'을 포함시키는 정도로 만족해야 했다. 그런데 메이지 신정부는 메이지 2년(1869) 9월 갑자기 황학소와 한학소 모두를 폐지해버리고 12월에 황학과 한학을 병합하는 형태의 '대학교(大學校)'를 도쿄(東京)에 설치한다. 이에 이르러 '학사제'파의 '황학소'는 사실상 소멸하게 되었고, 국학파의 세력 또한 후퇴하게 된다.[1)] 그렇지만 이 두 계파의 세력싸움은 이후에도 계속되었고, 결국 신정부는 메이지 3년(1870) '대학교'를 폐지하였다. [1)] 이상이 메이지 신정부의 '학제'를 통한 '국민개학(國民皆學)'이라는 보통교육 이념의 실정과 실시 이전의 막부 말기 교토와 도쿄를 중심으로 움직였던 관학(官學)의 대략적 흐름이다.

4) 1869년 2월 5일 신정부는 '부현시정순서(府縣施政順序)'를 통해 각 부와 현에 일반인의 자녀를 대상으로 하는 소학교(小学校) 설치를 장려함과 동시에 독서와 산술을 통해서 서간(書簡)이나 계산에 관한 지식을 가르치고, 강담(講談)을 통해서는 '충효사상(忠孝思想)'을 심어줄 것을 명했다. 이 '부현시정순서(府県施政順序)'에 의해 전국에 잠정적이기는 하여도 보통학교가 설립되게 되었는데, 그 대부분은 전 시대의 데라고야(寺子屋)의 이행이었다. 또한 1870년 2월에는 메이지 신정부 최초의 학교에 관한 규정이라 할 수 있는 '대학규칙 및 중소학규칙(大學規則竝中小學規則)'을 정하였다. 이는 학제 이전에 메이지 신정부가 제정한 최초의 학교제도에 관한 규정이었다.

메이지 신정부가 이를 극복하기 위해 착목했던 것이 바로 교육의 근대화였던 것이다. 정부는 부국강병(富國强兵)과 식산흥업(殖産興業)이라는 국가적 목표를 달성하기 위해 천황을 정치의 수반으로 하는 권력의 중앙 집중화를 꾀하는 한편으로, 신정부의 개혁정책을 이끌어 갈 인재양성에 주력했다. 이에 1872년 8월 2일 기초교육과 고등교육 제도의 확립을 목표로 미국과 독일, 프랑스 등의 선진 교육제도를 참고로 하여 학교에 관한 제도, 이른바 '학제(學制)'를 반포한다. 학제는 메이지 신정부의 대표적 개명(開明)정책의 하나로, 학제의 시행을 통해 근대적 공공(公共) 교육 체제를 갖추어 나간다. 메이지 신정부가 학제를 통해 추구하고자 했던 일본 최초의 공공적 교육이념은, 개인의 입신(立身) · 치산(治産) · 창업(創業)의 근본이 되는 개인주의적 · 공리주의(功利主義)적 실학사상을 바탕으로, 사민평등·계몽주의 · 지식주의 · 권학주의라는 공리성에 기초한 '국민개학(國民皆學)'을 이상으로 삼았다는 것을 잘 알려진 사실이다.[5] 이는 전 시대의 황도주의(皇道主義) 사상을 기본으로 하는 봉건(封建) · 계급적 교육이념과 체제를 포기하고 개인의 자유와 독립을 존중하며, 스스로의 노력에 의해 입신출세가 가능하다는 교육이념의 제시와 계급과 신분에 의한 차별 없이 국민 모두에게 소학, 중학, 대학이라는 단일계통의 근대적 학교교육을 개방하는 근대적 교육제도의 출현이었다.

학제의 반포와 더불어 같은 해 9월 8일에 문부성 포달(布達) 번외(番外)로 반포한 '소학교칙(小學教則)'에서는 소학교의 교과과정, 교육

5) 학제의 교육이념은 흔히 학제의 '서문(序文)'이라 불리는 태정관포고 214호 '학사장려에 관한 피앙출서(學事獎勵に關する被仰出書)', 이른바 '피앙출서'에 잘 나타나 있는데, '피앙출서'는 국가주의 관점을 고수하고 있었던 계몽주의 교육사상가 후쿠자와 유키치(福沢諭吉)의 『학문의 권장(学問のすすめ)』 등의 교육사상의 영향을 받았다.

방법 등을 상세히 규정하고 있는데, 이는 학제에서 밝히고 있는 교육이념의 구체적 실천으로 근대 국민국가 형성을 위한 국민교육이라는 큰 전제 하에 자유민권사상을 기반으로 하는 근대적 인간형성을 이상적 인간상으로 하는 교육이념임과 동시에, 국가권력에 의한 교육 통제를 지향하는 것이었다. 이러한 교육이념은 1879년 학제를 대신하는 '교육령(教育令)', 1880년의 '개정교육령(改正教育令)'이 공포될 때까지 메이지 초기의 교육을 특징짓고 있다. 학제는 개인존중과 자유정신에 기초한 인간관의 형성과 이를 위한 근대적 학교제도의 도입을 의미했지만, 한편으로는 국가에 의한 교육의 간섭과 통제라는 국가교육 체제의 확립을 꾀하는 것이기도 했다. 그럼에도 불구하고 전 109장 213조에 이르는 학제 내 시행규칙은 각 지역의 특수한 사정을 고려하지 않은 획일적인 규정이었으며, 서양의 교과서를 그대로 번역해 사용했던 당시의 교육 내용 또한 오랜 세월 유교적 전통에 살았던 일반인들에게는 받아들이기 어려웠다. 게다가 학비의 과도한 부담과 강제취학 등의 규정은 취학에 대한 거부로 이어졌고, 이러한 불만은 점차로 확산되어 갔으며, 각지에서 소학교 폐지를 주장하는 폭동이 일어나 학교가 부서지거나 불에 타는 등의 극단적인 사태가 벌어지기도 했다.

2. 메이지 중기 교육사상의 변용

다나카 후지마로(田中不二麻呂), 기도 다카요시(木戸孝允) 등 당시의 문부성 수뇌부는 학제의 교육이념이 너무 개화주의에 치중되어 있다는 점과 학제 제정 시 참고로 했던 서구 교육제도에 대한 인식이 부족했다는 점 등에 대해서 강한 불만을 표시했다.[6] 이에 문부대보(文部大輔)로 문부성의 실권자 자리에 오른 다나카는 1878년 5월 학제의 '소학교칙(小學教則)'을 폐지하고 학교별 교칙제정권을 인정했다. 국가에 의한 획일적이며 강제적 교육행정 체계를 지역주민의 자발적 참여에 의해 구성하게 하는 자율적 행정으로 이를 전환한 것이었다. 그리고 1879년 9월 29일 학제를 대신하는 교육법령으로서 '교육령(教育令)'을 반포함으로써 종래의 학제를 대신하게 된다.[7] 1879년의 교육령을 '자유교육령'이라 부르는 것에서도 알 수 있듯이, 교육령은 기본적으로 자유주의정신에 입각한 교육이념을 지향하는 것이었다.[8] 교육의 목표를 개인의 입신이 아닌 '국가의 복지'에 두고, '덕육(德育)'을 수반하지 않는 문명개화가 지닌 위험성을 경계해 덕육과 '지육(智育)'을 국민교육의 내용으로 삼았다.[9] 그러나 당시 아직 지방자치가 실시되지 않고 있던 상황에서 교육의 자치라는 개념을 일반 인민들이 알 리도 없었고, 교육 재원 절감을 위해 소학교를 없애거나

---

6) 辻本雅史 외, 『일본교육의 사회사』, 이기원 · 오성철 역, 경인문화사, 2011, p.356.

7) 교육령의 제정에 있어 문부성의 도리시라베카이(取調會) 위원이었던 문부대보(文部大輔) 다나카 후지마로, 문부소보(文部小補) 간다 다카히라(神田孝平), 문부대서기관(文部大書記官) 구키 류이치(九鬼隆一) 등은 지방의 학사시찰을 통해 학제에 의한 교육이 국민생활에 있어 부적합하다는 판단 하에 이를 개정할 필요성을 절감했다. 이에 도리시라베카이(取調會) 멤버들이 주축이 되어 1878년 5월에 개정법안인 '일본교육령(日本教育令)'을 제정하여 상주하기에 이른다.

8) 47조로 구성된 교육령은 내용도 학제와는 달리 소학교 교육에만 한정되어 있는데, 소학교의 수학연한을 학제의 정규과정 8년에서 4년까지 단축하는 것을 허락하였고, 실제 취학의무는 그 4년 가운데에서 16개월 이상이면 된다고 이를 완화하였다.

9) 辻本雅史 외, 이기원·오성철 역, 앞의 책. p.361.

통폐합하는 곳이 속출했다. 이는 자연스럽게 취학률의 저하로 나타났고 이에 대한 책임을 지고 문부경(文部卿) 기도 다카요시(木戸孝允)와 다나카는 자리에서 물러났으며, 이러한 상황을 타개하기 위해 교육령이 반포된 이듬해인 1880년에 이른바 '개정교육령(改定教育令)', 1885년(明治18)에 '재개정교육령(再改定)' 이라 불리는 교육령의 개정이 이루어졌다. 1880년의 이른바 개정교육령은 다나카 후지마로를 중심으로 추진된 자유화정책을 수정한 것이고, 1885년의 개정은 지방재정의 악화에 따른 세부규칙의 부분 개정이었다.

1879년의 교육령과 연이은 1880년의 이른바 개정교육령에 필자가 주목하는 것은 그 내용 속에 '국가주의교육'이라는 장치가 마련되어 있었다는 것이다. 학제가 비록 국가가 교육을 감시·감독한다는 독학제(督學制)를 기본으로 하는 획일적이며 강제적인 교육행정체계이기는 했으나 아동의 취학에 있어서만큼은 여러 유예 조항과 선택의 자유권이 인정되는 것이었다. 그러나 교육령 제15조의 "학령아동을 취학시키는 것은 부모 및 후견인 등의 책임이다. 단 사고가 있어 취학시킬 수 없는 자는 그 사유를 학무위원에게 진술해야 한다(学齢児童ヲ就学セシムルハ父母及後見人等ノ責任タルヘシ但事故アリテ就学セシメサルモノハ其事由ヲ学務委員ニ陳述スヘシ)"라는 규정을 보면 소학교교육을 마치 의무시하고 있음을 알 수 있으며, 여기에서 우리는 교육령의 기저에 소학교교육을 일종의 공사(公事)로 규정하는 교육이념이 자리 잡고 있음을 알 수 있을 것이다. 또한 교육이념의 변화라는 점에서 보면 학제 반포 이후 자유교육령에 이르기까지 일본의 교육이념은 개인의 입신출세를 지향하는 실학(實學)적 공리주의(功利主義)사상의 기반 위에 국가주의(國家主義)적 규범 형성을 강조하는, 이른바 '지육(智育)'이 중심이었음은 부정할 수 없다. 그러나 교

육령 반포를 전후로 하여 '황도주의(皇道主義) 이데올로기의 형성'이라는 교육이념이 전면에 자리 잡게 된다. 이는 1879년 메이지 천황의 명의로 발표된 '교학성지(教學聖旨)'와 무관하지 않을 것이다.

근대 일본의 교육에 있어 '교학성지'의 가장 중요한 의의는 교학, 즉 교육의 기조와 방침이 천황의 지시에 의해 결정된다고 하는, '국교(國教)사상'의 등장이라는 점이다. 당시 한창이었던 '자유민권운동(自由民權運動)'의 고양에 위기감을 느낀 메이지 정부가 교육의 중앙통제를 꾀하기 위한 문교정책으로, 메이지유신 이후 문명개화를 서두르는 나머지 교육 또한 서양의 실학사상에 경도되어 있다는, 과도한 지식편중 풍조를 비판하고, '인의(仁義)'·'충효(忠孝)'·'애국심(愛國心)' 등의 유교적 윤리와 도덕을 중시하는 전통적 교학 이데올로기 부활을 겨냥한 것이었다. 한마디로 '덕육(德育)'의 필요성을 강조하는 것이었다. '지육(智育)'에서 '덕육(德育)'으로의 전환이다.

교육령(1879)

第三条　小学校ハ普通ノ教育ヲ児童ニ授タル所ニシテ其学科ヲ読書習字算術地理歴史修身等ノ初歩トス

교학성지(1879)

개정교육령(1880)

第三条　小学校ハ普通ノ教育ヲ児童二授クル所ニシテ其学科ヲ修身読書習字算術地理歴史等ノ初歩トス

덕육존중(德育尊重) 교육의 내실은 황도주의(皇道主義) 이데올로기를 강화하는 것이었다. 이는 개정교육령에 있어 소학교에서 가르쳐야 할 필수과목의 제일 앞에 수신(修身)을 위치시키고 있음에서 잘 알 수가 있다. '개정교육령'의 세부규칙이라 할 수 있는 '소학교교칙강령(小學校教則綱領)'(1881)에서도 초등 · 중등소학교의 교과목의 선두에 수신과목을 배치하고 이를 생략할 수 없는 필수과목으로 정하고 있음을 확인할 수 있다.[10)]

근대 국민국가는 자본주의 체제를 기본으로 하며, 자본주의 체제는 공동체로부터의 개인의 독립을 전제로 한다. 즉, 자본주의 체제를 기본으로 하는 국민국가는 필연적으로 개인의 자각과 상호 경쟁을 사회발전의 동력으로 삼고, 이러한 환경 속에서 국민의 공공성을 어떻게 확보할 것인지가 교육의 가장 큰 과제인 것이다. 그러나 근대기 일본의 공교육의 시작은 비록 개인의 독립과 입신출세 지향적 실학사상을 바탕으로 출발했지만, 1879년의 '교학성지'의 등장과 더불어 '덕육존중' 교육으로 회귀한다. 이는 시대에 역행하는 시대착오(時代錯誤)적 교육이념의 설정이었으며 국가주의교육이라는 일본 근대기 교육의 큰 특징이기도 하다. 이후 일본이 걷게 되는 불행한 역사의 시작을 천황제 이데올로기, 혹은 국체(國體)사상의 형성과 관련된 국가주의 교육이라는 관점에서 바라본다면 이러한 교육이념의 변화는 근대기 일본과 일본국민에게 있어서는 참으로 불행한 일이었다고 감히 단언할 수 있다.

---

10) 第二条　小学初等科ハ修身, 読書, 習字, 算術ノ初歩及唱歌, 体操トス 第三条　小学中等科ハ小学初等科ノ修身, 読書, 習字, 算術ノ初歩及唱歌, 体操ノ続ニ地理, 歴史, 図画, 博物, 物理ノ初歩ヲ加ヘ殊ニ女子ノ為ニハ裁縫等ヲ設クルモノトス. 第五条　小学科ノ区分ハ前三条ノ如ク定ムト雖モ土地ノ情況, 男女ノ区別等ニ因テハ某学科ニ増減スルコトヲ得但修身, 読書, 習字及算術ハ之ヲ欠クコトヲ得ス. 일본 문부과학성 홈페이지 http://www.mext.go.jp (검색일: 2012.11.15)의 '学制百年史　資料編'에서 인용. 하선은 필자.

'지육'에서 '덕육'이라는 교육이념의 변화 속에 1885년 이토 히로부미(伊藤博文) 내각의 초대 문부대신 자리에 오른 모리 아리노리(森有礼)는 문부대신으로 재직했던 3년 3개월 동안 국가주의교육의 발달을 위해 많은 노력을 한 인물로 주목 받는다. 그의 문교정책의 목표는 박애주의 정신의 함양과 애국심 고양을 통한 국가주의 형성에 있었다. 그 일환으로 종래의 학교제도의 전반을 검토해 교육령을 대신해 교육 전체를 포괄하는 학교 종별로 '소학교령(小學校令)'·'중학교령(中等學校令)'·'사범학교령(師範學校令)'·'제국대학령(帝國大學令)'의 개별 학교령을 직접 기초(起草)해 공포한다.[11]

小学校令（明治十九年四月十日勅令第十四号）
第一条 小学校ヲ分チテ高等尋常ノ二等トス
第三条 児童六年ヨリ十四年ニ至ル八箇年ヲ以テ学齢トシ父母後見人等ハ其学齢児童ヲシテ普
通教育ヲ得セシムルノ義務アルモノトス
第十二条 小学校ノ学科及其程度ハ文部大臣ノ定ムル所ニ依ル
第十三条 小学校ノ教科書ハ文部大臣ノ検定シタルモノニ限ルヘシ

中学校令（明治十九年四月十日勅令第十五号）
第一条 中学校ハ実業ニ就カント欲シ又ハ高等ノ学校ニ入ラント欲スルモノニ須要ナル教育ヲ
為ス所トス
第二条 中学校ヲ分チテ高等尋常ノ二等トス高等中学校ハ文部大臣ノ管理ニ属ス

帝国大学令（明治十九年三月二日勅令第三号）
第一条 帝国大学ハ国家ノ須要ニ応スル学術技芸ヲ教授シ及其蘊奥ヲ攷究スル

11) 총칭하여 '학교령(學校令)'이라 부른다. 학교령의 반포에 이르러 일본의 모든 학교, 즉, 소학교부터 제국대학에 이르기까지의 교육연구제도와 교수내용이 정비되기에 이른다.

ヲ以テ目的トス

師範学校令（明治十九年四月十日勅令第十三号）
朕師範学校令ヲ裁可シ茲ニ之ヲ公布セシム

第一条　師範学校ハ教員トナルヘキモノヲ養成スル所トス
　　但生徒ヲシテ順良信愛威重ノ気質ヲ備ヘシムルコトニ注目スヘキモノトス

제국대학은 그야말로 일본의 근대화에 필요한 서양의 실학(實學)적 학문을 수학한 고급관료를 키우기 위한 기관으로, 중학교는 제국대학에 입학하기 위한 학문적 소양과 자격을 갖추기 위한 준비과정 기관으로, 소학교는 심상(尋常)과 고등(高等) 두 단계로 나누고, 학과 및 그 정도는 문부대신이 정하는 바에 의한다고 하고 있다. 교과서도 문부대신이 검정한 것을 사용하게 함으로써 전국의 소학교 관리를 엄격하게 국가가 총괄한다는 취지와, 심상소학교 4년 과정에 취학하는 것을 의무로 명시했다.[12] 또한 사범학교는 장래의 교원들에게 철저한 국가주의적 이데올로기를 심어주기 위한 기관으로서 특히 중시되었다.

일본의 근대교육에 있어 모리의 문교정책을 통해 형성된 국가주의 교육사상이 갖는 의미는 실로 크다고 할 수 있다. 소학교령 · 중학교령 · 사범학교령 · 제국대학령의 개별 교육령에 의해 학교체계를 국가주의교육체계 안에 편입시키고, 국가주의를 기반으로 하는 국가흥륭(國家興隆)의 기초로서 학교교육을 위치시킨 것이다. 특히 제국대학령을 통해 종래의 도쿄대학(東京大學)을 제국대학(帝國大學)으로 변

12) 당시 도쿄대학(東京大學)이라 불리던 일본 내 유일한 대학은 '제국대학'이라 개칭된다. 또한 소학교령을 통해 일본 최초의 의무교육이 법으로 정해진다.

경하고, 대학의 목적을 국가의 필수에 따른 학술기예를 교수하고 그 온오를 고구하는 것(帝国大学ハ国家ノ須要ニ応スル学術技芸ヲ教授シ及其蘊奥ヲ攷究スルヲ以テ目的トス)이라 규정하고 있는 것은 국가에 봉사할 수 있는 유능한 관료양성이 그 목적임을 짐작케 한다. 그의 교육정책의 중핵은 바로 '천황제'였다. 즉, 모리의 교육이념은 종래의 실학을 바탕으로 하는 교육에 '수신주의(修身主義)'적 교육을 조화시킨 국가주의(國家主義) 확립에 있었던 것이다.

3. '교육칙어(教育勅語)'와 군국주의 교육

1945년의 패전 이전까지 황도주의, 천황제 이데올로기 형성과 그 구현이라는 근대기 일본의 교육사상에 가장 큰 영향을 미친 것은 그 무엇보다도 1890년 10월 30일 칙명으로 공포된 '교육에 관한 칙어(教育に関する勅語)', 이른바 '교육칙어(教育勅語)'라는 것에 이견이 있을 수 없을 것이다. 근대기 일본의 교육사상의 상징으로써 근대기 일본이 추구했던 교육이념이 바로 '교육칙어'에 집약되어 있다고 해도 과언이 아닐 것이다. 1889년 2월 11일에 '대일본제국헌법(大日本帝國憲法)'가 반포되고, 이어서 교육칙어가 반포됨으로써 국민국가의 체제는 제도적으로 어느 정도 모습을 갖추어 나가게 된다. 교육칙어는 국가의 제도적 확립을 학교교육의 측면에서 보완하기 위한 정치적 작위의 소산이었다.[13]

'교육칙어'에 담긴 교육사상이 적어도 패전 이전까지 일본인들에게 미친 영향은 가늠할 수 없을 정도로 크다. '교육칙어'는 점차로 세력

13) '교육칙어'전문은 생략.

을 키워가고 있던 '자유민권사상'과, 사회에 만연해 있던 구화사상(欧化思想)에 반대하는 전통주의적 · 유교주의적 입장에서 덕육(德育) 중시를 교육의 기본이념으로 제시하고 있다.[14] 신민(臣民)이 지극한 충과 효로써 대대손손 천황과 나라를 위해 진력하는 것이 '국체(國體)의 정화(精華)'이며, '교육의 근원'이라 정의하며, "일단 위급한 일이 생길 경우에는 의용(義勇)을 다하며 공을 위해 봉사함으로써 천양무궁의 황운을 부익(扶翼)해야 한다(一旦緩急アレハ義勇公ニ奉シ以テ天壤無窮ノ皇運ヲ扶翼スヘシ)"는 것은 개인보다는 공(公)을 우선시 하며, 교육의 목적이 궁극적으로 황운(皇運)을 부익(扶翼)함에 있다고 정의하고 있는 것이다. 이어서 구체적으로 신민이 진력해야 할 14의 덕목을 열거하고, 마지막으로 이러한 덕목은 '황조황종(皇祖皇宗)의 유훈(遺訓)'에 따라 영원히 준수해야할 보편적 진리라 맺고 있는데 이는 교육의 가장 기본은 역대 천황이 남긴 가르침이라는 것을 말하는 것이다. 이로써 1872년의 학제, 1879년의 교육령, 1880년의 교육령 개정, 1886년의 개별 학교령 등, 일련의 교육제도와 교육사상의 우여곡절을 유교주의를 기반으로 하는 덕육(德育)으로 최종 귀결시키며, 덕육의 내용은 결국 국가, 즉 천황과 황실을 위한 교육이어야 함을 만천하에 공포한 셈이다.

'교육칙어' 반포 이듬해인 1891년 발령된 '소학교교칙대강(小學校教則大綱)' 을 통해 구체적 교육내용을 규정한다. 그 제1조에는 교육은 무엇보다도 '덕성(德性)의 함양(涵養)'에 가장 주의를 기울여야 하며,

---

14) 교육에서의 덕육주의 진흥을 원한 것은 1889년의 대일본제국헌법 공포에 따른 새로운 법체제로의 이행, 총선거 실시 등에 의한 정당정치의 확립에 따른 구래의 질서 유지에 불안을 느낀 지방 장관들이 1890년 2월 지방장관 회의에서 덕육진흥의 건의를 수합하여 문부성에 덕육교육을 확정해 줄 것을 건의한 것이 계기가 되었다. 辻本雅史 외, 전게서, p.373.

수신과목 뿐만 아니라 모든 과목에 있어서 도덕교육 · 국민교육에 관련한 사항은 특히 유의해서 수업할 것을 요구하고 있다. 문부성에서는 '교유칙어'의 등본(謄本)을 직접 만들어 전국의 학교에 이를 배포했으며, 그 내용조차 제대로 이해하지 못할 난해한 문장을 어린 아이들에게 암송케 했다. 또한 후술하겠지만, 천장절(天長節) · 기원절(紀元節) 등, 학교에서 열리는 각종 행사나 국가적 의례 시에는 1889년부터 시행된 '어진영(御眞影)'이라 불리는 천황과 황후의 사진 배례(拜禮)와 더불어 학교장에게 이를 봉독(奉讀)케 함으로써 예배(禮拜)의 대상이 되고, 국민의 천황에 대한 절대복종의 귀일적(歸一的) 신앙의 대상으로 만든 교육의 절대적 규범으로 자리잡았다. '대일본제국(大日本帝國)'의 신민(臣民)에게 천황의 신성성(神聖性) · 불가침성(不可侵性)의 관념을 유년시절서부터 정신적으로도 육체적으로도 공유시키기 위해 정치적으로 창출된 의식을 통해 교육칙어는 국민도덕의 절대적 기준으로, 혹은 최고의 교육이념으로 신성시(神聖視) 되었으며, 국어 · 수신(修身) 과목을 비롯한 여러 교과서는 이러한 천황의 신성(神聖)함을 주입하는 내용으로 개정되었다.

원래 의식(儀式)이라는 것의 본질은 개개인이 일정한 '장(場)'에 참여함으로써 개별의사(個別意思) 위에 성립하는 공공의 공동적 의사를 우선하는 장을 형성하게 된다. 그러한 의미에서 '교육칙어' 봉독식(奉讀式)은 국가적 공동성에 멸사봉공(滅私奉公)적 참여를 자명시하는 신민(臣民)의식, 즉 국가가 강제하는 사항을 강제라 느끼지 않고, 오히려 자주적 숭배(崇拜) · 공순(恭順)으로 여기는 공동적 의사를 함양하기 위한 절호의 방책으로 기능했다. 교육칙어를 통해 명시된 천황제국가의 사상, 또는 교육이념은 1894년(明治27)의 청일전쟁(淸日戰爭)과 1904년(明治37))의 러일전쟁(露日戰爭)에 참가한 군인들의 충군애국(忠君愛國) 정신 함양에 절대적 영향을 미쳤으며, 1931년(昭和 6)부터 이어지는 이른바 '15년 전쟁' 기간 동안에는 극단적으로 신성시되기도 하였다.

'교육칙어'의 반포에 앞서 메이지 정부는 1882년 1월 4일 '육해군 군인에게 내리는 칙유(陸海軍軍人に賜りたる勅諭)', 이른바 '군인칙유(軍人勅諭)'를 발포한다.[15] "짐은 너희들 군인의 대원수이다(朕は汝等軍人の大元帥なるぞ)"라는 표현으로 알 수 있듯이, 이것을 계기로 천황을 육해군의 통수권자로 우러르고 천황에 대한 충절을 군인에게 있어 최고의 가치로 삼는 '황군(皇軍)'이라는 관념이 형성된다. 유년시절부터 널리 민중에게 신민(臣民)의식을 주입하는 역할을 담당했던 것이 '교육칙어'라 한다면 특히 군대교육에 있어서 '황군'관념 형성을 직접 담당한 것이 바로 '군인칙유'였다. 게다가 이러한 '칙어'와 '칙유'의 정신을 정치권력 레벨로 통괄했던 것이 '대일본제국헌법'이다. 학교의식은 종교적 권위로서의 '천자(天子)'에 대한 예배라 한다면, '교육칙어'는 이른바 '천황교(天皇教)'의 성전(聖典)이었던 셈이다. 즉, 다시 말해 종교적 권위로서의 '천자(天子)'의 교전(教典)이 '교육칙어'였고, 군사력의 통솔자로서의 '대원수(大元帥)'의 통수권의 발동이 '군인칙유'였으며, 정치적 권력자로서의 천황의 통수권의 절대성을 만 천하에 선포한 것이 '대일본제국헌법'이었던 것이다.[16] '대일본제국헌법', 소위 메이지헌법(明治憲法)에서는 일본 국민의 신민으로서의 존재, 즉 주군과 신민과의 관계는 명령과 복종이 있을 뿐이며, 독립된 인격, 자주적 인권은 국가에 대한 신민의 의무와 책무를 다한 연후에만 인정받을 수 있다고 정의하고 있다.[17] 개인주의적인 윤리와 책임감에

15) '군인칙유' 전문은 생략함.
16) 大江志乃夫, 『靖国神社』, 岩波新書, 1984.

의한 생활태도보다는 국가 본위의 부국강병의 국가개념을 국민에게 강하게 의식시키는 것이었다.[18] 앞에서도 살펴보았듯이 학제 반포 이전인 메이지 원년(1868)에 천황이 서약한 '5개조 서문(誓文)' 속의 "지식을 전 세계에서 구하고 '황기(皇基)'를 진기할 것(智識ヲ世界ニ求メ大ニ皇基ヲ振起スヘシ)" 이라는 것은 교육의 최종 목표가 결국에는 천황제 이데올로기 강화와 국가를 위함이어야 한다는, 메이지기 근대교육이 나아가야 할 방향을 분명하게 표명하고 있었음을 간과해서는 안 될 것이다. 다시 말해 메이지시대라고 하는 근대기 일본의 국민국가 형성기에 있어 교육은 국가와 민족을 강하게 의식하며, 부국강병을 통한 천황제 국가의 완성이라는, 국체사상 형성의 충실한 도구로 기능했음을 알 수 있다. 1894년의 청일전쟁과 1904년의 러일전쟁으

---

17) '대일본제국헌법'은 告文 憲法発布勅語 第１章　天皇（第１条－第17条）第２章　臣民権利義務（第18条－第32条）第３章　帝国議会（第33条－第54条）第４章　国務大臣及枢密顧問（第55条－第56条）第５章　司法（第57条－第61条）第６章　会計（第62条－第72条）第７章　補則（第73条－第76条）으로 구성되어 있다.

18) 예를 들면, 제2장 '신민권리의무(臣民權利義務)의 제31조에 "본 장에서 들고 있는 조규는 전시 또는 국가사변이 있을 경우에 있어 천황의 대권 시행에 방해가 되어서는 안 된다(本章ニ掲ケタル条規ハ戦時又ハ国家事変ノ場合ニ於テ天皇大権ノ施行ヲ妨クルコトナシ), 제32조에 "본 장에서 들고 있는 조규는 육해군의 법령 또는 기율에 저촉되지 않는 것에 한해 군인에 준행한다(本章ニ掲ケタル条規ハ陸海軍ノ法令又ハ紀律ニ牴触セサルモノニ限リ軍人ニ準行ス)고 명시하고 있더. 또한 제1장 천황의 제１조에서는 "대일본제국은 만세일계 천황이 이것을 통치한다(大日本帝国ハ万世一系ノ天皇之ヲ統治ス), 제３조　천황은 신성하며 범할 수 없다(天皇ハ神聖ニシテ侵スヘカラス), 제4조　"천황은 나라의 원수이며 통치권을 총람하고 이 헌법의 조규에 따라 이것을 행한다(天皇ハ国ノ元首ニシテ統治権ヲ総攬シ此ノ憲法ノ条規ニ依リ之ヲ行フ). '제국주의헌법'의 인용은 국립국회도서관 전자문서 http://www.ndl.go.jp/constitution/etc/j02.html에 의함. 검색일(2012:11.17)

로 이어지는 일련의 대외전쟁을 수행하는 군인들은 지금까지 살펴본 메이지의 교육환경 속에서 국가와 민족을 강하게 의식하며, 정신적으로도 육체적으로도 신민으로서의 책임과 의무를 끊임없이 의식하며 전투에 임했을 것이다. 교육의 전쟁책임이라는 문제를 제기하지 않을 수 없는 이유가 바로 여기에 있다.

1872년 8월 학제의 공포와 더불어, 거의 동 시기라 할 수 있는 1872년 11월에 전 국민을 대상으로 하는 징병에 관한 천황의 칙령(勅令)이 내려졌고, 이를 받은 태정관(太政官) 고유(告諭)에 따라 1872년 1월에 '징병제(徵兵制)'가 반포되었다. 이른바 '국민개병(國民皆兵)'을 목표로 만 20세의 남성을 대상으로 징병검사를 거쳐 육군에 3년간 복무시킨다는 것을 골자로 하는 근대적 징병제도가 실시되었다는 것은 국민개학과 개명을 목적으로 시작한 일본의 근대 교육의 태동을 병사에게 필요한 교양과 능력의 형성이라는 관점에서도 바라볼 수 있다는 것을 의미하는 것이기도 하다. 실제로 문부성이 학제를 제정함에 있어 태정관에게 제출한, 오늘날의 입법취지서에 해당하는 '사문(伺文)'을 보면, 국가의 '부강안강(富强安康)', 즉 국가의 독립과 번영을 위한 부국강병 · 식산흥업 정책의 한 방법으로써 교육이 유용, 또는 필요하기 때문에 인민(人民)에게 취학을 독려해야 한다는 취지의 설명이 보인다.[19] 이렇게 본다면 위에서도 언급하였지만 우리가 지금까지 학제와 그 이후의 교육령에서 말하는 교육이념, 즉 교육은 개인주의적 · 공리주의(功利主義)적 실학사상을 바탕으로 한 개인의 입신(立身)·치

19) 학제 반포 후 약 10년 간 각 지역의 지도자들이 학문의 필요성과 취학을 강조하기 위해 주민을 대상으로 발표한 취학고유(就學告諭) 에서도 사문(伺文)의 취지와 일맥상통하는 내용을 확인할 수 있다. 荒井明夫, 『近代日本黎明期における 「就学告諭」の研究』, 東信堂, 2008.

산(治産)·창업(創業)을 위한 실학(實學)을 근간으로 하며, 사민평등·계몽주의·지식주의·권학주의라는 실용성 및 공리성에 기초한 국민개학(國民皆學)과, 다른 한편으로는 첨단과학기술을 도입하기 위한 고등교육을 이상으로 삼고 있었다는 교육사적 평가와는 별도로, 그 이면에 '국민개병(國民皆兵)'을 위한 기초교육을 위한 학교교육이라는 또 다른 목적이 있었음을 알 수 있다. 즉, 근대적 학교제도를 출범시킴으로써 정부가 목표했던 국민개학의 목적은, 표면적으로는 개인주의 · 공리주의(功利主義)적 가치를 우선하는 것이기는 했지만, 그 본질은 국가주의사상의 주입에 있었으며, 부국강병 정책의 일환으로 병사들에게 필요한 기본지식과 소양을 전수하기 위함이었음을 간과해서는 안 될 것이다.[20]

4. 청일(淸日) · 러일(露日) 전쟁과 교육

메이지 초기 문부성에서 직접 만든 교과서의 기본적 성격은 계몽주의 혹은 개명주의에 있었다. 역사교육의 경우 소학교의 역사교과서는 『사략(史略)』, 『일본사략(日本史略)』, 『만국사략(萬國史略)』이 대표적인 것이었는데, 『사략』을 통해 초보적인 역사지식을 배우고, 『일본사략』, 『만국사략』을 통해 상세한 일본역사와 외국사를 가르친다는

20) 근대 일본의 교육사상 '소학교(小學校)'라는 명칭이 처음 사용된 것은 학제 반포 이전인 1868년 12월에 개설된 누마즈병학교(沼津兵学校) 부속 소학교였다. 일본 최초의 소학교가 양식병학(洋式兵學)을 가르치기 위한 병학교에 병설(併設)된 부속 소학교였다는 점은 시사하는 바가 크다고 할 수 있다. 柿沼肇, 『国民の「戦争体験」と教育の「戦争責任」』, 近代文芸社, 2005, p.160.

것이었다. 그러나 역사 교육은 독립된 과목을 통해서가 아닌 '문답(問答)'이나 '독물(讀物)' 의 과목 안에서 실시되었다. 그러던 것이 1879년의 '교학성지' 발표 후 소학교의 모든 과목에서 '인의충효(仁義忠孝)'를 중시하라는 성지(聖旨)에 따라 역사교육의 목적은 교육령의 발포, 이를 구체화하는 '소학교교칙강령'을 통해 "애써 생도들로 하여금 연혁의 인과결과를 이해시키고 특히 존왕애국의 사기를 양성할 것(努メテ生徒ヲシテ沿革ノ因果結果ヲ了解セシメ　殊ニ尊王愛国ノ志気ヲ養成センコト)"이라 명시된다. 내용에 대해서는 '건국의 체제, 진무천황의 즉위, 닌토쿠천황의 근검, 엔키텐랴쿠의 정적, 겐페이의 성쇠, 남북조의 양립, 도쿠가와씨의 치적, 왕정복고 등 긴요한 사실(建国ノ体制, 神武天皇ノ即位, 仁徳天皇ノ勤倹, 延喜天暦ノ政積, 源平ノ盛衰, 南北朝ノ両立, 徳川氏ノ治績, 王政復古等緊要ノ事実)'을 가르칠 것을 규정하고 있다. 역사교육에서뿐만 아니라, 학교의 교육목적의 중핵을 이루게 되는 '존왕애국(尊王愛國)의 지기(志氣)' 양성은 바로 여기서부터 출발한다고 봐도 무방하다. 1881년의 '소학교교칙강령' 이후 '역사과(歷史科)'는 독립된 교과로 설정되었고, 수신과목과 함께 천황제이데올로기를 지탱하는 교과로써 중요시되게 된다. 소학교에 있어 외국사 교육은 폐지되고 역사교육은 일본역사에 한정하도록 하고 있다. 역사교육을 일본사만으로 한정시킨다는 것은 역사교육을 통해 만세일계(萬世一系)의 황통보(皇統)의 연면성을 강조함으로써 일본국과 그 군주인 천황에 대한 절대적 '충군애국' 정신을 함양하기 위한 노림수였다. 이러한 목적을 달성하기 위해 민중이 정치 주역으로 등장하는 세계사의 흐름은 오히려 방해가 되었다는 것이다.

'교육칙어'가 발포된 직후인 1891년에 발포된 '소학교규칙대강(小学校教則大綱)' 단계에 이르러 역사교육의 목적은 '존왕애국(尊王愛國)'

정신을 형성하기 위해 국체(國體) 관념의 내용을 가르치고, 국민에게 필요한 지조(志操)를 키움에 있다고 규정된다.[21] 이와 같은 맥락에서 교과서에 대한 검정제(檢定制)가 실시된 것도 1891년이다. 교과서의 내용 또한 '건국의 체제, 황통의 무궁, 역대 천황의 성업, 충량현철의 사적, 국민의 무용, 문화의 유래 등의 개략을 가르쳐 국초에서부터 현제에 이르기까지의 사력의 대요를 가르칠 것(建国ノ体制皇統ノ無窮 歴代天皇ノ盛業, 忠良賢哲ノ事蹟, 国民ノ武勇, 文化ノ由来等ノ概略ヲ授ケテ国初ヨリ現時ニ至ルマテノ事歴ノ大要ヲ知ラシムヘシ)' 라 규정하고 있으며 이 틀 안에서 교과서가 편집되었다. 역사교과서의 내용구성의 중심은 천황을 중핵으로 해서, 특히 '충량현철(忠良賢哲)'의 인물을 전기(傳記)적으로 다루며 천황과 국가에 대한 충성심을 육성하는 데 놓여졌다. 즉, 역사상 천황에게 얼마나 충성했느냐 하는 것이 교과서에서 다루는 인물선정 의 중요한 기준이었으며, 이른바 '영웅(英雄)'이라 불릴 수 있는 조건이 역사 속 사건과 인물 속에 마련되었던 것이다. 1900년에 소학교령의 개정에 따라 발령된 '소학교시행규칙(小學校施行規則)'에서 제시한 역사교육의 목표와 교과서의 내용은 1891의 '소학교규칙대강'에서 제시한 것과 별반 다르지 않다.

1902년 교과서 채택을 둘러싸고 회사 측과 교육관계자들 간에 부정한 거래가 적발되어 전국적으로 157명이 검거된 '교과서의옥사건(教科

---

21) 小学校教則大綱 第七条　日本歴史ハ本邦国体ノ大要ヲ知ラシメテ国民タルノ志操ヲ養フヲ以テ要旨トス

尋常小学校ノ教材ニ日本歴史ヲ加フルトキハ郷土ニ関スル史談ヨリ始メ漸ク建国ノ体制皇統ノ無窮　歴代天皇ノ盛業, 忠良賢哲ノ事蹟, 国民ノ武勇, 文化ノ由来等ノ概略ヲ授ケテ国初ヨリ現時ニ至ルマテノ事歴ノ大要ヲ知ラシムヘシ高等小学校ニ於テハ前項ニ準シ之ヲ拡メテ稍詳ニ国初ヨリ現時ニ至ルマテノ事歴ヲ授クヘシ

書疑獄事件)'이 일어났다. 이를 계기로 1903년 국어독본 · 수신 · 일본 역사 · 지리 교과서에 대한 국정제(國定制)를 시행하였다. 국정교과서 제도는 모든 학교에서 학습하는 학습자에 대해서 동일한 교과서를 사용하게 함으로써 학습내용에 행정기관, 즉 국가의 의지가 여과 없이 반영되며, 그것이 사회나 역사교육에 있어 나타나면 극단적 자국중심주의 사상을 형성한다. 그 결과 아이들은 자유로운 역사관에 기초한 국가관을 갖기보다는 맹목적으로 국가에서 강제하는 역사관을 가지게 되며, 편협하고 편중된 자국중심주의 사상에 무의식중에 지배당하게 되는 것이다. 1904년부터 1909년까지 사용된 일본 최초의 국정 역사교과서 『소학 일본역사(小學日本歷史)』의 특징은 1886년 이후의 대부분의 검정교과서에서 '신대(神代)'를 생략하고 있는 것을 수정하여 '아마테라스오카미(天照大神)'를 역사의 출발점으로 삼고 있다는 점이다. 이를 시발(始發)로 하여 1945년의 아시아 · 태평양전쟁 패전 시까지 신화와 사실(史實)의 혼동이라는 비합리적 역사관 주입이 적어도 교육의 현장에서 자행되었다는 것에 주목해야 할 것이다. 메이지 천황의 조상으로서의 '아마테라스오카미'는 '건국의 체제, 황통의 무궁(建国ノ体制皇統ノ無窮)'이라는 국체관념을 주입시키기 위한 절호의 소재였다.

'교육칙어'가 반포된 지 얼마 지나지 않은 1894년, 일본은 국운(國運)을 걸고 청일전쟁을 치르게 된다. '교육칙어'와 청일전쟁이 있었던 1890년대 초반 시점을 경계로 근대기 일본의 교육은 군국주의사상 형성과 실천의 첨병 역할을 담당하게 된다. 전쟁 자체만을 놓고 봤을 때 그 정신적 · 물적 피해야 말할 것도 없겠지만, 여하튼 메이지 신정부가 근대국가로서 발 돋음하고 20세 들어 서구 열강들과 더불어 선진국 대열에 낄 수 것에 전쟁의 역할이 컸다는 점은 부정할 수 없다.

일본의 경우 전쟁은 자국의 경제를 포함한 정치적 목적을 달성하기 위한 수단이었고, 교육은 이러한 목적 실현을 위해 국민 전체의 적극적 협력 자세를 끌어내기 위한 통합된 이데올로기 형성의 장으로 기능했다. 여기서 청일전쟁을 전후로 한 당시의 일본사 교과서를 잠시 검토해 보기로 하자.

청일전쟁이라는 것은 결국 조선에 대한 이권(利權)을 가지고 청국(淸國)과 벌였던 전쟁이다. 개전(開戰)이야 1894년이라고는 해도 1975의 '강화도사건(江華島)', 1876년의 '조일수호조약((朝日修好條約)', 1882년의 '임오군란(壬午軍亂)', 1884년의 '갑신정변(甲申政變)' 등 일련의 정치적 · 군사적 행동을 보더라도 알 수 있듯이, 일본은 호시탐탐 조선으로의 진출을 모색하고 있었던 것은 주지의 사실이다. 조선에 대한 침략을 위한 일련의 정치적 · 군사적 행동과는 별도로, 정부는 학교교육을 통해 조선으로의 진출에 대한 당위성 확보를 위해 왜곡된 '조선관(朝鮮觀)'을 아이들에게 교육시킨다. 청일전쟁 직전인 1893년 당시 대표적인 역사교과서라 할 수 있는 『소학교용 일본역사(小學校用 日本歷史)』의 체제는 제1장에 근대에 들어 일본의 문명이 발전되어 왔음을 홋카이도(北海道)의 아이누와 비교해 설명을 하고는, 제2장이 진무천황(神武天皇), 제3장이 야마토타케루노미코토(日本武尊) 제4장이 신공황후(神功皇后) 순으로 되어 있는데, 이러한 구성은 그 후의 소학교용 국정 일본사교과서의 원형이 되었다.[22] 진무천황의 동정(東征)에서는 천황에게 복종하지 않는 자들을 차례로 정복해 일본의 통일을 이루었다는 기술이, 야마토타케루에서도 또한 복종하지 않는 무리들을 차례로 정벌해 나갔음을 기술

22) 山住正巳, 『戦争と教育』, 岩波書店, 1997, p.11.

하고, 그 후 신공황후가 구마소(熊襲)의 배후에 있던 신라·백제·고려(高麗)의 삼한(三韓)을 정벌하는 내용으로 되어 있다. 이러한 역사기술을 통해 아이들은 왜곡된 조선관을 갖게 되었으며, 조선에서의 이권을 확보한다는 청일전쟁의 당위성을 아이들에게 납득시키는 장치가 되었음은 충분히 짐작할 수 있다.

창가(唱歌)교육은 어땠는가 하면, 메이지 신정부는 학교교육에 창가 과목을 포함시킴으로써 합창을 통한 대동단결(大同團結)의 정신을 강화하고, 특히 메이지 후기에 들어서 역사상의 영웅과 청일·러일전쟁을 겪으면서 당시의 군국미담(軍國美談)이나 전쟁영웅 등을 소재로 한 창가를 보급한다. 진취적 기상과 전의(戰意)를 고양시키는 노래를 소리 높이 부르게 함으로써 국민의 사기(士氣) 진작과 애국심의 함양, 나아가서 일본·일본인이라는 공동체의식과 연대의식의 강화를 꾀하였던 것이다. 신정부는 국가(國歌) 제창이나 교가, 응원가, 아니면 애창곡 등을 함께 부르며 공유한다는 것이 공동체적 환상을 만들어내고, 때로는 이성(理性)에 기초한 판단력마저 저하시키는 집단적 최면(催眠) 효과가 있다는 것에 주목했다.[23] 이는 선망과 극복의 대상이기도 했던 서구의 선진 제국(諸國)이 근대국가 형성과정에서 '국민을

---

23) 프랑스혁명 시에는 훗날 국가가 되는 '라 마르세이유' 등, 과격한 가사의 '혁명상송'이라 불리는 노래가 다수 만들어졌다. 혁명군은 물론 시민들이 이러한 노래를 합창하며 혁명의 대열에 참가해 연대감을 느끼며 혁명을 성공으로 이끌었다는 것은 잘 알려진 사실이다. 또한 19세기 영국과 프랑스, 독일을 중심으로 해서 일어난 합창운동은 유럽 전역으로 퍼져 수많은 시민합창단이 탄생했다. 또한 플라톤은 『국가(The Republic)』를 통해 국가의 지도자는 이상적인 국가를 만들기 위해 음악에 대한 지식을 갖고 적절한 때에 적절한 음악을 사용하는 것으로 사람의 마음을 컨트롤하고 용감하고 절도 있는 인격을 갖는 젊은이를 키워가야 하는 것이 필요하다고 역설한 것은 유명하다.

악'을 만들어내고 이를 공유함으로써 귀속의식(歸屬意識)과 연대의식(連帶意識)을 고양시켜 나갔던 것을 잘 알고 있었기 때문이다.

근대 일본의 교육과정에 창가를 도입한 원래의 목적은, 노래를 통해 '지각심경(知覚心経)'을 활발히 하며 정신을 쾌락하게 만들고, 마음에 감동을 일으켜 즐겁게 함과 동시에 선한 심성을 분기케 하기 위함이었다. 그러나 메이지기의 창가교육은 전기의 '정조(情操)'를 중심으로 하는 덕목교육에서 후기로 가면 갈수록 '충군애국(忠君愛國)'과 전의(戰意) 고양(高揚)을 위한 도구로 변질되어 갔다. 1881년의 '소학교교칙강령'의 발령 이후 수신·역사교육 등과 마찬가지로 창가는 주로 천황에 대한 직접적인 칭송이나 천황에 충성을 다한 역사적 인물 등을 소재로 한 노래들이 다수 만들어지고 교습되었다. 이러한 경향은 이후 만들어진 다양한 창가집에서도 확인할 수 있는데, 여기에 청일전쟁을 전후로 해서는 '충군애국(忠君愛國)'과 '전의고양(戰意高揚)'을 위해 전쟁을 소재로 한 '군국미담(軍國美談)'과 전쟁영웅을 소재로 한 노래들이 더해져 갔다.

大和男児	일본 남아
我君のためには,	내 주군을 위해서는
身をすてゝつとめ,	몸 바쳐 섬기고
我国のためには,	내 나라를 위해서는
家もすてゝはげみ,	가정도 버리고 진력한다
あめ, あられふりくる,	비바람 몰아치는
弾丸なかをおかし,	탄환 속을 뚫고
いなづまのきらめく,	번개 번뜩이는
太刀のもともおぢず。	칼날도 두려워하지 않는

「ますらたけを，これぞ，	대장부다움, 이것이야말로
これぞ，ますらたけを，	이것이야말로 대장부다움만을
やまと男児，これぞ，	일본 남아여, 이것이야말로
これぞ，やまと男児。	이것이야말로 일본 남아로다

1901년 『유년창가(幼年唱歌)』제3편 하에 수록되어 있는 '야마토남아(大和男児)'라는 노래이다. 몇 번의 전쟁을 거치며 이러한 창가를 보급함으로써 충군애국 정신과 전의 고양을 위한 군국·충용미담을 설파하는 심리적·정서적 수단으로 창가가 이용되었음을 여실히 보여주는 것이다. 또한 교과서를 통한 교실 내의 교육은 물론이거니와, 병식(兵式)체조, 운동회 등, 전의고양과 애국심 배양을 위한 다양한 현장에서도 창가는 중요한 역할을 담당한다. 문부성에 의한 '축일대제일창가(祝日大祭日唱歌)' 8곡의 제정이 바로 그것이다. 1890년 교육칙어가 반포되자 바로 이듬해부터 축일(祝日)에는 학교를 중심으로 봉축(奉祝)의식이 거행되었고, 만세봉축, 교육칙어의 봉독(奉讀)과 더불어, 1893년부터는 '기미가요(君が代)'를 비롯해 '1월 1일의 노래' '천장절(天長節)' '기원절(紀元節)' 등, '축일대제일의식창가(祝日大帝日儀式唱歌)' 제창(齊唱)이 정해졌다.

'기미가요(君が代)' '칙어봉답(勅語奉答)' '1월1일(1月1日)' '원시제(元始祭)' '기원절(紀元節)' '신상제(神嘗祭)' '천장절(天長節)' '신상제(新嘗祭)' 등의 8곡이 '문부성 고시 제3호 관보 제3037호(文部省告示第三号官報第3037号)'를 통해 지정 공시되었으며, 쇼와(昭和)시대에 들어 메이지 천황의 유덕(遺德)을 기리는 11월 3일의 '명치절(明治節)'이 새로 만들어졌다. 24) 축일(祝日)에는 집 앞에 국기를 게양하며,

24) 메이지 신정부에 의해 근대화 정책이 추진되는 과정에서 1873년 10월10月

소학생들은 가장 좋은 옷을 입고 등교를 한다. 의식(儀式)에서는 먼저, '어진영'의 개비(開扉), 두 번의 기미가요 제창(齊唱), '어진영'에 대한 경례가 이어지고, 이후 '교육칙어' 봉독(奉讀)과 교장의 훈화(訓話), 축일 창가 제창, '어진영' 폐비(閉扉)의 순으로 진행되었다. 의식이 끝난 후에 아이들은 담임으로부터 홍백(紅白)의 과자를 받아 하교했다.

'연중제일의 휴가일을 정한다(年中祭日ノ休暇日ヲ定ム)'는 태정관(太政官) 포고에 따라 기원절, 천장절 등의 축일이 정해졌다. 1878에는 '춘계황령제(春季皇霊祭)' 즉, 춘분과 '추계황령제(秋季皇霊祭)', 추분이 추가되어 축일의 수는 10일이 되었다. 제정 당시 축일에 학교에서 의식이 거행하지는 않았으나, 모리 아리노리가 초대 문부대신으로 취임하여 축일에 학교에서 처음 의식을 거행할 것을 지시했다. 1890년 '교육칙어'가 발포되자, 1891년 6월부터 '축일대제일(祝日大祭日)' 의식에 관한 구체적 시행규칙인 문부성령 제4호『소학교축일제일의식규정(小学校祝祭日儀式規定)』이 제정되었다. 이 규정에서는 紀元節(神武天皇의 즉위 날, 2월11일), 天長節(천황탄생일, 11월3일), 元始祭(1月3日), 神嘗祭(10월17일), 新嘗祭(11월23일) 날에는 '어영(御影)'에 최고의 경례(最敬礼)를 하고 만세(万歳), 교육칙어 봉독(教育勅語奉読), 교장 훈화, 축일에 부르게 제정한 창가를 합창을 하라고 하고 있으며, 1월 1일(관례상의 축일)은 어영에 최경례와 만세, 창가합창, 그 밖의 4대 제일에는 교장훈화와 창가합창만을 하는 등, 식의 순서를 자세히 정하고 있다. 또한 의식에는 시정촌장(市町村長) 및 학사와 관련된 공무원이 가능한 한 참가하도록 하고 있으며, 학생들에게는 과자와 상을 줘도 된다는 조항도 보인다. 이 규정은 1893년에 간소화 되어 삼대절(1월1일, 기원절, 천장절)의 의식은 반드시 거행하고 나머지는 임의대로 해도 좋게 되었다. 메이지 시대 이후에는 특히 四方節(1월1일), 紀元節, 明治節, 天長節(昭和天皇의 誕生日, 4月29日) 의 '사대절(四大節)'로써 고정되어 국가적 의식으로 큰 의미를 갖는다.

勅語奉答　　　　　　　　　　칙어봉답

あやに畏き　天皇の	신묘하게 외경스러운 천황이
あやに尊き　天皇の	신묘하게 존귀한 천황이
あやに尊く　畏くも	신묘하게 존귀하고 외경스럽게
下し賜へり　大勅語。	내려주신 대칙어
是ぞめでたき　日の本の	이것이야말로 축복 가득한 일본의
国の教の　基なる	국가의 가르침의 기초이다
是ぞめでたき　日の本の	이것이야말로 축복 가득한 일본의
人の教の　鑑なる	인교의 귀감이다
あやに畏き　天皇の	신묘하게 외경스러운 천황의
勅語ままに　勤みて	칙어의 말씀대로 정진하여
あやに尊き　天皇の	신묘하게 외경스러운 천황의
大御心に　答へまつらむ	위대한 마음에 답해 받들자

가쓰 가이슈(勝海舟) 작사로 유명한 '칙어봉답' 창가이다. '교육칙어' 봉독 후에 거기에 적혀 있던 취지를 일상생활 속에서 지켜 나아가겠다는 결의를 나타내고 있는 가사로 되어 있다. '교육칙어' 반포 후 이른바 '칙어창가(勅語唱歌)'라 불리는 창가는 모두 28곡이나 세상에 유포되었다.

축일제일(祝日祭日) 행사는 시간이 지날수록 간소화되어 갔지만, 창가 제창이 생략된 경우는 없었다.

戰鬪歌 전투가

陸軍 육군

一　寄せ来るは敵よ敵よ 進め筒を手にとりて

몰려오는 것은 적들 진격하라 총을 들고
くだけちる玉のあはれ 野辺を走る稲光
빗발치는 총탄 들판에 번뜩이는 섬광
見よや騎兵はつき入りぬ 敵のそなへはくづれたり
보아라 기병은 적진을 뚫고 들어갔다 적의 방비는 무너졌다

二 崩るゝは敵よ敵よ あれにひゞく鬨(とき)の声
무너지는 것은 적들이다 울려 퍼지는 함성
我ははや勝利なるぞ 追へや追へや追ひつめて
우리들의 승리다 쫓아라 쫓아라 끝까지
蹄にかけよ敵兵を とりこになせや敵兵を
짓밟아라 적병을 포로로 잡아라 적병을

海軍 해군

一 黒烟空に吐きて すすみ来る敵の船
검은 연기 내뿜으며 다가오는 적선
うちに打ち沈めて 敵の肝をひやさせよ
쏘고 또 쏴 침몰시켜 적의 간담을 서늘케 하라
わが東洋の海原に わが国守るつはものよ
우리 동양의 드넓은 바다에 우리나라 지키는 병사들아

二 見渡せば沈みかゝる 船のマスト旗のかげ
둘러보니 침몰하는 적선의 마스트기의 모습
矛とりし敵はいづこ 残るものは波の声
창을 들었던 적은 어디 남은 것은 파도 소리뿐
とむらへ彼の敗軍を 祝へや我の戦捷を
애도하라 저 패군을 축하하라 우리의 전첩을

1901년 고야마 사쿠노스케(小山作之助)가 편찬한 개성관(開成館)판『신찬 국민창가(新撰 國民唱歌)』제5집에 실려 있는 '전투가(戰鬪歌)'라는 노래이다. 청일전쟁 당시를 배경으로 해서 만들어진 노래로, 제목도 호전적일 뿐만 아니라, 그 내용 또한 '전의고양'을 위해 만들어졌음을 알 수 있다.

1904년부터 1905년에 걸쳐 치러진 러일전쟁을 소재로 만들어진 창가에는 당시 군국미담(軍國美談)으로써 널리 알려져 있던 해군의 히로세 중좌(広瀬中佐)와 육군의 다치바나 중좌(橘中佐) 등을 소재로 한 창가가 보급되었다.[25)]

맺음말

일본이라는 나라를 생각할 때 메이지유신(明治維新)이 갖는 문명사적 의미는 한마디로 정의하기 어렵다. 그 범위는 중앙관제 · 법제 · 신분제 · 지방행정 · 경제 · 문화 · 교육 · 외교 정책을 위시로, 다방면에 걸쳐 있으며, 이는 나라의 체실을 송두리째 변모시키는 일대 혁명적 사건이었다. 260여 년에 걸친 도쿠가와(德川) 막부의 오랜 쇄국(鎖國) 정책을 포기하고 근대화를 통한 국민국가의 길로 들어서게 되는 계기야 자국의 경제적 · 군사적 이익을 확보하기 위한 서구 열강의 문호개방에 대한 압력이 결정적 요인이었다고는 하나, 이유야 어찌 되었든 19세기 이후 유럽과 미국의 제국주의적 대외팽창이라는 세계사적 흐

25) 창가 히로세 중좌(広瀬中佐)와 다치바나 중좌(橘中佐)는 졸고「메이지기(明治期) 국민교육과 전쟁 · 전쟁영웅 -창가(唱歌)교육을 중심으로-」(『日本學硏究』제37집, 2012 · 9)를 참고 바람.

름에 자칫 국가의 존립이 위협받을 수도 있다는 위기감과 이를 타파하고자 했던 절박함에 따른 자발적 선택에 의한 정치적 변혁이었던 측면 또한 무시할 수 없다. 절대군주 천황에게 권력을 집중시키는 천황친정체제로의 전환과, 그에 따른 일련의 개혁정책이 결과적으로 근린 제국(諸國)을 억압하고, 침략을 통한 국력의 확장이라는 불행한 역사를 초래했지만, 일본 자국사로 한정했을 때 메이지유신이 일본을 아시아에서는 유일하게 근대국가로 탈바꿈시키는 결정적 계기가 되었음은 분명하다. 그 가운데에서도 근대 국민국가로서의 일본의 완성은 교육제도의 개혁과 그 제도를 바탕으로 하는 국민교육의 구체적 가치 설정, 그리고 이를 실천해 나아가는 과정 속에서 배출된 인재들의 활약에 의해 가능했다.

본고에서는 그 시기를 메이지기로 한정해, 1872년의 '학제' 제정과 더불어 시작된 메이지 신정부의 교육체제의 확립과, 그 후의 교육이데올로기의 변화에 중점을 두고, 1879년의 '교학성지'와 이를 준거로 한 1890년의 '개정교육령', 1886년의 종별 '학교령'의 제정과 1890년의 '교육칙어'를 중심으로 그에 대한 세부 제 규칙의 검토를 통해 메이지기 교육이념의 변화의 계기와 실천에 대해 개관하며, 교육이념의 변화에 따른 교육내용의 변화를 역사교육과 창가교육의 실례를 통해 살펴보았다. 이를 토대로 '청일 · 러일전쟁이라는 국가적 대운을 건 대외전쟁에 '황도주의 사상' '국체사상' '군국주의' 등, 근대기 일본의 국가사상의 형성과 확립, 이를 통한 국민의식의 결집과 사상의 통일에 메이지기 공교육이 어떻게 관여하고 이를 이용했는지 살펴보았다. 메이지정부는 근대국가로서의 기틀을 마련하고 서구 열강과 어깨를 나란히 할 수 있었던 메이지 후기, 자국의 경제를 포함한 정치적 목적을 달성하기 위해 전쟁이라는 최악의 선택을 하게 된다.

본고를 통해 결과적으로 국가의 정치적 목적을 위해 치러졌던 일련의 전쟁을 직접 수행한 병사들은 메이지기 이후 새롭게 만들어진 교육시스템 안에서, '교육칙어'로 대표되는 국가의 일방적 교육이념 설정과 통제에 의해 강한 국가관과 존황사상으로 세뇌(洗腦)되어 있었으며, 교육의 현장은 국민 전체의 적극적 협력 자세를 끌어내기 위한 통합된 이데올로기 형성의 장으로 중요한 역할을 담당했었음을 확인할 수 있다.*

---

* 이 논문은 「메이지기(明治期) 일본의 교육과 전쟁에 관한 고찰」(『日本思想』 23, 2012, 12)을 수정한 것임.

【참고문헌】

堀内敬三·井上武士偏, 『日本唱歌集』, 岩波文庫, 1958.

海後宗臣　仲新編, 『近代日本教科書總説　解説篇』, 講談社, 1969.

『學制百年史　記述編』, 文部省, 1972.

『學制百年史　資料編』, 文部省, 1972.

山住正巳, 『唱歌教育成立過程の研究』, 東京大学出版会, 1967.

________, 『戦争と教育』, 岩波書店, 1997.

大久保利謙, 『大久保俊謙歴史著作集 4 明治維新と教育』, 吉川弘文館, 1987.

中村紀久二, 『教科書の社会史　一明治維新から敗戦まで』岩波新書, 1992.

遠山茂樹, 『明治維新』岩波書店, 2000.

井上勝也, 『国家と教育』晃洋書房, 2000.

加藤陽子, 『戦争の日本近現代史』講談社現代新書, 2002.

田中彰, 『明治維新と西洋文明』, 岩波書店, 2003.

______, 『明治維新』, 講談社学術文庫, 2003.

柿沼肇, 『国民の「戦争体験」と教育の「戦争責任」』, 近代文芸社, 2005.

奥中康人, 『国家と音楽』, 春秋社, 2008.

山東功, 『唱歌と国語』, 講談社新書, 2008.

윤종혁, 『한국과 일본의 학제 변천 과정 비교 연구』, 한국학술정보, 2008.

渡辺裕, 『歌う国民』, 中公新書, 2010.

한용진, 『근대 이후 일본의 교육』, 문, 2010.

坂野潤治·大野健一, 『明治維新』, 講談社現代新書, 2010.

辻本雅史 外(이기원·오성철 역), 『일본교육의 사회사』, 경인문화사, 2011.

北桐芳雄 外(이건상 역), 『일본 교육의 역사』, 논형, 2011.

伊藤哲夫, 『教育勅語の真実』, 致知出版者, 2012.

三谷博, 『明治維新を考える』, 岩波書店, 2012.

『다이헤이키(太平記)』의 세계와 근대 일본의 역사관과 교육

-역사학자 미카미 산지(三上参次)를 중심으로-

김정희

머리말

미카미 산지(三上参次)는 근대를 대표하는 역사학자이다. 그에 대해서 주목하게 된 이유는 그가 일본에서 최초로 『일본문학사(日本文学史)』[1)]를 저술한 인물이자, 기존의 국학과 한학의 한 분야에 지나지 않았던 국사학(國史學)의 독립을 주장했던 인물이기 때문이다. 그리고 무엇보다도 그가 서술한 『일본문학사』가 계기가 되어 근세의 국학을 바탕으로 한 일본의 국문학이 창출되었다는 점을 고려해 볼 때, 당연히 국수주의적인 성격을 띠는 인물일 것이라는 예상과는 달리, 1911년에 있었던 남북조 정윤문제(南北朝正閏問題)를 둘러싸고는 그가 여론의 비난의 대상이 되었다는 점 때문이다. 소학교 역사교과서의 편찬 위원이었던 그는 집필자인 기타 사다키치(喜田貞吉)와 함께 남북 양립론을 주장하며 이를 역사교과서에 반영하였으나, 당시 남북 정통론이 주류였던 가운데 일어난 대역사건(大逆事件)을 계기로 그들

1) 三上参次, 高津鍬三郎他, 『日本文学史』, 金港堂, 1890.

이 편찬한 역사교과서가 비난의 표적이 된다. 따라서 교과서의 편찬 위원이었던 그들은 정치가, 역사학자, 법학자, 그리고 세간으로부터 격렬한 비난을 받게 된다. 기존의 대부분의 선행연구는 이 사건을 지식인에 대한 권력의 사상 탄압으로 간주하거나[2], 역사학계가 근세시대 이래로 지켜온 대의명분 사관과 막말이후 서양학문의 영향을 받아 대두된 실증주의 사관이 충돌하여 일어난 사건으로[3], 또는 역사연구와 역사교육을 분리시키는 계기가 된 사건으로 파악해 왔다[4]. 그 가운데에서 비난의 표적이 되었던 미카미 산지와 기타 사다키치는 이른바 사상의 탄압을 받은 불우한 지식인으로서 규정하는 것이 지금까지의 대체적인 연구결과였다.

그러나 최근에는 남북조 정윤문제를 둘러싸고 이러한 미카미 산지와 기타 사다키치의 일방적인 피해자적 이미지에는 문제가 있다는 논문이 발표되고 있다.[5] 즉 미카미 산지의 역사학자로서의 태도와 교육에 관한 입장에 대해서 좀 더 면밀히 분석해야 한다는 필요성이 대두된 것이다. 따라서 본 논문에서는 이와 같은 선행연구를 바탕으로 하여 남북조 정윤문제뿐만 아니라 그가 일생에 걸쳐 어떠한 활동을 해

---

2) 大久保利謙,「ゆがめられた歴史」, 向坂逸郎,『嵐の中の百年』, 勁草書房, 1952.

3) 伊藤大介,「南北朝正閏問題再考」,『宮城歴史科学研究』第45号, 1998; 宮沢剛,「「吉野葛」論」,「語文論叢』第24号, 1997; 五味淵典嗣,「この国で書くこと」,「芸文研究』第79号, 2000; 廣木尚,「南北朝正閏問題と歴史学の展開」,『歴史評論』740, 2011.

4) 小山常実,『天皇機関説と国民教育』, アカデミア出版会, 1989.

5) 田中史郎,「喜田貞吉の「歴史教育 = 応用史学」論の性格とその歴史的位置」,『社会科の史的探求』, 西日本法規出版, 1999; 伊藤大介 上掲書, 池田智文,「「南北朝正閏問題」再考ー近代「国史学」の思想的問題としてー」,『日本史研究』528, 2006.

나갔는지를 조사하여, 그의 교육관과 역사학자로써의 태도에 대해서 고찰해 보고, 나아가 근대 지식인의 역사관과 교육관이 어떻게 드러나고 있는지 그 단면을 밝히고자 한다.

1. 메이지 시대의 역사학과 남북조 정윤문제의 전개

미카미 산지의 역사관과 교육에 대한 고찰을 위한 발판으로 먼저 메이지 유신이후 사학계의 동향과 교육문제와의 관련성, 그리고 남북조 정윤문제가 어떻게 전개되어 갔는지에 대해서 살펴보고자 한다.

메이지 정부는 『대일본사(大日本史)』를 준칙찬사서(準勅撰史書)로 인정하고 대의명분 사관을 잇는 사서편찬사업에 돌입한다[6]. 그를 위해 발탁한 인사가 시게노 야스쓰구(重野安繹)로, 그러나 이러한 인사 발탁은 메이지 정부로서는 예상지 못한 사건을 불러일으키게 된다. 새

---

6) 이하 역사학계에서의 명분론 사관과 실증주의 사관의 대립에 대해서는 大久保利謙, 前掲書, 岩井忠熊, 「日本近代史学の形成」, 『岩波講座 日本歴史22』(別冊1), 岩波書店, 1963; 尾藤正英, 「正明論と名分論」, 『近代日本の国家と思想』, 三省堂, 1979; 兵藤裕己, 『太平記〈よみ〉の可能性』, 講談社学術文庫, 2005; 竹内光浩, 「久米邦武事件」, 『歴史評論』732, 2011 등을 참조하였다.

근세시대에 성립된 『대일본사』는 남북조 중 남조를 정통으로 주장하고 남조의 천황이었던 고다이고 천황(後醍醐天皇)을 위해 죽은 구스노키 마사시게(楠正成) 등을 충신으로 인정하였다. 메이지 유신을 주도한 지사들은 『대일본사』의 역사관에 영향을 받았고, 따라서 그들에 의해 성립된 메이지 정부는 남조를 정통으로 인정하고 북조를 부정하였다. 그러나 메이지 천황이 북조의 후손이라는 모순이 항상 따라다녔고, 실증주의 역사가들은 남조와 북조가 병립했다는 것은 사실이라고 주장하였다. 이러한 모순과 실제의 역사적 사실을 둘러싸고 벌어진 논쟁이 남북조 정윤논쟁이다.

롭게 편찬하기 시작한 『대일본편년사(大日本編年史)』는 『대일본사』의 대의명분 사관을 계승하는 것을 원칙으로, 1881년 수사국(修史局)에서 시작하여 1888년 제국대학(현 동경대학) 내 임시 편년사 편찬계(臨時編年史編纂係, 현 동경대학 사료편찬소)에서 편찬하게 된다. 따라서 그 내용도 남북조 시대부터 시작하여 『대일본사』와 연도가 70년 정도 겹치게 된다. 우선 시게노는 이 편찬사업을 위하여 『대일본사』의 검증작업을 시작하는데, 이러한 작업을 통해 그는 『대일본사』의 내용 대부분이 중세시대의 모노가타리(物語)인 『다이헤이키(太平記)』에 의존하고 있다는 사실을 밝혀내고, 『대일본사』의 역사관에 대해 비판하기 시작한다. 한문학자이자 서양 역사학의 영향을 받아 철저한 실증주의를 바탕으로 한 사서 편찬을 주장했던 그는 『대일본사』의 대의명분 사관을 비판하기 시작한 것이다. 이와 뜻을 같이 한 인물이 제국대학의 교관이자 편찬 작업에 함께 참여한 구메 구니타케(久米邦武)였다. 먼저 시게노는 1886년 3월에 도쿄 학사회원(東京學士會院)에서 「대일본사를 논하여 역사의 체재에 이른다(大日本史を論じ歴史の体裁に及ぶ)」[7]라는 주제로 강연을 하는데, 그는 『대일본사』가 북조 측의 사료(史料)를 이용하지 않은 것과 남조정통론을 주장한 것이 편견이라고 단죄하였다. 이에 대해 당시 미토학(水戸學)파와 국학자들은 충신(忠臣)의 말살이라고 하며 시게노를 '말살박사(抹殺博士)'라고 불렀다. 또한 구메는 「신도는 제천의 옛 풍속(神道は祭天の古俗)」[8]이라는 논문을 발표하여 신도는 하늘에 제사를 지내는 동양의 옛 풍속 중 하나로,

---

7) 重野安繹, 「大日本史を論じ歴史の体裁に及ぶ」, 『東京学士会院雑誌』 9 編3号, 1886. 내용의 인용은 兵藤裕己, 上掲書, p.235에 의함

8) 久米邦武, 「神道は祭天の古俗」, 『史学会雑誌』, 1892. 10. 내용의 인용은 兵藤裕己, 上掲書, p.237에 의함.

이것을 왕정의 근본으로 삼는 것은 제대로 사리분별을 하지 못하는 것이라고 하여 신도가들의 격렬한 비난을 받는다. 이것이 구메의 필화사건으로, 이를 계기로 구메는 편찬사업의 멤버에서 완전히 제외된다. 이러한 사건의 영향으로 이듬해인 1893년에는 『대일본편년사』 편찬사업이 전면 중지되는 동시에 사료편찬계도 폐지되고, 책임자였던 시게노는 사직을 한다. 이것으로 사건은 일단락되었다. 그 후 2년이 지난 1895년에 제국대학 내에 사료편찬계(史料編纂掛)가 설립되어 호시노 히사시(星野恒)를 중심으로 한 사료(史料)의 편찬은 이루어지지만 역사를 편수하는 수사(修史)사업은 전면 중지된다. 또한 사료편찬계 내의 사료가 외부에 새어나가는 것을 전부 금지시켰다. 이와 같은 실증주의 사학자들에 대한 비판을 계기로, 이후 아카데미즘(제국대학을 중심으로 한 실증사관)은 외부와의 접촉이 차단된 폐쇄적인 성격을 띠게 된다. 이러한 사학계의 흐름은 이후 대의명분 사관과 실증주의 사관의 대립이라는 형태로 반복되어 나타나고, 따라서 이 두 역사관의 대립은 필연적으로 지식인의 학문의 자유를 부정하는 사상적 탄압이라고 정의할 수 있을 것이다.

이 사건 이후 두 번째로 사학계를 뒤흔든 사건이 바로 1911년에 벌어진 남북조 정윤문제이다. 먼저 선행연구와 자료를 통해서 밝혀진 남북조 정윤문제의 경위에 대해서 확인해 보고자 한다. 1910년 5월에 천황암살음모에 가담한 사회주의자를 색출하는 대역사건이 발생한다. 정윤문제는 이 대역사건과 관련해서 일어나는데, 대역사건의 피고에 대한 판결이 내려진 것은 1911년 1월 18일이었다. 이튿날인 19일자 『요미우리신문(読売新聞)』의 「남북조 대립문제 국정교과서의 실태(南北朝対立問題　国定教科書の失態)」[9]라는 사설에는 대역사건을 윤리적, 도덕적인 측면에서 비판하는 내용의 글이 실리게 된다. 그러나 문제는 그 뿐만 아니라 윤리가 땅에 떨어진 현실을 개탄하면서 이것은 바로 교육에 문제가 있기 때문이라는 주장과 함께 『심상소학 일본역사(尋常小學日本歷史)』에 남북조가 병립되어 기술되어 있다는 점을 그 예로 들고 있다는 점이다.

> 만약 양조의 대립을 허락한다면 국가가 이미 분열한 것으로, 불을 붙이는 것보다도 더욱 뚜렷하게 천하의 체재가 무너지는 것, 이보다 더한 것은 없다. (중략) 일본제국에서 진실로 인격의 판정을 이루는 기준은 지식과 덕행의 우열보다도 우선 국민적 정조, 즉 대의명분이 분명한지 아닌지의 여부에 달려있다. 오늘날 많은 개인주의가 날로 발달하고, 니힐리스트도 나타나는 시대에는 특히 긴요하고 중대하여 없어서는 안 되는 것이다.
>
> もし両朝の対立をしも許さば、国家のすでに分裂したること、灼然火を賭るよりも明らかに、天下の失態之より大なる莫かるべし。(中略) 日本帝国に於て真に人格の判定を為す標準は知識徳行の優劣より先づ国民的情操、即ち大義名分の明否如何に在り。今日の多く個人主義の日に発達し、ニヒリストさへ輩出する時代に於ては特に緊要重大にして欠くべからず。

여기에서 주장하는 것은 우선 국가를 위해서 남북조 대립을 허용해서는 안 된다는 것과 일본에서의 인격의 판정을 이루는 표준이 되는 것은 대의명분이 분명한가 아닌가에 달려있다는 점이다. 특히 대역사건과 같은 일이 발생하는 당시의 분위기를 개인주의의 발달로 인식하고 이러한 시대야 말로 대의명분의 여부가 중요하다는 것을 강조하고 있다. 이와 같이 대의명분 사관을 지지하는 것은 근세 미토학파가 편찬한 『대일본사』의 대의명분 사관을 이어받은 것으로, 주지하는 바와

9) 『読売新聞』, 1911. 1. 18.

같이 남조를 정통으로 인정하는 것을 의미한다. 막말유신기의 존왕론은 남조를 정통으로 인정했고, 이것을 메이지 정부는 역사인식의 기본방침으로 정하고 있었다. 따라서 『요미우리신문』의 사설은 단순한 교과서문제가 아니라 만세일계(万世一系)를 주장해 온 천황의 문제를 어떻게 인식하는가 하는 점을 드러내는 것이었다.

이 사설이 여론을 주도하는 형태로 남북조 정윤문제 발생의 직접적인 계기가 된다. 이 사설을 본 당시 와세다 대학(早稲田大學) 교수인 마쓰다이라 야스쿠니(松平康國)와 마키노 모토지로(牧野謙次郎)는 국정교과서의 남북병립에 대해 국체(國體)는 중요한 것이기 때문에 국정교과서를 폐기시켜야 한다는 데에 의견을 모았다. 그리고 마키노의 친척인 무소속 의원 후지사와 모토조(藤沢元造)에게 자신들의 의견을 전달하고 중의원에서 질문서를 작성하여 발표해 줄 것을 종용하였다[10]. 후지사와 의원은 질문서를 작성하여 이들과 협의 한 후, 2월 4일에 입헌국민당 51명의 찬성을 얻어 「국정교과서편찬에 관한 질문서(國定教科書編纂に關する質問書)」를 의회에 제출하였다.

당시 수상인 가쓰라 다로(桂太郎)는 이 질문서가 황실과 관련된 사항이자 대역사건으로 가쓰라 내각에게 책임을 추궁하던 당시의 정치상황과도 맞물려 있어, 후지사와에게 질문서의 철회를 요구했다. 후지사와는 2월 10일에 역사편찬위원인 미카미 산지와 기타 사다키치와 회견하고, 15일에는 가쓰라 수상과 만나는데, 수상은 이 자리에서 후지사와에게 교과서 개정을 조건으로 질문서 철회를 요구하였다.

그러나 이와 같이 가쓰라 수상이 후지사와에게 질문지 철회를 요구하여 남북조 정윤문제를 수습하려고 했던 것이 오히려 여론의 지탄을

10) 정윤론의 전개과정에 대해서는 政友会編, 『正閏断案国体之擁護』, 東京堂, 1911에 자세한 기술이 있다.

받게 된다. 결국 가쓰라 내각은 남조가 정통임을 의회에서 결의하고, 이것을 천황이 칙재(勅裁)함으로써 사태는 수습되기에 이른다. 그 결과 1911년 10월에 발행된 제2기 국정교과서 『심상소학일본역사』에서는 남북조병립 표기가 삭제되었다.

이때 남북조 정윤문제에 대해서 당시 사학계에서는 잘 알려진 바와 같이 남북병립론, 양통대립론, 남조정통론, 북조정통론의 4가지 주장이 제기되었는데, 『도쿄아사히신문(東京朝日新聞)』, 『요미우리신문』, 『요로즈초보(万朝報)』 등 당시의 대다수의 언론은 남조정통론을 주장하였다[11]. 따라서 교과서의 집필 책임자였던 기타 사다키치는 여론과 남조정통론을 주장하는 학자들의 비난의 중심이 되고, 결국 그는 휴직처분을 받게 된다. 그러나 문제는 이것이 기타 사다키치에 대한 비난에 그치는 것이 아니라 제국대학의 실증주의를 바탕으로 한 아카데미즘에 대한 공격으로까지 발전되었다는 것이다. 그리고 그 원흉으로 미카미 산지가 거론되기에 이른다.

A. 원흉은 누구인가, 문학박사 미카미 산지이다. 개인으로서 박사의 인격과 지식은 말할 것도 없지만, 그가 학술 최고의 중심으로 매년 졸업식에 폐하의 임행을 받드는 제국대학의 사학과 최고석 교수로서, 제국대학 내에 설치되어 그 범례로 육국사를 접하고 등등이라고 거의 칙명집에 준하도록, 당당한 제국대학의 이름으로 발행하는 대일본사료편찬소의 최고석 위원으로서, 이번에 여론을 야기하고 있는 기타의 한 무리를 지도해야 할 중책을 맡고 있다. 역사학의 권위자로서 사학계의 패권을 한 몸에 장악하고 있으며 따라서 이 최고의 자리에서 순풍을 타고 남북조 병립의 독인 바치루스균을 사방팔방에 뿌리고 있다. (중략) 사료편찬과는 미카미

11) 渡邊明彦, 「南北朝正閏問題と新聞報道」, 『早稲田大学大学院教育学研究紀要』別冊 14-2, 2007, p.269.

박사에 의해 문부성을 통해 궁내성의 공식 업무를 수행하는 곳이 되었다. 이 어찌 단지 정윤론에 관한 것뿐이겠는가. 나는 학문의 독립을 위해 이를 깊이 슬퍼하지 않을 수 없다.

> 元凶とは誰ぞ、文学博士三上参次これ也、個人としての博士の人格と学文とは云ふに足らざるも、彼が学術最高の府として年々の卒業式に陛下の臨幸を仰ぐ帝国大学に、史学科の最高席教授として、帝国大学内に設置せられ、其例言に上は六国史に接して云々と殆ど奉勅撰にも遵ずべく、其発行は堂々帝国大学の名に於てする大日本史料編纂所の最高席委員として、今回世論を惹起したる喜田一輩を指導すべき重責ある、国定教科書歴史部の最高席委員として、彼は現時の歴史学に於けるの大ヲーソリチーとして、史界の覇権を一身に掌握し居り、而して此最高処より順風に乗じて南北並立の毒バチルスを八方に振り播きつつあるなり （中略） 史料編纂科は、三上新博士に拠りて、文部省を通じて宮内省の御用聞となれり、これ豈独り正閏論に就てのみならんや、吾は学文の独立のために深く之を悲しまざるを得ず[12)]

미카미가 제국대학의 교수이자 대일본사료편찬소의 최고석위원이었으며, 국정교과서 역사부 최고석위원이었다는 점을 고려했을 때 그는 사학계의 패권을 쥐고 있는 인물로서 기타를 지도해야 할 입장이라는 점, 그럼에도 불구하고 남북병립이라는 해악을 퍼뜨리고 있다는 점을 비난하고 있다. 이와 같이 미카미 산지는 남북조 정윤문제로 인하여 기타와 함께 비난을 받았으며, 실제로 앞에서 언급했듯이 이 문제를 둘러싸고 후지사와 모토조와 회견을 하고 있다. 그렇다면 이 남북조 정윤문제에 대한 미카미 산지의 입장은 어떤 것이었는지에 대해

12) 後藤秀穂, 「問題は尚解決されず」, 『日本』 1911. 3. 8. 인용은 広木尚, 前掲書, p.29에 의함

서 그의 역사관과 교과서를 중심으로 한 교육의 측면에서 고찰해 보고자 한다.

2. 미카미 산지의 역사관과 교육

남북조 정윤문제는 이전부터 이어져 온 대의명분 사관과 실증주의 사관의 대립이 불거진 것으로 파악할 수 있는데, 제국대학의 실증적인 사관은 아카데미즘이라고 불렸다. 시게노 야스쓰구와 구메 구니타케의 실증사관을 이어받은 대표적인 인물이 사료편찬계에 합류한 미카미 산지였고, 그가 교과서 편찬에 관여함으로써 아카데미즘의 실증주의가 교육에도 영향을 미치게 된 것이다.

제1기 국정 교과서 『소학일본역사(小學日本歷史)』1, 2는 1903년 10월에 발행되었는데, 이 교과서 편찬에 참여한 것은 미카미 산지와 사토 조지쓰(佐藤誠実) 등 실증주의 역사학자들이었다. 또한 1909년과 1910년에 발행된 제2기 국정교과서 『심상소학일본역사』 편찬에도 역시 미카미 산지가 참여하고 있다. 즉 미카미 산지는 국정교과서 편찬에 처음부터 가담했던 인물로, 따라서 교과서에서는 제1기와 제2기 모두 남북조병립이 인정되고 있다.

남북조 정윤문제를 둘러싸고 이루어진 미카미와 기타, 그리고 후지사와의 회견내용에 대해서는 「대일본국체옹호단(大日本國体擁護団)」의 후신인 정유회(政友會)가 출판한 『정윤단안국체의 옹호(正閏斷案國體之擁護)』(이하 『단안』으로 약칭함)의 「국정교과서사건수기(國定教科書事件手記)」[13]에 자세한 대화 내용이 수록되어 있다. 뿐만 아니라 미카미 자신도 잡지 『태양』(1911년 5월)에 「교과서에서의 남북정

윤문제의 유래(教科書に於る南北正閏問題の由來)」[14]라는 제목으로 자신의 남북병립론의 타당성과 남북조 정윤문제에 대한 입장을 발표하고 있다.

먼저 미카미의 입장을 살펴보기에 앞서 구체적인 회견내용을 이해하기 위해서 후지사와 모토조가 작성한 질문지의 내용에 대해서 확인해 보고자 한다.

후지사와가 작성한 질문지의 내용은,

B. 一 문부성은 소학역사 교수의 의미를 어떻게 정하려고 하는가.
二 문부성은 신기가 황통과 관계가 없다고 할 것인가.
三 문부성은 남북 양조의 싸움을 황통의 싸움으로 하고자 하는가.
四 문부성은 남조의 무사 구스노키 마사시게 이하를 충신으로 삼고자 하지 않는가.
五 문부성은 아시카가 다카우지를 충신으로 삼고자 하는가.
一 文部省は小学歴史教授土旨を如何に定めんとするや
二 文部省は神器を以て皇統に関係なしとなすや
三 文部省は南北両朝の御争を以て皇統の御争となすや
四 文部省は南朝の士楠正成以下を以て忠臣となさざるか
五 文部省は足利尊氏を以て忠臣となすや[15]

위와 같이 질문의 내용은 교과서의 역사 교육문제뿐만 아니라 삼종의 신기, 충신과 역신의 구분, 교육문제에 걸친 것이었다.

미카미와 기타, 그리고 후지사와의 회견은 문부성 관계자 2명과 질

13) 政友会, 前掲書, pp.350～356.
14) 인용은 三上参次, 『教科書に於る南北正閏問題の由来』, 출판사불명, 1911에 의함
15) 政友会, 前掲書, p.346.

문지의 작성을 종용했던 마키노, 마쓰다이라의 동석 하에 이루어졌다. 미카미는 먼저 남북 양통의 병립은 사실이라고 주장하고, 그 후 회견은 후지사와, 마쓰다이라, 마키노의 질문에 대하여 미카미와 기타가 답하는 형태로 이루어졌다.

C. 1) 미토번의 대일본사는 예의 대의명분의 견지에서 남조 정통을 주장하였는데, 이것은 당시가 무가정치의 세상이었기 때문에 국민에게 근왕의 마음을 환기시키기 위해 그렇게 한 것이었다. 오늘날의 일본은 왕정의 세상이기 때문에 그런 걱정을 할 필요는 없다.

2) 과거가 어쨌든지 간에 미래에는 황실전범이 있다. 천황의 즉위에 관한 것과 그 외의 규성이 있다. 다시 남북조와 같은 싸움은 일어나지 않는다. 그렇기 때문에 그런 걱정을 할 필요가 없다.

3) 대체 황위에 정통이 있고 그렇지 않은 것이 있다는 것은 혁명국에서나 하는 말로, 중국에는 이것이 있지만, 일본의 황위는 황통일계이기 때문에 어느 것이 정통이고, 어느 것이 방계라고 하는 것은 성립되지 않는다.

4) 모두 순수하고 올바르다.

1) 水藩の大日本史は例の大義名分の見地より南朝正統を唱へしも此は当時武家政治の世なれは国民の勤王心を喚起せんが為に然りしなり今日王政の世となりては左様なる心配は入らざる

2) 過去は兎に角、未来には皇室典範あり天皇の御即位其の他の規定あり、再び南北朝の如き争は起らず故に其の心配には及ばず

3) 一体皇位に正あり閏ありといふことは革命国にていふべき事、支那にはこれあれども日本の皇位は皇統一系故に、何れが正といひ何れが閏といふ事は出来ず

4) 共に純正たり[16]

---

16) 上掲書, pp.351~353.

1)번은 남북병립을 대의명분론의 입장에서 본다면 어떤가라는 마키노의 질문에 대한 미카미의 대답으로, 근세 무가사회에서는 국민들에게 존왕심을 환기시키기 위해 명분론이 필요했지만, 천황을 중심으로 한 현재의 구도 안에서는 명분론을 내세울 필요가 없다고 주장하고 있다. 2)는 후지사와의 질문에 대한 대답으로, 후지사와는 과거 남북조 시대와 같은 일이 미래에도 없다고는 할 수 없으며, 따라서 일본의 국체는 두 명의 군주의 양립을 허용할 것인가, 아니면 천황은 반드시 한 명이어야 하는가라고 질문하고 있다. 미카미는 『황실전범(皇室典範)』이 있기 때문에 과거와 같은 일은 일어나지 않을 것이라고 단언하고 있다. 세 번째는 미카미가 정윤론에 대한 입장을 밝힌 것으로, 원래 정윤(正閏)이라고 하는 것은 중국 등 혁명국에서나 있는 것으로 일본은 황통일계이기 때문에 정윤론은 성립되지 않는다고 언급하고 있다. 네 번째 인용문은 후지사와가 당신은 남북양립이라고 하고 있는데, 그것은 남조도 북조도 순정(純正)이라고 인정하지 않는 것이라고 한 발언에 대해서 양쪽 모두 순정이라고 답하고 있는 부분이다. 이러한 미카미의 대답의 의미를 좀 더 구체적으로 살펴보기로 하겠다.

> 우리들이 생각하기에 남북조는 역사상의 사실로 어디까지나 병립이다. 지묘인통와 다이카쿠지통의 황통인 분들이 동시에 양쪽의 천황이 되셨다. 구게들도 양쪽으로 갈라져 있었다. 장병들도 그렇다. 천하의 백성들도 어떤 자는 남조의 통치에 따랐다. 또는 북조의 연호에 따르고 있었던 자도 있다. 이것은 역사상의 사실로, 누가 뭐라고 해도 움직이지 않는 사실이다. 단 이보다 더 나아가 황실의 일, 장병들의 마음과 언동 등에 비평을 가할 때 처음으로 충신과 간신, 사악함과 올바름, 혹은 정윤의 문제

가 생기는 것이다.

我輩思ふに南北朝は歴史上の事実としては何処までも並立である。 持明院大覚寺南御皇統の御方々同時に両方に天皇であらせられた。 公卿衆も両方に分属して居た。 将士もさうである。 天下の民も亦或は南朝の正朔を奉ずる者もあり。 或は北朝の年号に従うて居た者もある。 これは歴史上の事実で、誰れが何んといつても動かない所である。ただこれより進んで皇室の御事将士の心事言動などに批評を加ふるに及んで、始めて忠奸邪正若くは正閏の問題が起るのである。[17)]

위의 인용문에서 그는 역사상의 양통병립은 사실이며, 단 황실과 무사의 마음과 사실, 그리고 언동 등에 비평을 가함으로써 충(忠)과 간(奸), 사악함과 올바름, 정윤의 문제가 생기는 것이라고 하고 있다(밑줄부분). 이것을 앞서 예로 든 인용문(C. 3)의 일본에서 정윤론은 문제가 될 수가 없다는 견해와 함께 생각해 볼 수 있는데, 또한 이러한 미카미의 주장은 다음과 같은 결론으로 이어지게 된다.

D. 또한 대의명문은 원래 대단히 중요한 것이다. 그렇지만 이것을 유일한 이유로 충분히 사실을 밝히지 않고 ① 마음대로 역대의 옳고 그름을 말하고 이것의 지위를 올리고 내리는 것은 역시 일본 국민으로써 온당하지 않은 것이라고 생각한다. 그러므로 우리들은 일본국의 신민으로써 결코 온당하지 않다고 확신한다. ② 따라서 황통정윤에 대해서는 메이지 유신 후 오늘날에는 우선 소학교 아동 등에게는 말하지 않는 것이 좋은 방법일 것이다.

又大義名分はもとより大事である。 さりながら之を唯一の理由として十分に史実を明かにせず、① 妄りに御歴代を是非し之を黜陟し奉るに至

17) 三上参次, 前掲書, 1911, p.2.

つてはやはり日本の国民として不穏当の事と思ふ。 然り我輩は日本国の臣民の分としては決して穏当で無いと確信する。② 故に皇統正閏の事は御一新後の今日に在つては先づ小学児童などにはいはぬ方が得策であろう。[18]

밑줄 부분 ①에서 그는 황통에 대해서 옳고 그름을 논하는 것은 일본의 신민으로서 절대 온당하지 못한 일이라고 언급하고 있다. 이어서 밑줄 부분 ②에서는 앞의 논리를 바탕으로 하여 황통정윤에 대해서는 소학교육에서는 언급하지 않는 것이 좋다는 생각을 피력하고 있다. 이러한 내용을 고려해 볼 때 미카미 산지의 실증주의 역사관은 반드시 대의명분 사관과 대치되는 것이 아니라는 점을 알 수 있다. 『대일본사』의 대의명분 사관이 남조와 북조라는 황통을 논의의 중심으로 삼아 역사관을 전개해 나간 것에 반해 미카미 산지는 천황의 신민으로서 황통을 논의의 소재로 삼는 것조차 불경스럽다는 입장을 보이고 있어, 오히려 기존의 대의명분 사관보다도 더욱 확고한 천황숭배의 형태를 띠고 있다고 판단된다.[19] 실증주의라는 입장에서의 남북병립을 주장한 것이 대의명분 사관보다도 견고한 천황의 권위인정으로 이어지고 있는 것이다.

또한 위의 인용문에서는 황통에 대한 절대적인 신성성을 바탕으로 한 미카미의 교육관을 엿볼 수 있다. 밑줄 부분 ②의 교육에서 황통정

18) 上揭書, p.16.

19) 미카미 산지의 남북조 정윤문제에 대한 인식에 관해서 고찰한 연구로는 池田智文 前揭書가 있다. 이케다 씨는 미카미의 입장이 기존의 미토학 국체론자의 남조정통론의 범주에서 벗어나고 있지 못하다고 결론짓고 있어, 본 논문과는 그 결론에 있어서 차이를 보이고 있다. 미카미의 황통에 대한 절대적 권위의 보장은 이후 그의 메이지 천황에 대한 숭배를 통해 드러난다고 할 수 있다.

윤에 관해서 언급하는 것이 현명한 방법이 아니라고 한 것과 그가 남북병립론을 주장한 데에는 사실 그 자신이 이야기 하고 있는 것처럼 ("북조의 천황을 너무 폄하하면 계보도를 교과서에 실을 경우, 아동들이 이것을 보고 천황을 비롯한 황족 분들이 그 자손인 것에 대해서 이상하게 느낄 우려는 없을까."(「余りに北潮の天皇を貶しては御系図を教科書に載せたりする場合には児童は之を見て至尊をはじめ奉り皇族の御方々が其御子孫であらせらるることに異様の感を起すの慮はないか」))[20] 메이지 천황이 북조의 황통을 이어받아 자칫하면 국민들에게 그 권위를 실추당하는 사태가 벌어지지는 않을지 우려했기 때문이었다. 따라서 근대 이후의 절대적인 천황의 권위보증을 위해서는 황통을 문제시 삼아서는 안 된다는 것이 그의 입장이었다는 것을 알 수 있다. 이러한 교육관은 역사학의 입장과 교육상의 역사와는 별개라는 주장으로 구체화되고 있다.

E. **보통 교육상의 역사는 사학과는 별개이다.** 우리들이 역사상의 사실로서 믿는 바는 다음과 같이 양조병립이지만, 이것을 교화를 위해 소학교 교육에서 시행할 때에는 그것과 이것과는 자연히 별개의 것이다. 그것은 우리들도 충분히 인식하고 있다. 이것은 국정 역사교과서의 다른 부분이 어떻게 다루어지고 있는지를 보면 아무리 험담을 좋아하는 사람일지라도 잘 알 수 있을 것이다. 그렇기 때문에 남북조에 대해서도 단지 사학자의 논의를 제출한 것이 아니라 오늘날과 같은 경우, 국민도덕을 가르치는 데에도 역시 분명히 사실대로 이야기하는 편이 좋다. 일본의 신민은 황실의 일에 대해서는 마음대로 참견을 해서는 안 된다. <u>특히 왕정 유신 후 오늘날에는 소학교의 아동에게는 마사시게, 요시사다, 다카우지, 다다요시의</u>

20) 三上参次, 前掲書, 1911, p.16.

충신과 간신, 사악함과 옳음을 역설해야 한다. 양쪽 황실 사이의 정윤의 경중을 쉽게 이야기하지 않는 편이 좋다고 하는 취지로 원안에 동의한 것이다.

普通教育上の歴史は史学とは別である。 我輩が史実として信ずる所は右の如く両朝並立であるとしても、之を風教の上殊に小学校教育に施すに当つては彼と此とは自ら別物である。それは我輩も十分承知して居る。此は国定歴史教科書の他の部分が如何に取扱はれて居るかを見れば如何に悪口好きの人も能く分るであろう。 されば南北朝に就いてもただ史学者の議論を持出したのではなく、今日の場合国民道徳を教ふる上に於てもやはり姑らく事実のままに語る方がよろしい。 日本の臣民は皇室の御事には妄りに容喙してはならぬ。 特に王政維新後の今日に在つては小学の児童などには正成義貞尊氏直義の忠奸邪正をこそ説くべけれ両皇室の御間には容易く正閏軽重を云はぬ方がよろしいとの趣意で原案に同意したのである[21]。

그는 양조병립이라는 것을 역사상의 사실로 믿고 있었지만, 교육과 역사학계는 별개의 것으로 교과서에 양조를 병립해 놓은 것도 정윤론을 논하고자 한 것이 아니라 국민도덕을 가르치는 데에 사실을 쓰는 것이 타당하기 때문이라고 주장하였다. 이어서 그는 신민으로서 황통의 정윤에 대해서 화제를 삼아서는 안 된다는 입장을 밝히고 어디까지나 교육에서는 충신과 간신 등의 예를 들어 설명하는 충효, 도덕교육을 실시해야 한다는 입장을 밝히고 있다. 이것은 미카미가 역사적 사실을 교육하는 것에 목적을 두고 있는 것이 아니라 충효교육을 위해 역사를 이용하고 있다는 것을 드러내고 있다. 이러한 현상은 역사학이라는 학문과 역사교육의 분리뿐만 아니라, 근대에 있어서의 역사

21) 上掲書, p.4.

교육 자체의 부재를 상징하는 것이라고 할 수 있다.

3. 『다이헤이키』세계의 재생산

앞장에서 살펴본 미카미 산지의 역사관과 교육관은 사실 단순한 대의명분과 실증주의 사관의 대립이라는 문제만을 포함하고 있는 것은 아니었다. 이러한 양 사관의 대립에는 근본적으로 반복되어 온 역사적 현상이 내재되어 있고, 이것이 다시 재생산되고 있다는 것을 유념해야 할 것이다. 『대일본사』의 대의명분 사관에 의하면, 남조를 정통으로 상정한 이상, 남조를 위해 끝까지 헌신한 구스노키 마사시게(楠正成)와 닛타 요시사다(新田義貞) 등은 충신이며, 북조의 아시카가 다카우지(足利尊氏)는 조적(朝敵)일 수밖에 없었다. 이와 같은 관념이 존왕론과 결합되어 발전한 것은 주지의 사실인데, 문제는 이러한 현상이 단지 근세기에만 일어나는 것이 아니고[22], 근대에도 반복되고 있다는 점이다. 본 장에서는 남북조 정윤문제를 둘러싸고 『다이헤이키』의 세계가 어떻게 재생산되고 있는지에 대해서 고찰해 보고자 한다[23].

전게 예문 E의 밑줄 부분에서는 소학교 교육을 위해서는 충신과 간신을 구분하여 그 윤리관을 가르쳐야 한다는 것과 그 예로서 4명의

---

22) 근대 이전의 『다이헤이키』세계의 반복에 대해서는 兵藤裕己, 前掲書를 참조하기 바람

23) 이러한 현상에 대해서는 広木尚, 前掲書의 지적이 있는데, 본 논문에서는 이와 같은 선행 논문을 바탕으로 막말, 근대기의 사상을 파악함으로써 그것이 정윤론 문제로 어떻게 이어지고 있는지를 좀 더 면밀히 다루고 있다.

인물이 거론되고 있다는 점에 주목하고 싶다. 이 4명은 『다이헤이키』의 등장인물들이다. 앞서 살펴본 바와 같이 천황의 권위에 도전하는 대역사건을 계기로 하여 남북조 정윤문제가 발생한 것이기 때문에 그 논의는 천황에 대한 충성과 그 교육이라는 측면이 강조되지 않을 수 없었다. 『요미우리신문』 1911년 1월 18일자 사설에서도 교과서 문제를 지적한 뒤 다음과 같은 주장이 이어지고 있는 것에 유의하고자 한다.

> 그럼에도 불구하고 우리들이 의아하게 생각할 수밖에 없는 일대 사건은 오는 4월부터 새롭게 심상소학생에게 배포되는 일본역사 교과서에 문부성이 결연히 선례를 깨고 남북조의 황통을 대등시하여, 그 결과 구스노키 부자, 닛타 요시사다, 기타바타케 치카후사, 나와 나가토시, 기쿠치 다케토키 등 모든 충신들을 역적 다카우지, 다다요시 등과 완전히 같은 무리로 취급하고 있다는 것이다. 하늘에 두 개의 태양이 없는 것처럼 황위는 하나의 신성한 것으로 나눌 수 없는 것이다.
>
> 然るに茲に吾輩の怪訝に堪へざる一大事件は、来四月より新に尋常小学生に課すべき日本歴史の教科書に、文部省が断然先例を破って南北朝の皇位を対等視し、其結果楠父了、新田義貞、北畠親房、名和長年、菊地武時等諸忠臣を以て、逆賊尊氏、直義輩と全然伍を同うせしめたるに在り。天に二日なきが若く、皇位は唯一神聖にして不可分也。

이 사설의 인용 부분의 요지는 남북조의 황위를 대등하게 취급하면 그 결과 구스노키 마사시게 부자(父子)와 같은 충신이 역적인 다카우지와 다를 바가 없어진다는 것이다. 이러한 사설의 주장을 바탕으로 후지사와 모토조가 작성한 질문지에도 구스노키 마사시게, 닛타 요시사다는 충신이 아닌가, 아시카가 다카우지는 역적이 아닌가하는 내용이 담겨있는 것이다(전게본문B). 메이지 천황은 남조를 정통으로 인정하고, 구스노키 마사시게를 1868년에 정1품(正一品)으로 승격시켰으며, 1872년에는 그를 모신 미나토가와 신사(湊川神社)를 건립하였다. 특히 남조를 정통으로 인정한 가운데, 『교육칙어』를 중심으로 한 충효교육은 이러한 남조의 충신과 북조의 역적과의 대립구도를 통해서 역설되어 왔다는 점에서 구스노키 마사시게와 아시카가 다카우지의 충신시비가 심각한 교육문제로 대두되었던 것이다.

후지사와는 미카미 산지와의 회견에서도 『다이헤이키』의 등장인물의 충신 여부에 대해서 물어보는데, 이에 대해서 미카미는 "아니 다카우지 무리들은 충신이라고 할 수 없다. 다카우지는 원래 무가정치의 재흥을 원한 자, 자기의 사심을 이루기 위한 자, 충신이라고 할 수 없다.(「否尊氏の徒は忠臣とすべからず尊氏はもと武家政治の再興を欲したるもの、自己の私心を果たしたるもの、忠臣とすべからず」)"[24]라고 단언하고 있다.

그러나 문제는 남북조정윤논쟁에서 이와 같은 『다이헤이키』에 나온 등장인물의 충신여부에 대한 논의로 끝나는 것이 아니라 남조정통론을 부정하는 이들에 대한 비판에도 이러한 『다이헤이키』의 세계관이 적용되고 있다는 것이다.

> 문부성 지정의 어용학자 여러분의 영리한, 말 잘하는, 그리고 얼굴이 두꺼운 여러분은 이제는 권력에 영합한 것을 덕으로 삼고 또한 어용의 글을 썼다. 권력은 바야흐로 여러분의 지휘자이다. 권력은 여러분의 조종자이다. 조종자의 실이 오른쪽을 향하면 여러분은 오른쪽으로 향하고 왼쪽을 향하면 왼쪽으로 향한다. 충성스러움과 간사함과 의로움과 반역자

24) 政友会, 前掲書, p.353.

와 여러분 자신에 대해서 여러분의 표준은 없다. 여러분은 아시카가 다카우지의 옹호자가 되었다.

文部省指定の御用学者諸君の怜悧なる、能弁なる、而して厚顔なる、諸君は今や一の御用徳にして、又、御用書なり権力は今や諸君の指揮者なり。権力は諸君の傀儡子なり。傀儡子の糸右すれば諸君は右を向き、左すれば左を向く、忠と奸と義と賊と諸君に於て諸君の標準なし。諸君は欺くして足利尊氏の謳歌者となれり。[25]

밑줄부분과 같이 미카미 산지, 기타 사다키치 등의 교과서 편찬과 관련된 인물들은 아시카가 다카우지의 역신의 이미지와 오버랩되어 표현되고 있는 현상을 볼 수 있다. 또한 이러한 현상은 가쓰라 내각에 대한 비판의 목소리에서도 확인되는 데, "입으로만 충신인 척하는 관료정부(口先のみの忠君者たる官僚政府)"[26]라는 표현과 같이 비난의 표적이 되고 있다.

이와 같이 『다이헤이키』의 등장인물인 아시카가 다카우지와 가쓰라 내각, 교과서 편찬위원들을 역적으로 모는 이들은 반대로 자신들에 대해서는 그들과 대결하는 충신으로 인식하고 있다.

그 정부가 갑작스럽게 마음을 바꿔 도면을 고친 것은 단체 밖에 있는 지사들의 운동, 신문의 공론, 의회의 형세에 의한 것이라고 해도, 또한 이 단체가 은연중에 중추를 이뤘기 때문으로, 가장 정의로운 바, 미력하고 소수이기는 하지만 역시 천하를 움직이기에 충분하다는 교훈을 나는 이 단체로부터 배웠다. (중략) 국가의 녹봉을 받고 작위에 앉아 직책을 지키고 있는 자로서 오히려 몸과 집안의 안녕을 꾀하거나, 권문의 개가

25) 「時勢の変化」, 『日本』, 1911. 3. 15. 인용은 廣木尚, 前揭書, p.20에 의함
26) 政友会, 前揭書, p.372.

되거나, 국체를 훼손하는 자가 있는데, 자칫 잘못하면 생명을 잃는 것도 두려워하지 않고 국가를 걱정하는 인물들이 재야에서 나온 것은 때마침 역대 군주들의 은덕과 현 천황의 훌륭한 덕이 사람들에게 깊이 스며들었기 때문이다.

夫れ政府をして幡然図を改めしめたる者は団外に於ける志士の運動により、新聞紙の公論により、議会の形勢によると雖も、亦此団体が隠然之が中枢を為せしに因らずんばあらず、苟も正義の在る所微力少数と雖も尚ほ天下を動かすに足ることは、余が此団体に受けたる教訓なり(中略)国家の禄位を忝ふし職守ある者にして反て或は身家の便を謀り、或は権門の狗となり、或は国体を誤る者あるに当り、一歩を誤れば生命を失ふも顧みず、国家を憂ふるの士草莽の中に出でたるは適々以て祖宗の余沢今上の至徳人に入るの深きを見るなり[27]

이것은 국체옹호단의 후신인 정우회의 멤버에 의한 주장으로, 자기 자신들을 미력한 소수의 단체로 정의하고, 그러나 자신들이 천하를 움직일 수 있다고 자부하고 있으며, 자신들이야 말로 정부와 대치하고 있다는 것을 피력하고 있다. 즉 여기에서도 여론의 힘을 받아 활동하는 국체옹호단과 정부와의 대립, 다시 말해서 구스노키 마사시게와 아시카가 다카우지와 같은 조적과 충신의 대립구도를 답습하고 있는 것이다. 이와 같은 논조는 사상의 철저한 단속을 주장하며 「교육칙어」를 중심으로 한 가족주의적 국가관을 지지했던 많은 이들에게서 공통적으로 보이는 것으로, 1910년의 대역사건 이후 사회주의를 개인주의로 간주하고, 국가주의를 강화하기 위해서 수신교과서를 개정하고자 그 이론적 바탕을 마련했던 이노우에 데쓰지로(井上哲次郎) 등을 통해서도 공통적으로 나타나고 있다.[28]

---

27) 政友会, 前掲書, p.4.

이러한 사상은 메이지 유신 자체를 어떻게 규정하고 있는지에 대한 논의와도 관련되어 나타나고 있는데, 예를 들어 후지사와에게 국회에서 질문할 질문지의 작성을 요구한 마키노 모토지로의 경우, 「남조정통사상과 유신대업의 관계 - 미리 유신자료편찬위원 미카미씨에게 묻는다 - (南朝正統思想と維新大業の関係 - 兼ねて維新資料編纂員三上氏に質す-)」라는 제목과 같이 남북조 정윤문제와 유신의 관계를 문제시하고 있다.

고 이와쿠라 우대신이 처음으로 동지와 함께 왕정복고의 위업을 획책하고자 할 때 자주 겐무의 중흥에 따라야 한다고 했는데 조정의 주된 책략가인 다마마쓰 미사오는 이것은 실덕의 역사이다, 어찌 따라야 한다는 말인가, 당연히 바로 진무천황 때의 옛날로 돌아가야 한다고 말한 바, 조정은 결국 그 말에 따라 엄청난 대개혁을 실행하기에 이르렀다. 사카모토 료마는 삿초동맹을 이루고 유신의 대업에 훌륭한 공을 세운 인물인데 일찍이 동지에게 이르러 말하기를, 이제 막부를 넘어뜨리는 것은 어렵지 않다, 단 막부가 이미 쓰러진 후 천하를 조종함에 있어 적당함을 잃었을 때에는 반드시 다시 구게 정치의 세상이 될 것이다, 그럴 때에는 겐무의 실패의 선례를 연출하지 않으려고 해도 불가능하고 북조 이후에 다시 아시카가가 나오게 된다. (중략) 또한 당시의 지사들이 얼마나 겐무의 실정을 염두에 두고 이를 교훈으로 삼았는지에 대해서 알아야 한다.

故岩倉右府の初めて同志と共に王政復古の業を策するや、宜く建武の中興に則るべしと云はれたりしに、公の謀主たる玉松操は、此れ失徳の歴史なり、何そ則るに足らん、当さに直ちに神武天皇の昔に復すべしと云はれしが, 公は竟に其の言に従ひて、非常なる大改革を実行するに至れり阪本龍馬は薩長同盟を策成して、維新の大業に偉功ありし士なるが、嘗

28) 渡辺善雄, 「大逆事件·南北朝正閏問題」, 『別冊国文学』37, 1989, p.172.

て同志に告げて曰く、今や幕府を倒すは難しからず、但幕府既に倒れて後ち、天下操縦の宜きを失ふときは、必ず再び公卿政治の世とならん然る時は建武の覆轍を演ぜざらんと欲するも得べからず、是れ北条の後復た足利を生するなり（中略）亦以て当時の志士が如何に建武の失政を念頭に置きて鑑戒となしたるかを見るべし[29]

마키노는 사카모토 료마(坂本龍馬)의 일화를 예로 들어 당시의 지사들이 겐무의 중흥(建武の中興)의 실패[30]를 얼마나 의식하고 있었는지, 또한 겐무의 중흥 이후처럼 아시카가 다카우지와 같은 역적의 등장을 막는 것이 메이지 유신에 임하는 지사들의 각오였다는 것을 설명하고 있는 것이다.

천황 권력의 복권은 막말 유신초기의 지사들에게 『다이헤이키』에 등장하는 고다이고 천황(後醍醐天皇)의 겐무의 중흥으로 인식되고 있었으며, 이것은 남북조 정윤문제에 있어서 메이지 유신에 대한 의의와 밀접하게 관련이 되고 있었던 것이다. 사카모토 료마가 아시카가 다카우지와 같은 조적의 등장을 막고자 했던 논리는, 바꾸어 말하면 그 자신을 충신인 구스노키 마사시게와 오버랩시키는 것이기도 하며, 이러한 구도가 1911년에 벌어진 남북조 정윤문제에서도 재생산, 반복되고 있는 것이다.

당연히 미카미 산지 역시 자신을 비롯하여 기타 사다키치 등을 역적으로 몰아가는 분위기를 파악하고 있었으며, 따라서 남북조 정윤과 충군에 대한 견해를 다음과 같이 밝히고 있다.

---

29) 政友会, 前揭書, pp.103~104.
30) 1333년에 가마쿠라 막부를 멸망시키고 고다이고 천황이 강력한 천황 친정을 행고자 했던 시기. 그러나 아시카가 다카우지와 대립하여 2년 반 만에 붕괴하였다.

그 위에 또한 이것을 청일, 러일의 양 대전에 대해서 생각해 봐도 알 수 있다. 이 양 전쟁에서는 우리 병사들이 충성스럽고 용맹무쌍하다는 사실을 보여주었다. 그들의 머리에서는 마사시게와 다카우지에 대한 구별은 확실히 있었을 것이다. 그러나 양쪽 황실의 정윤에 대해서는 유신 전의 지사들과, 외사와 일본정기를 읽은 사람들 정도로 깊이 생각하고 있었는지는 문제이다. 양쪽 황실의 경중에 대해 말하고 이것의 우열을 가리지 않더라도 천황과 나라에 충성하고 애국하는 것은 충분히 가능한 것이다.

更に又誠に之を日清日露の両大戦役について考へても分る。この両役には我兵士は忠勇無双といふ事実を示したのである。彼等の念頭には正成尊氏の区別ははつきり有つたであらう。しかし両皇室の正閏といふ事に就いては御一新前の志士や、外史や日本政記を讀んだ人ほど深く之を考へて居たかどうかは問題である。両皇室を軽重し之を軒輊せずとも君国に忠愛なることは十二分に出来るのである[31]。

청일전쟁과 러일전쟁의 예를 들어 병사들은 용감무쌍하게 활약했으며, 또한 아사카가 다카우지와 구스노키 마사시게를 확실하게 구분하고 있었을 것이라고 논한 뒤, 그들은 정윤문제에 대해서는 그다지 생각하지 않았을 것이며 따라서 천황에 대한 충성은 정윤문제와는 별개로 충분히 가능하다는 것이다. 즉 미카미 산지는 천황의 정윤문제에 관해서는 신하가 된 자의 도리로서 불문에 부쳐야 마땅하며, 교육에 관해서는 충효교육을 실시하는 데에 동의하고 있는 것이다. 이후 그는 국정교과서 편찬에는 직접적으로 관여하지 않지만, 그렇다고 해서 그가 교육의 장에서 물러난 것은 아니었다. 다음 장에서는 그의 교육관이 남북조 정윤문제 이후 어떻게 드러나고 있는지에 대해서 고찰해 보고자 한다.

---

31) 三上参次, 前掲書, 1911, p.6.

4. 메이지 천황과 구스노키 마사시게의 숭배

제2기『심상소학일본역사』안의「남북조」표기가「요시노 조정(吉野の朝廷)」으로 바뀐다는 결정이 내려진 후, 미카미 산지는 교과서조사위원(教科書調査委員)직을 사임한다.

그러나 앞서 살펴본 미카미의 충효 교육관은 당시의 남조정통론을 주장하는 이들과 맥을 같이하는 것으로, 따라서 그의 교육관이 피력될 자리를 완전히 잃어버린 것은 아니었다. 오히려 그의 교육관은 좀 더 폭넓은 계층을 대상으로 그의 저서나 문장을 통해서 알려지게 된다.

> 문장원의 원장이 이전에 효경을 강의하셨을 때 나는 이것이 굉장히 기뻐서 문장을 만들어 이 책을 세상에 장려한 적이 있다. 그 문장 안에 나는 이 서적이 널리 세상에 유포되는지 아닌지에 따라 국민의 심신이 건전해지는지 아닌지를 점치고 싶다고 말했다. (중략) 진정으로 부모에게 효도하는 마음을 옮겨 이로써 천황을 모신다면 이것이 바로 충이다. 충신을 효자의 집안에서 찾는다는 말도 즉 이 의미에서 나온 것이다.
>
> 文章院主人が、曩に孝経講義を公にせられた時に、予は大に之を喜び、一文を草してその書を世に推奨したことがある。その文中に、予は此の書の、広く世に流布すると否とに依って、国民の心神の健全なりや否をトひたいとの趣を述べたことである。(中略) 実に、親に孝なる心を移し、之を以て君に事へたならば、是れ即ち忠である、忠臣を孝子の門に求めるといふ言葉も、畢竟この意義から出たものである[32]。

이와 같이「교육칙어」반포 이래로 강조되어 왔던 충효사상을 저술

---

32) 三上参次,「忠孝一致」, 渡部求編,『忠経講義』, 文章院, 1923, pp.53~54.

활동을 통해서 드러내고 있다. 뿐만 아니라 그는 1932년에 귀족원 의원(貴族院議員)에 당선되는데, 교육을 통한 사상 강화에 그가 얼마나 많은 힘을 쏟았는지는 다음의 기사를 통해서 확인해 볼 수 있다.

> 나의 질문은 고등교육에서 보통교육에 이르기까지 모두 일본적 교육이어야 한다는 한마디로 표현할 수 있다. 국어의 신장은 국위의 발전을 나타내는 것인 이상, 국어 존중에 힘써 독자적인 일본적 교육을 확립하는 것이 사상을 좋은 쪽으로 이끈다는 측면에서, 또한 치안유지법을 개정하는 것 이상으로 힘이 있는 것이라고 생각한다.
>
> 私の質問は高等教育から普通教育にいたるまですべて日本的教育であれの一語に尽きるのである、国語の伸張は国威の発展を示すものなる以上国語尊重につとめ独自の日本的教育を確立することが思想善導上治安維持法改正以上に力強いものと確信する[33]。

인용문은 좀처럼 가결되지 않았던 예산안이 가결되는 과정에서 미카미 산지가 교육예산에 대해서 질문한 부분이다. 이것은 국어교육의 강화에 대한 자신의 의견을 밝힌 것으로, 그러나 그의 이러한 주장은 단지 국어교육에만 한정된 것이 아니라 밑줄부분과 같이 일본적 교육, 즉 외국 모방적 교육의 폐해를 막아야 한다는 신념에 바탕을 둔 것이었다. 여기에서 주목해야 할 것은 구미의 모방적 교육에 대해서 가장 위기감을 느끼고 그것을 제도적, 내용적으로 수정하려고 했던 사람이 바로 메이지 천황이었다는 점이다. 미카미 산지가 1933년경에 쓴 「메이지 천황의 성덕(明治天皇の御聖徳)」[34] 이라는 글에는 다음과 같은 부분이 확인되어, 그가 메이지 천황의 교육적 신념을 강하게

33) 「政府原案のまま厖大予算愈よ成立」, 『大阪朝日新聞』, 1934. 3. 15.
34) 国史研究会編, 『岩波講座 日本歴史』8, 岩波書店, 1933.

의식하고 있었다는 사실을 알 수 있다.

지금까지는 서구의 물질문명만을 수입하는 것에 몰두하고 있었지만 그것을 바로잡아 재래의 도덕을 중시하고 충효인의의 정신을 포함시켜 보통교육을 추진해 가야 한다는 것이었다. 이에 대해서는 메이지 천황이 굉장한 관심을 가지고 계셨습니다. 이 메이지 13, 14년(1880, 1881)의 학칙, 교원의 마음가짐이 나왔을 때 메이지 천황은 당시의 문부성 장관 후쿠오카 다카치카를 부르시어 짐이 이전의 문부성 장관 데라시마에게 명령해 둔 것을 이번에 겨우 실현하게 되어 너 말할 나위 없이 만족스럽다. 소학교 교육에서 처음부터 서양의 역사를 배우게 했던 것을 그만두고 우선 일본역사를 가르치게 된 것은 정말이지 만족스럽다.

これまでは欧米の物質文明ばかりを輸入することに没頭して居ったけれども、それを矯めて在来の道徳を重んじ、忠孝仁義を取り入れ、普通教育を進めなければならぬといふことになつたのであります。これについては明治天皇が頗る御関心が多いのであります。この明治十三年、四年の学則、教員心得等が出ました時に、明治天皇は時の文部卿福岡孝弟を召されて、朕が前の文部卿寺島に命じて置いたことが、今度漸く実現することになつて、至極満足である。小学校の教育に於いて、最初から西洋の歴史を課してをつたのを止めて、先づ日本歴史を教へるといふ風になつたことは、至極満足である。(p.19)

인용문은 1880~1881년에 개정교육령이 만들어지고 발포될 때까지의 경위를 서술한 문장의 일부분으로, 일본의 학제가 기본적으로 프랑스의 학제를 그대로 모방한 것이라는 점에 불만을 가지고 있었던 메이지 천황이 문부성 장관에게 서양의 역사가 아닌 일본의 역사를 가르쳐야 한하는 점을 지시하고, 그 결과 충효인의(忠孝仁義)라는 도덕교육을 실현하게 된 점에 대해 천황이 매우 만족했다는 사실이 서술되어 있다. 뿐만 아니라 이 인용문 뒤에는 메이지 천황이 얼마나 국민교육에 관심을 기울이고 있었는지, 그것이 결국에는 충효사상을 바탕으로 한 「교육칙어」의 제정으로 이어졌다는 것이 강조되고 있다. 미카미 산지는 메이지 천황이 일본의 독자적인 교육 확립을 주도한 점을 들어 그의 성덕으로 소개하고 있는 것이다.

미카미가 작성한 이 「메이지 천황의 성덕」이라는 글에는 천황의 성덕으로 다양한 업적이 소개되고 있다. 이와 같은 메이지 천황에 대한 자세한 업적의 소개와 천황에 대한 숭배는 그가 『메이지 천황기(明治天皇紀)』의 편찬에 관여했다는 점과 밀접한 관련이 있다고 볼 수 있다.

1914년에 궁내성(宮內省) 안에 『메이지 천황기』를 편찬하는 임시수사국(臨時修史局)이 만들어진다. 이것은 1916년 임시제실편수국(臨時帝室編修局)으로 개칭되어 1933년까지 존속한다. 미카미 산지는 1926년에 편찬 작업에 가담하여 임시제실편수과장으로 임명되는데, 그는 천황기(天皇紀)는 천황에 대해서 서술하면서도 역사가 반영되어야 한다는 입장을 취하고 있었다[35]. 그가 『메이지 천황기』 편찬 사업에 발탁된 이유는 바로 쇼와 천황(昭和天皇)에게 그가 메이지 천황의 성덕에 대해서 진강(進講)을 해 온 것이 높은 평가를 받아 천황 측에서 그를 적극적으로 추천했기 때문이었다.

미카미가 쇼와 천황에게 진강을 한 것은 황태자 시절을 포함하여 총24회였다(1924년~1932년). 그리고 그 내용은 3회를 제외하고는 모두 메이지 천황의 성덕에 관한 것으로, 이것이 쇼와 천황의 입헌군주 교육에 상당한 영향을 미쳤음을 짐작해 볼 수 있다[36]. 즉 미카미 산

35) 渡辺幾治郎, 『明治史研究』, 楽浪書院, 1934, pp.374~375.
36) 진강의 내용과 그 영향에 대해서는 高橋勝浩, 「三上参次の進講と昭和天皇:

지에게 군주로서의 이상적인 모습을 한 사람은 메이지 천황이었으며, 이것이 그의 메이지 천황 숭배로 이어지고 있는 것이다.

이와 같이 미카미 산지의 메이지 천황에 대한 존경심은 쇼와 천황에게도 영향을 미쳤다는 것을 언급했는데, 뿐만 아니라 그는 메이지 천황이 강조한 충효사상을 바탕으로 국민의 정신교육을 몸소 실천해 나갔다. 앞에서도 언급한 『다이헤이키』의 등장인물, 고다이고 천황을 위한 충성을 맹세하고 죽음에 이른 구스노키 마사시게는 바로 메이지 천황의 교육관을 상징하는 인물이었던 것이다. 미카미 산지의 국민교육은 구스노키 마사시게라는 인물상과 그 정신을 알리는 것을 통해서 적극적으로 이루어져 갔다.

일본 최초의 문학사인 『일본문학사(日本文學史)』[37]와 1909년에 저술된 『가마쿠라문명사론(鎌倉文明史論)』[38]에서 미카미는 구스노키 마사시게의 위대함을 역설하고 있다.

> 마사시게라는 사람이 살아생전부터 위대한 인물이었다는 것은 말할 나위도 없다. 다이헤이키가 그것을 증명하고 있다. 단지 다이헤이키가 마사시게를 위대한 인물로 서술하고 있을 뿐만 아니라 북조 측의 서적인 바이쇼론도 마사시게가 전사할 때에는 충분히 그 슬픔을 표현하고 존경의 마음을 나타내고 있다.
>
> 正成といふ人は生前から偉大なる人であった事は申す迄もない、太平記がそれを示して居る、ただ太平記が正成を偉大なる人として書いて居るのみならず、北朝側の書物なる梅松論といへども、正成の討死の時には十分に悲しみを表し尊敬を払つて居る(p.373)

明治天皇の聖徳をめぐって」, 明治聖徳記念学会, 1995를 참조하기 바람

37) 三上参次, 高津鍬三郎他, 前掲書, 1890. pp.94~95.

38) 三上参次, 『鎌倉文明史論』, 三省堂, 1909.

그는 구스노키 마사시게의 위대함은 『다이헤이키』의 기록뿐만 아니라 아시카가 다카우지에 대한 찬양을 의식하여 서술된 『바이쇼론(梅松論)』에서도 확인되고 있다는 것을 강조하고 있다.

이와 같은 구스노키 마사시게에 대한 미카미 산지의 숭배를 가장 단적으로 보여주는 것이 1935년에 이루어진 난코육백년제(楠公六百年祭)를 기념한 그의 활동들이다. 전년도인 1934년은 구스노키 마사시게가 죽은 지 600년이 되던 해로, 그것을 기념하여 1935년에 대대적인 기념행사가 전국 각지에서 이루어졌다. 또한 1934년은 겐무중흥육백년제(建武中興六百年祭)가 열린 해이기도 했다. 미카미 산지는 기념행사에 적극적으로 참여하여 구스노키 마사시게에 대해서 강연을 하는 등 활발한 활동을 벌인다. 그 대표적인 것으로 이 육백년제를 기념하여 발족된 도쿄난코회(東京楠公會)의 멤버로 활동하며 이 모임의 이사직을 맡고 있었던 것을 들 수 있다. 도쿄난코회의 보고에 따르면[39] 이 조직은 1934년 6월 1일부터 1935년 11월 31일까지 육백년제를 위한 다양한 행사를 개최하고 있는데, 그 중에서 미카미는 구스노키 마사시게의 정신보급을 목적으로 1934년 11월 9일 군인회관에서 열린 중학교 교장을 초내한 도론회에 참석하고 있다. 뿐만 아니라 이사로서 정례회(定例會)에 참가하고 있으며 1935년 5월 18일에는 도쿄 메이지 신궁외원(明治神宮外苑)의 일본청년관에서 열린 다이난코제(大楠祭) 및 대강연회에도 참가하고 있다. 또한 25일에는 미나토가와 신사에서 주최한 육백년제에도 참례하고, 그 전날에는 구스노키 마사시게에 대한 강연회를 열었다.

이와 같은 미카미 산지의 구스노키 마사시게를 둘러싼 활동들은 구

39) 東京楠公会編, 『嗚呼忠臣』, 東京楠公会, 1935.

스노키 마사시게의 인물에 대한 숭배에 그치는 것이 아니라, 최후까지 천황을 위해 목숨을 마친 그의 위대함을 알림으로써 그 정신을 알리고 국민의 정신교육에 이바지하고자 했던 의도를 드러내는 것이라고 할 수 있다. 그리고 이것은 미카미에게 있어서 이상적인 군주였던 메이지 천황의 교육에 대한 신조와 의지를 몸소 실천하고자 했던 그의 의식에서 비롯된 활동들로 파악할 수 있을 것이다.

맺음말

이상과 같이 근대기의 대의명분 사관과 실증주의 사관의 대립, 남북조 정윤문제에서의 미카미 산지의 역사관과 교육관, 그리고 그 이후의 그의 활동에 대해서 분석하여, 이러한 일련의 사건들이 『다이헤이키』 세계, 즉 천황에 대한 충효사상의 문제와 깊은 관련이 있음을 밝혀냈다. 1911년에 발생한 남북조 정윤문제에는 근세부터 지속되었던 대의명분 사관과 근대의 실증주의 사관의 오랜 대립이 근저에 깔려 있었다. 역사학자로써의 미카미 산지는 양통병립을 주장하면서도 그것을 교육과 결부시켜 논할 때에는 오히려 남조정통론을 주장하는 사람들보다도 더욱 천황에 대한 충성을 드러내고 있다는 점을 알 수 있었다.

또한 대의명분 사관은 존왕사상과 더불어 충효사상을 바탕으로 하고 있기 때문에 남조정통론을 주장하는 이들은 『다이헤이키』 세계를 자신들의 주장의 논리로 삼고 있다는 점도 확인할 수 있었다. 남북조 정윤문제가 교과서의 개편으로 매듭지어진 후 미카미 산지는 메이지 천황이 충효사상 교육에 큰 관심을 가지고 있었다는 것을 바탕으로 그에 대한 숭배를 드러내고 있을 뿐만 아니라 충신의 표상인 구스노키 마사시게를 국민교육을 위해 적극적으로 활용하고 있다. 이것은 자신을 메이지 천황에 대해서 충성을 다하는 충신으로서 자리매김하고자 하는 그의 인식의 발로라고 판단된다. 이와 같은 고찰 결과로부터 볼 때, 미카미 산지는 사상 탄압의 희생자라기보다는 메이지 시대에서 쇼와 시대에 걸쳐 『다이헤이키』세계로 대표되는 충효사상을 적극적으로 실천해 나간 인물로 평가할 수 있을 것이다.*

* 이 논문은 「『다이헤이키(太平記)』의 세계와 전쟁의 대의명분」(『日本研究』 20, 2013, 8)을 수정한 것임.

【참고문헌】

〈신문, 잡지, 텍스트〉

「政府原案のまま厖大予算愈よ成立」, 『大阪朝日新聞』, 1934. 3. 15.

「時勢の変化」, 『日本』, 1911. 3. 15.

「南北朝対立問題　国定教科書の失態」, 『読売新聞』, 1911. 1. 19.

久米邦武, 「神道は祭天の古俗」, 『史学会雑誌』, 1981. 10.

後藤秀穂, 「問題は尚解決されず」, 『日本』, 1911. 3. 8.

国史研究会編, 『岩波講座日本歴史』8, 岩波書店, 1933.

重野安繹, 「大日本史を論じ歴史の体裁に及ぶ」, 『東京学士会院雑誌』9編3号, 1886.

政友会編, 『正閏断案国体之擁護』, 東京堂, 1911.

東京楠公会編, 『嗚呼忠臣』, 東京楠公会, 1935.

三上参次　高津鍬三郎他, 『日本文学史』, 金港堂, 1890.

三上参次, 『鎌倉文明史論』, 三省堂, 1909.

三上参次, 『教科書に於る南北正閏問題の由来』, 출판사불명, 1911.

三上参次, 「忠孝一致」渡部求編, 『忠経講義』, 文章院, 1923.

久米邦武, 「神道は祭天の古俗」, 『史学会雑誌』, 1981. 10.

〈단행본, 논문〉

池田智文, 「「南北朝正閏問題」再考 - 近代 「国史学」の思想的問題として-」, 『日本史研究』528, 2006.

伊藤大介, 「南北朝正閏問題再考」, 『宮城歴史科学研究』第45号, 1998.

岩井忠熊, 「日本近代史学の形成」, 『岩波講座 日本歴史22』(別冊1), 岩波書店, 1963.

大久保利謙, 「ゆがめられた歴史」, 向坂逸郎, 『嵐の中の百年』, 勁草書房, 1952.

小山常実, 「天皇機関説と国民教育』, アカデミア出版会, 1989.

五味淵典嗣, 「この国で書くこと」, 『「芸文研究』第79号, 2000.

高橋勝浩, 「三上参次の進講と昭和天皇: 明治天皇の聖徳をめぐって」, 明治聖徳記念学会, 1995.

竹内光浩, 「久米邦武事件」, 『歴史評論』732, 2011.
田中史郎, 「喜田貞吉の 「歴史教育 = 応用史学」論の性格とその歴史的位置」, 「社会科の史的探求』, 西日本法規出版, 1999.
廣木尚, 「南北朝正閏問題と歴史学の展開」, 『歴史評論』740, 2011.
兵藤裕己, 『太平記〈よみ〉の可能性』, 講談社学術文庫, 2005.
尾藤正英, 「正明論と名分論」, 『近代日本の国家と思想』, 三省堂, 1979.
宮沢剛, 「「吉野葛」論」, 『語文論叢』第24号, 1997.
渡辺幾治郎, 『明治史研究』, 楽浪書院, 1934.
渡辺善雄, 「大逆事件·南北朝正閏問題」, 『別冊国文学』37, 1989.

일본의 전쟁책임문제와 네오내셔널리즘

이규수

머리말

> 국제사회에서 일본이 비난받는 것은 잘못된 사실에 근거하고 있다. 다른 나라도 위안부를 이용해 군을 관리했다는 자료가 남아있다. 타국도 (일본과) 같은 행위를 했다. 일본이 한 일을 정당화하는 것은 아니다. 불행한 사건이었다. 위안부가 일본군에 폭행과 협박을 당해서 끌려갔다는 증거는 없다. 있다면 한국이 내놨으면 좋겠다.
>
> \- 2012년 8월, 하시모토 도루(오사카 시장 겸 일본유신회 대표)

> (나치의) 홀로코스트 범죄는 상상할 수 없는 엄청난 범죄여서 오늘날까지도 희생자를 모두 찾지 못했다. 그것이 우리가 배상협약을 계속 수정해야 하는 이유이다.
>
> \- 2012년 11월, 볼프강 쇼이블레(독일 재무장관)

위 두 인용문은 일본과 독일의 전쟁책임과 전후배상 문제에 대한 입장을 드러내는 발언 가운데 하나이다. 전자는 차세대 정치인으로 도약을 꿈꾸는 하시모토 도루(橋下徹) 오사카 시장의 '군대위안부'를 둘러싼 발언이고, 후자는 동유럽 거주 홀로코스트 생존자 8만 명에 대한 독일의 피해배상 수정계획을 밝힌 볼프강 쇼이블레(Wolfgang Schäuble)의 발언이다.[1)]

일본과 독일의 전후사는 많은 공통점을 드러낸다. 침략전쟁과 패전, 전범 처벌을 위한 국제군사재판, 폐허와 혼란 속에서 이룬 경제부흥과 고도경제성장, 경제대국에서 정치대국으로의 발돋움 등 일본과 독일은 유사한 궤도를 밟아나갔다. 그러나 두 나라는 앞의 하시모토와 볼프강의 상반된 발언이 상징하듯이, 침략한 주변 국가에 대한 전쟁책임과 전후배상문제 등 '과거극복'이라는 측면에서는 커다란 차이를 보인다. 침략전쟁으로 인한 피해와 상흔을 둘러싼 양국의 대응방식은 매우 대조적이다.

---

1) 볼프강 쇼이블레 독일 재무장관과 유대인배상회의(JCC)는 2012년 11월 15일 베를린 유대인박물관에서 1952년에 마련된 '룩셈부르크 협약' 개정안에 서명했다. JCC는 나치에 의한 홀로코스트 피해자를 대표해 독일 정부와의 피해배상 협약을 전담해왔다. 개정안에 따르면 독일은 배상 혜택에서 제외됐던 동유럽 거주 홀로코스트 생존자 8만 명에게 일시불로 2, 556유로(약 355만원)와 함께 매달 300유로(42만원)의 연금을 지급하기로 결정했다. 그동안 동구권에 거주한 생존자들은 서독 정부와 JCC 간 협약으로 배상 자격이 없었다. 기존 배상 대상자 10만 명에 대한 월 지급액도 200~260유로에서 300유로로 올렸다. 독일은 2011년에도 월 지불액을 전년대비 15% 인상했고, 내년에도 추가로 올릴 계획이다. 독일은 1952년 이래 나치범죄 배상비용으로 지금까지 700억 유로(99조원)를 지급했다. 홀로코스트 생존자는 전 세계적으로 약 50만 명이다. 독일의 전후책임과 전후배상 문제에 관해서는 佐藤健生, 「ナチズムの過去と戰後ドイツ」, 『史海(東京學藝大學史學會)』38, 1991 ; 大嶽秀夫, 『二つの戰後-ドイツと日本』, 日本放送出版協會, 1992 ; 大野英二, 「ドイツにおける難民問題と庇護政策」, 『思想』822, 1992 ; 廣渡淸吾, 『二つの戰後社會と法の間-日本とドイツ』, 大藏省印刷局, 1990 ; 大野英二, 「西ドイツの外國人と外國人政策」, 『社會科學硏究』41-6, 1990 ; 大野英二, 「外國人受け入れの法的論理」, 『外國人勞動者-現狀から論理へ』, 弘文堂, 1992 ; 大野英二, 『ドイツ問題と民族問題』, 未來社, 1994 등을 참조.

1945년 8월 15일, 패전으로 인해 일본인의 역사인식은 근본적으로 뒤바뀔 수밖에 없었다. 메이지유신 이후 천황제 이데올로기에 편승하여 무모하게 전개된 침략전쟁의 결과는 도쿄대공습, 히로시마와 나가사키로 상징되는 '피폭국가'의 현실과 아픔으로 다가왔다. GHQ로 상징되는 미국의 점령은 일본인의 의식세계를 밑바닥부터 뒤흔들어 놓았다. 점령군의 위용은 일본인에게 더 이상 맞설 수 없는 공포의 대상으로 각인되었다. 새로운 동아시아 질서의 재편과정에서 일본은 스스로의 '나약함'을 인정할 수밖에 없었다.

그러나 일본의 동아시아 특히 한국에 대한 인식은 크게 변화하지 않았다. 오히려 망각과 침묵 속에서 식민지 지배를 합리화하는 논리를 펼쳤다. 일본은 '강한' 미국에게는 항복할 수밖에 없었지만, 한국과 중국에는 결코 패배하지 않았다는 왜곡된 인식이 광범하게 표출되었다. 그 결과 일본인에게 패전의 체험은 심층의식의 '단절과 연속'이라는 이중적인 형상으로 표출되었다. '전전은 전쟁, 전후는 평화'라는 등식은 설득력을 획득하기 어려웠다.[2)]

일본과 독일의 전쟁책임과 전후책임 문제가 어떻게 논의되어 왔는지, 그 역사적 의미는 무엇인지 비교 분석하는 일은 '과거와 현재의 대화'라는 관점에서만이 아니라, 역사학의 본령인 '과거와 현재 그리

---

2) 나카무라 마사노리(中村政則)는 관전사(貫戰史, Trans-war history)의 방법으로 전후사를 재인식한다. 전쟁은 국제관계를 크게 바꾸고 국내의 정치경제, 사회구조에 격변을 가져와 인간들의 사고와 심리에 커다란 영향을 가져왔으며, 전쟁이 끝났다 하더라도 그 영향은 사라지지 않는다. 특히 제2차 세계대전은 제1차 세계대전과 달리 총후(銃後)의 사회를 바꿔 놓았다. 전쟁은 전후의 정치 경제 사회의 방식과 정신에 영향을 미쳤다. 이전처럼 '전전은 전쟁, 전후는 평화' 혹은 '단절인가 연속인가'라는 양자택일적인 사고방식을 넘어 관전사라는 시점에서 전후사를 종합적으로 바라볼 것을 제안했다. 이에 대해서는 中村政則, 『戰後史』, 岩波書店, 2005 참조.

고 미래와의 대화'라는 관점에서 여전히 시의성을 갖는다. 일본 정치지도자들의 반복되는 역사수정주의 발언과 '새 역사교과서를 만드는 모임' 등의 국가주의적 교과서 채택의 움직임 등 90년대 중반 이후 노골적으로 표출된 일본의 국가주의 대두는 이러한 인식을 반증한다. 최근에도 이쿠호샤(生鵬社) 역사교과서는 한국강점을 합리화하는 등 제국주의 시대의 쇼비니즘적 · 군국주의적인 역사인식을 그대로 투영함으로서 인접국에 대한 역사왜곡과 편견을 조장하고 있다. 이로 인해 두 나라 사이에는 소위 전쟁책임과 전후배상을 둘러싼 '역사전쟁'이 해결의 실마리를 찾지 못하고 있다.[3)]

이러한 움직임은 과거사에 대한 반성의 결여, 전쟁을 둘러싼 왜곡된 역사인식 전파 풍조와 무관하지 않다. 왜 일본의 전쟁책임과 전후배상이 동아시아 사회에서 여전히 문제되는가. 이 문제를 사회화시키려는 노력에 왜 일본의 네오 내셔널리스트는 끊임없는 이데올로기 공격을 가하는가. 일본 정치지도자는 왜곡된 전쟁관과 역사관을 당당히 발언하는 것을 왜 부끄러워하지 않는가. 과연 '과거극복'이 따르지 않는 동아시아의 공존과 평화의 길은 가능한 것인가. 우리는 동아시아의 화해와 공존의 가능성을 열기 위해 아직도 해결되지 못한 갖가지

---

3) 동아시아의 '역사전쟁'은 한일 간의 문제에 국한되지 않는다. 현재 동아시아 속의 한국은 동북 공정, 역사 교과서, 독도 문제를 둘러싸고 뜨거운 논란에 휩싸여 있다. 중국은 동북 공정을 통해 한반도마저 자국의 영토로 인식하고 있고, 일본은 독도 영유권 문제로 영토에 대한 야욕을 드러낸다. 이러한 역사논쟁들은 미래의 동아시아 평화와 공존과도 연관되는 문제이다. 앞으로도 한 · 중 · 일 삼국의 과거사 인식과 역사교과서 기술의 쟁점 등을 객관적으로 바라봄으로써 동아시아 삼국 역사분쟁의 본질과 뿌리에 보다 거시적으로 접근할 필요가 있다. 동아시아 차원의 역사분쟁을 거론한 것으로는 이찬희 · 임상선 · 윤휘탁, 『동아시아의 역사분쟁』, 동재, 2006 ; 송기호, 『동아시아의 역사분쟁』, 솔, 2007 등을 참조.

물음에 답해야 할 책무가 있다.

이 글에서는 이러한 문제의식 위에서 전후 일본사회의 전쟁책임과 전후배상을 둘러싼 '과거극복'의 문제를 재조명하고자 한다. 이 물음에 답하기 위해 두 가지 흐름을 동시에 검토할 필요가 있다. 하나는 국가주의적인 의식과 운동의 확대를 허용한 90년대 일본의 역사적 조건이고, 또 하나는 전후 일본사회가 지속적이고 은밀하게 확산시켜 온 독선적 내셔널리즘의 문제이다. 요컨대 일본의 침략전쟁과 식민지 지배의 기반이던 국가주의가 전후 일본에 그대로 이어진 배경을 면밀하게 살펴봄으로써 전쟁책임과 전후배상을 둘러싼 왜곡된 의식과 행동을 조망하지 않으면 안 된다. 이 문제를 점검함으로써 일본이 동아시아에 대한 전쟁책임과 전후배상은 도외시하면서, 자국의 이익과 새로운 정체성 수립에만 몰두하게 된 사회적 맥락의 근원을 발견할 수 있을 것이다.

1. 침략에 대한 '단죄(斷罪)'와 전쟁책임문제

한국과 일본에서는 일반적으로 제2차 세계대전이 근대와 현대를 구분하는 커다란 분수령으로 인식되고 있다. 그러나 세계사적으로 특히 유럽에서는 제2차 세계대전이 아니라 오히려 제1차 세계대전의 역사적 의미가 중시된다. 20세기 초반까지 전쟁은 국제법상 위법으로 간주되지 않았지만, 제1차 대전이 참전 군인만이 아니라 민간인에게도 커다란 희생을 초래하자, 전쟁에 대한 심각한 반성의 움직임이 일어났다. 그 결과 1919년의 베르사이유 조약(Treaty of Versailles)에서 처음으로 독일에 대한 전쟁책임문제가 제기되었다. 더욱이 1928년에는 전쟁포기에 관한 조약인 부전조약(Kellogg-Briand Pact)이 체결되었고, 국제연맹은 위법적인 전쟁에 의한 조약이나 영토를 승인하지 않겠다고 결의했다. 국제사회에서는 전쟁이라는 수단에 호소하는 행위를 위법으로 간주하는 전쟁위법관이 형성되었다.[4)]

또한 제1차 세계대전 이후는 식민지주의가 정통성을 상실한 시대이기도 하다.[5)] 예를 들면 그때까지 일본은 조선과 대만을 제국 영토로 병합하고 있었는데, 제1차 세계대전으로 독일로부터 빼앗은 남양제도의 경우, 병합이 아니라 국제연맹으로부터의 위임통치령이 내려졌다. 만주의 경우도 형식적으로는 '독립국'의 형태로 지배할 수밖에 없었다. 전쟁으로 빼앗은 토지를 병합하는 일이 국제적으로 용인되지 않게 된 것이다. 그때까지 중국에 대해서도 유럽제국은 상호 분할하여 이권을 빼앗는 침략 방식을 취해 왔는데, 1920년대 이후에는 중화민국을 공식적으로 승인하고 중국 통일을 인정하는 방향으로 정책을 전환해야 했다. 미국의 식민지였던 필리핀에서는 주지하듯이 1935년

---

4) 이에 대해서는 大沼保昭, 『戰爭責任論序說-「平和に對する罪」の形成過程におけるイデオロギ-性と拘束性』, 東京大學出版會, 1975 ; 荒井信一, 『戰爭責任論-現代史からの問い』, 岩波書店, 1995 등을 참조.

5) 일반적으로 식민지주의라고 일컫는 구식민지주의(old colonialism)는 제국주의가 비교적 정치적 자각이 낮은 타민족을 지배하는 방법이다. 이는 제2차 세계대전 이전에 널리 쓰이던 것이며, 오늘날에도 잔존한 식민지의 일부에서 볼 수 있다. 그 특징은 제국주의 자신이 식민지주의를 시행하려는 지역의 주권을 장악하고 식민지청(植民地廳)을 두어 그 지역을 직접 지배하는 점이다. 지배방법에는 종속주의 · 동화주의 · 협동주의 · 자립주의 등 몇 가지 단계가 있으나 그 지배는 대체로 지배의 대상이 된 지역원주민의 정치적 의식이 낮은 것을 이용하여 자원의 수탈이나 착취를 노골적으로 행하는 형태이다. 식민지주의에 대해서는 ユルゲン · オースタハメル 著 · 石井良譯, 『植民地主義とは何か』, 論創社, 2005 참조.

에 자치정부가 발족되어, 미국은 10년 후의 독립을 약속했다. 버마에서도 영국은 1937년에 일정 한도의 내정자치권을 부여하여 버마 정부를 수립할 수밖에 없었다.

이처럼 제국주의와 식민지주의 시대는 제1차 세계대전을 계기로 분명 변화했다. 그러나 일본과 독일 두 나라는 세계사의 흐름에 역행하여 침략전쟁을 감행했다. 두 나라의 전쟁책임과 전쟁범죄가 문제시되는 것은 당연한 일이었다. 일본 전쟁책임자들의 전쟁책임을 추궁한 것은 도쿄재판(1946년 5월~1948년 11월), 독일의 그것은 뉘른베르크재판(1945년 11월~1946년 10월)이었다. 뉘른베르크재판의 의의는 '인도에 대한 죄(crimes against humanity)'라는 새로운 국제법상의 개념을 만들었다는 점에 있다. 종래의 국제법적 사고에 의하면 주권국가가 자국민(독일 국적자인 유대인)에 대해 박해를 가한 것은 결코 '국제법상의 불법행위'를 의미하지 않았기 때문이다.[6)]

뉘른베르크재판과는 달리 도쿄재판에서는 '인도에 대한 죄'가 유죄의 요인이 되지 못했다. 오히려 천황을 면책하고 731부대로 대표되는 독가스 세균전은 면죄하면서, 식민지 지배 아래 자행된 '군대위안부'와 강제연행 등의 비인도적인 행위는 거론조차 되지 않았다. 도쿄재판에서 동아시아는 철저히 경시되었다. 이것은 미국이 주도한 재판이 아시아 태평양전쟁의 책임을 육군 수뇌부에게만 돌리고, 아시아 희생자의 목소리를 억압하는 형태로 진행되었기 때문이다. 한국, 중국 등 동아시아에 대한 침략과 가해를 정면으로 취급하면 당연히 육군만이 아니라 지배층 전체를 문제 삼지 않을 수 없었기 때문일 것이다. 이렇

6) '인도에 대한 죄'의 개념과 성립배경에 대해서는 前田朗, 『人道に對する罪―グローバル市民社會が裁く』, 青木書店, 2009 ; 清水正義, 『「人道に対する罪」の誕生』, 丸善プラネット, 2011 등을 참조.

듯 전쟁책임과 전후책임에 대한 독일과 일본 사이의 태도 차이는 극명히 드러난다.

잘 알려져 있듯이 점령군이 상륙하기까지 어느 정도 시간이 있었던 일본 정부와 군부는 전쟁책임을 회피하기 위해 공문서를 철저히 폐기했다. 이것은 전쟁 범죄를 '단죄'하려던 점령군에게 커다란 장애가 되었다. 이 때문에 점령당국은 범죄 사실의 인정과 피고의 선정을 위해 관계자로부터의 심문에 커다란 비중을 둘 수밖에 없었다. 이러한 상황을 이용하여 일본 관계자는 적극적으로 점령군에 협력하여 재판을 특정 방향으로 유도했다. 특히 천황의 측근들과 궁중그룹이라 불리는 중신, 해군, 외무성 관료들은 국제검찰국에 적극적으로 정보를 주었고 구체적인 전범 리스트까지도 제공했다. 이후 일본 보수정치의 대부라 일컬어지는 요시다 시게루(吉田茂) 수상도 이 인맥의 한 사람이었다. 그들은 전후 일본이 살아남을 수 있는 최선의 방책으로서 천황제를 유지하고 최대의 전범인 천황을 옹호하려 했다. 그들은 천황을 대신할 전쟁 범죄의 책임자로 도조 히데키(東條英機)로 대표되는 특정 육군 수뇌부를 지목했으며, 그들을 국제검찰국에 내부 고발한 것이다.[7)]

이러한 움직임은 천황을 정치적으로 이용하려 한 GHQ의 이해와 일치되었고, 특히 GHQ의 G2의 입장과 결부되었다. 예컨대 도조는

---

7) 도쿄재판의 전범처리과정과 그 문제점에 대해서는 粟屋憲太郎, 『資料日本現代史2 敗戰直後の政治と社會①』, 大月書店, 1980 ; 東京裁判ハンドブック編輯委員會編, 『東京裁判ハンドブック』, 青木書店, 1989 ; 粟屋憲太郎, 『東京裁判論』, 大月書店, 1989 ; 粟屋憲太郎他著, 『徹底檢證 昭和天皇「獨白錄」』, 大月書店, 1991 ; 粟屋憲太郎, 吉田裕編, 『國制檢察局(IPS)尋問調書 全52卷』, 日本圖書センター, 1993 ; 粟屋憲太郎, 『未決の戰爭責任』, 柏書房, 1994 ; 粟屋憲太郎, 『東京裁判への道 上・下』, 講談社, 2006 등을 참조.

1947년 12월 도쿄재판 법정에서 '자신은 천황의 의사에 반한 행동을 결코 하지 않았다'는 취지의 증언을 한 적이 있었다. 이 증언을 말 그대로 이해한다면, 진주만 공격 등 태평양전쟁에서의 도조의 전쟁범죄는 모두 천황의 의지였다는 중대 발언이었다. 당황한 국제검찰국 수석검찰관은 천황 측근을 통해 도조를 설득하게 만들었으며, 다음 법정에서 그의 발언을 철회시켰다. 양자의 이해가 합치되었음을 극명하게 보여주는 해프닝이었다. 전쟁 책임자인 천황의 면책은 미국과 일본의 공동작전에 의해 이루어졌다.[8)]

만주침략, 중일전쟁, 아시아 태평양전쟁으로 이어지는 일련의 침략전쟁이 이들의 주장대로 육군으로 대표되는 강경파에 의해 강행된 것은 틀림없는 사실이지만, 총력전은 육군 단독으로 주도될 수 있는 일이 아니었다. 중대국면에서 중요한 결단을 내린 천황을 비롯하여 천황제를 지탱한 궁중 그룹, 해군, 관료, 재벌 등도 전쟁을 적극적으로 추진했다. 최근에는 미국과의 개전을 주저한 그룹이 존재했다는 사실도 주장되고 있지만, [9)] 그들 또한 아시아에서 일본의 이익을 확보하기 위한 군사력의 행사에는 오히려 더 적극적이었다. 미국과 의견을 맞춘 이들 집단은 도쿄재판에서 천황을 비롯하여 자신들은 미국과의 전쟁에 반대했지만 육군이 감행한 것이라며 육군에 모든 책임을 떠넘

---

8) 도쿄재판에서 도조는 증인신문에 대해 "우리들(일본인) 중 감히 천황의 의지에 거스를 사람은 아무도 없을 것이다"고 짧게 대답했다. 그의 증언을 수정하라는 압력이 계속되었고, 도조는 일주일 후 천황은 평화를 사랑하고 원해왔다고 공손히 진술했다. 이안 부루마 지음 · 최은봉 옮김, 『근대 일본』, 을유문화사, 2004, p.148.

9) 1941년 시점에서 미국과의 전쟁을 반대한 인물로는 오노데라 마코토(小野寺信, 육군정보장교), 신조 겐키치(新庄健吉, 육군주계장교), 야마모토 이소로쿠(山本五十六, 해군장교) 등이 거론되고 있다. 이에 대해서는 『正論-終戦60年記念 昭和天皇と激動の時代 終戦編』, 産経新聞社, 2005년 9월호 참조.

긴 것이다. 그들은 모든 전쟁책임은 육군에 있다는 왜곡된 '역사상'을 만들어내고, 육군을 희생시키는 방법으로 천황제를 유지했다.[10)]

또 외부적으로는 미 · 소 사이의 대립이 작용했다. 소위 냉전이 시작되자 미국은 점령 당초의 방침이었던 비군사화 · 민주화정책을 헌신짝처럼 버리고 반공의 전진기지로 일본을 활용했다. 이러한 점령정책의 전환과정에서 미국은 자신들의 의사를 충실히 수행할 수 있는 그룹을 만들어냈다. 1948년 10월에 성립된 요시다 시게루(吉田茂) 내각은 바로 이런 배경 위에서 성립되었다. 요시다는 미국에 충실한 일본 보수정치의 창시자가 되었다. 미국은 일본을 자신의 정치적 후원자를 만들면서, 그 반대급부로 동아시아의 목소리를 억압한 것이다. 어쨌든 도쿄재판을 통해 천황을 비롯한 지배층 대부분은 살아남았으며, 그 과정에서 전후 일본 보수정치의 담당자가 새롭게 태어났다.

요시다로 대표되는 일본의 보수 정치인은 동아시아에 대한 침략과 식민지 지배에 대한 반성을 결여한 채, 모든 책임을 군부에 전가시키고 냉전 상황에서 미국에 충실히 협력함으로써 미국의 동반자로 인정

---

10) 일본에서의 '종전'의 실현은 지배층의 압도적인 주도하에서 이루어졌다. 포츠담선언 수락 시, 일본의 지배층은 전후 전쟁범죄 처벌이 '통례의 전쟁범죄'에 그치지 않고 지도자의 광의의 전쟁책임이 재판과 같은 형태로 추급당할 것이라고 인식했다. 그러나 다른 한편에서는 이 전쟁책임 처벌에 의한 지배층의 피해를 최소한 줄이려고 획책했다. 이를 위해서는 무엇보다도 국내체제의 '굳건함'을 확보하는 것이 불가결했다. 포츠담선언 제1회 수락통고가 이루어진 직후인 8월 11일, 내무성 경보국은 각 도도부현(都道府縣) 경찰부장에게 항복을 준비한 치안대책의 특별 강화를 지시하고 특히 국민의 전쟁책임자에 관한 논의를 억제하여 '이번 사태를 초래한 책임자는 군관민 모두로 이를 책임져야 한다'며 재빨리 철저한 '일억총참회론'에 의한 치안확보를 명령했다. 이에 대해서는 粟屋憲太郎 · 三島憲一 · 望田幸男 · 田中宏 · 広渡清吾 · 山口定, 『戰爭責任 · 戰後責任-日本とドイツはどう違うか』, 朝日新聞社, 1994 참조.

받았다. 그들은 자신들의 전쟁책임에 대해 반성하지 않았을 뿐만 아니라, 미국이 자행한 무차별 폭격이나 원폭투하 같은 전쟁범죄를 비판하지 않았다. 일본정부가 지금도 원폭투하를 국제법 위반으로 인정하려 하지 않는 것도 바로 그 때문이다.

또 요시다는 조선이나 중국, 동남아시아 사람들에 대해 차별과 멸시의식을 지니고 있었다. 일본은 패망하자 당시 일본 국내에 거주하고 있었던 구 식민지 출신자의 일본 국적을 일방적으로 박탈했으며, 그들은 군인 은급과 원호의 대상에서 철저히 배제했다. 이러한 차별의 배경에는 요시다의 인식이 크게 작용했다. 요시다는 '조선인은 일본의 경제부흥에 전혀 공헌하고 있지 못하다', '범죄분자가 큰 비중을 차지하고 있는데 그 대다수는 공산주의자로서 가장 악랄한 정치범죄를 일으킬 경향이 있다' 등의 이유를 들어 모든 조선인의 강제송환을 승인해 달라고 부탁할 정도였다.[11] 동아시아를 얕잡아보는 멸시의식은 전후에도 전혀 변하지 않았다.

일부 군인이 천황과 기타 평화적인 사람들의 반대를 억누르고 미국과의 전쟁을 감행했다는 허상이 미국과 일본의 지배층과의 합작을 통해 만들어지고, 그것이 도쿄재판에서 그려진 역사상이 되었다. 그 허

---

11) 요시다는 1949년 맥아더에게 '재일조선인에 대한 조치'(在日朝鮮人に對する措置)라는 문서를 보고했는데, 그는 "조선인 거주자의 문제는 시급하게 해결해야 한다. 그들은 총수 100만에 가깝고, 그 반수는 불법입국이다. 저는 이들 모든 조선인이 모국인 반도로 귀환하기를 기대합니다"고 건의했다. 요시다는 조선인의 강제송환의 이유로 미국에 의존할 수밖에 없는 부족한 식량사정과 재일조선인이 일본경제부흥에 걸림돌로 작용한다는 것 이외에 조선인 가운데에는 범죄분자의 비율이 매우 높아 일본 경제법령의 상습적 위반자로서 상시 7천명 이상의 재일조선인이 옥중에 있는 상태라는 점을 강조했다. 이에 대해서는 田中宏, 『在日外國人-法の壁, 心の溝』, 岩波書店, 1995 참조.

상 위에서 전후 보수정치가 탄생했다. 미국은 이후 강화조약의 체결, 동남아시아 여러 국가와의 배상교섭에 있어서도 일본의 전쟁책임을 철저히 추궁해 거액의 배상을 요구한 필리핀 등의 요구를 억눌렀다. 일본정부는 이에 편승하여 배상을 가볍게 했을 뿐만 아니라 배상을 경제적 진출의 수단으로 이용했던 것이다.

2. 전후 혁신과 전쟁책임문제

전쟁에 대한 일반 일본인의 생각은 어떠했을까? 일본군의 잔학 행위는 주로 해외에서 자행되었기 때문에 일본인 대부분은 그 실상에 대해 거의 알지 못했다. 일본인은 오히려 미군의 공습과 생필품 부족 등으로 인해 가해의식보다는 피해의식을 지니고 있었다. 도쿄재판을 통해 전쟁의 실상이 드러난 뒤 일반 일본인은 어렴풋이 '속았다'는 의식을 갖기도 했지만, 군부에게 책임을 떠넘긴 재판과 몇몇 군부책임자의 처벌로서 책임문제를 매듭짓고, 일본인 자신의 책임을 물으려는 생각은 하지 못했다.[12)]

---

12) 전후 일본의 '피해자 의식'이 확대된 배경은 여러 가지 일본 독특한 요인이 있다. 가장 기본적인 요인으로서는 메이지의 절대주의부터 군부 파시즘을 거쳐 1945년의 패전에 이르기까지의 일본에 있어서 국민은 주권자가 아니라 언제나 지배의 대상이고, 그런 의미에서 국가정책에 관한 주체적인 책임의식이 육성되기 힘들었다는 사정이 있다. 따라서 민중은 기본적으로는 '피해자'였으므로 이를 부정하는 것은 좋지 않다는 주장이 최근까지 평화운동의 존재방식을 둘러싸고 지속되고 있다. 또 야스마루 요시오(安丸良夫)는 국민의 '속았다'는 피해자 의식에 대해 "민중은 전쟁부터 패전까지의 과정을 '속았다'는 논리로 이해하고 납득했다. 하지만 거기에는 전쟁책임을 자신의 것으로 끌어안으려는 의식이 누락되었다. 또 여기에는 오래된 가치와의 깊

일본은 패전한 뒤 곧바로 식민지를 상실했다. 인도네시아의 독립전쟁을 억누르려다가 패배한 네덜란드나 인도지나와 알제리아에서의 프랑스의 경우와 마찬가지로, 식민지를 상실하는 과정에서 심각한 갈등이 일어났다. 이들 국가에서는 과거의 식민지 지배를 재평가하는 계기를 마련했지만, 일본의 경우는 그러한 기회도 거치지 않고 탈식민지화가 이루어졌다. 이 때문에 조선인을 얕보는 일본인의 의식은 아무런 변화 없이 온존되었다. 이것은 지배층만이 아니라 민중도 그러했으며, 조선인에 대해서만이 아니라 동아시아 민중 일반에 대해서 그러했다.

1950년대에는 미국과의 강화조약체결, 재군비 반대, 안보반대를 내걸고 보수에 대항한 혁신세력이 대두했다. 미군기지 반대운동, 원자/수소폭탄금지운동, 호헌운동 등의 평화운동이 전개되고, 총평(總評)과 좌파사회당이 주도한 혁신세력은 선거 때마다 세력을 늘려 의회의 3분의 1이상을 확보하여 개헌을 저지했다. 이들 세력은 자위대의 해외파병을 포함한 전쟁체제 구축을 저지시켰고, 군수산업 중심의 경제부흥노선을 좌절시켰다. 군사비 부담을 줄이고 우수한 인재를 민수산업에 집중시켜 고도경제성장을 이룰 수 있는 하나의 조건을 만들었다. 전후에 일본이 무기를 수출하지 않고 일본의 군대가 전쟁에 참가하여 사람을 죽이지 않았다는 것은 중요한 성과라고 말할 수 있다. 그동안 발전도상국 무기수입액의 약 90퍼센트는 UN의 5대강국으로부터였고 주요 공업국이 '무기상인'이었던 점을 고려할 때, 무기를 수출하지 않았다는 사실은 일본이 세계에 자랑할 만할 평화에의 공헌일

숙한 내면적 대결을 거치지 않은 채 재빨리 새로운 가치를 수용해가는 모습이 표현되었다"고 말한다(安丸良夫, 『日本ナショナリズムの前夜』, 朝日新聞社, 1997).

것이다.

이러한 혁신적인 평화운동은 전쟁에 대한 어느 정도의 반성 위에서 국민들의 지지를 얻은 것이었다. 그러나 그것은 기본적으로 피해자가 되고 싶지 않다는 의식에 바탕을 두고 있었다. 예를 들면 1956년 일본과 필리핀 사이에 배상협정이 체결되었다. 미국은 필리핀에 압력을 행사해 요구를 억눌렀으며, 일본 재계는 '배상을 계기로 한 장사'라는 주장을 펴면서 앞으로의 경제적 진출을 위한 의도를 공공연하게 표명했다. 그 당시 사회당은 필리핀과의 국교정상화를 반대하지는 않았지만, 배상액이 일본의 지불능력을 훨씬 넘는 것이며, 금후 20년간 일본 납세자가 그 부담을 지지 않으면 안 된다는 불만을 토로했다. 필리핀에 씻지 못할 피해를 남겼다는 것에 대한 반성보다는 일본 민중이 지게 될 부담만을 고려한 태도였다.

보수와 혁신은 두 개의 대립 정치세력이었지만, 이 둘의 대항과 타협을 통해 일본정치의 틀이 만들어졌다. 특히 1960년에 등장한 요시다의 직계인 이케다 하야토(池田勇人) 내각에서는 보수진영도 혁신세력이 주장해 온 개헌 단념, 비핵 3원칙 등 평화주의적인 내용을 수용해 구미제국에 비해 경무장 상태에서 경제성장을 이루어 나갔다. 그러한 의미에서 대립과 타협을 통한 보수와 혁신의 합작이 전후 정치 특히 보수 본류정치였다.[13)]

보수와 혁신 모두 일본의 전쟁책임을 정치적 과제로서 받아들이려는 인식은 없었다. 설령 있었다 하더라도 그것은 정치적인 제스처에 불과했다. 국민과 자신들의 존재방식을 주체적으로 되새기는 계기는

13) 전후 일본의 정당정치사에 대해서는 石川真澄・山口二郎, 『戰後日本政治史』, 岩波書店, 2010 ; 的場敏博, 『戰後日本政黨政治史論』, ミネルヴァ書房, 2012 등을 참조.

되지 못했다. 냉전하의 아시아 여러 국가에서는 반공을 정권의 기초로 삼은 강압 정치가 지속되었으며, 미국과 일본으로부터 원조를 받기 위해 일본 침략 피해자의 목소리를 억압하고 말았다. 이러한 상황에서 일본의 고도성장과 '번영'이 구가되었던 것이다.

전후 일련의 보수주의 상황을 극복할 가능성을 마련한 것은 1960년대 후반부터 전개된 여러 형태의 사회운동이었다. 공해반대를 비롯하여 혁신지방자치단체의 건설을 추구했던 주민운동, 베트남 반전운동, 오키나와 반환운동, 학생운동 등 여러 새로운 운동이 전개되었다. 특히 베트남전쟁에서는 일본의 미군기지가 베트남 공격의 병참기지, 출격기지가 되어 일본이 가해자라는 사실이 명백해졌다. 베트남 반전운동은 기존의 '피해자의식' 중심의 평화운동과는 다른 새로운 의미를 지니고 있었다.[14)]

또 1972년 일본은 장기간에 걸친 중국적시정책을 바꾸어 중국과 국교를 회복한다. 그러나 이들 운동 내부에서도 일본의 전쟁책임을 정면에서 제기하지는 못했다. 국교회복에 임박해 실시된 여론조사에서는 86%가 국교정상화를 시인한 것으로 나오는데, 그 이유는 '큰 시장을 버릴 수 없다'가 47%, '세계의 대세에 뒤쳐진다'가 31%나 되었다. 일본의 중국에 대한 가해책임을 정면에서 추궁하려는 일부 지식인들의 움직임도 존재했으나, 난징대학살은 사실무근이라는 주장이 제기되는 등 지식인들의 문제제기가 일반 대중들에게까지 스며들지 못했다.[15)] 중국 또한 소련과 대항하기 위해 미국과 일본과의 관계를 강화

14) 일본의 평화운동과 평화의식에 대해서는 小田實編, 『ベ平連』, 三一書房, 1969 ; 福山秀夫, 『平和運動原論』, 学習の友社, 1997; 安田治, 「戰後平和運動の特質と當面する課題」, 渡邊治 · 後藤道夫編, 『講座現代日本 4 日本社會の對抗と構想』, 大月書店, 1997 ; 和田進, 『戰後日本の平和意識 - 暮らしの中の憲法』, 青木書店, 1997 등을 참조.

하려 했으며 그 때문에 일본의 전쟁책임문제를 애매한 상태에서 국교를 회복하고 말았다. 일본은 전쟁책임에 대한 반성 없이 냉전의 기본틀의 수정에 편승해 중일국교를 회복한 것이다.16)

1960년대 후반은 구미제국에서도 학생운동 등 사회운동이 고양된 시기였다. 그런데 서독에서는 '68년 세대'라 불리는 새로운 세대가 각 분야에서 전쟁책임문제를 정면에서 제기했다.17) 정치 분야에서는 1969년 사민당 정권이 탄생했는데 사민당은 동방정책을 내걸고 소련과 동구제국과의 관계개선과 긴장완화를 위해 노력했다. 나치스에 의해 희생된 유대인 피해자들에 대한 진심어린 사죄는 사회적으로도 커다란 반향을 불러일으켰다. 서독은 일본과는 달리 진쟁책임 문제에 적극적으로 대응했다. 전쟁책임에 대한 일본과 독일의 차이가 분명해진 것은 비로 이 시기였다. 일본은 왜 전쟁책임문제에 솔직히 접근할 수 없었을까? 그 해답은 일본의 대국의식에서 찾을 수 있을 것이다.

일본의 대국의식은 패전 이전부터의 아시아에 대한 우월감이 그대로 온존되었고, 경제대국화와 1970년대의 두 번에 걸친 석유파동을 극복하면서 일본이 아시아의 최고라는 우월 의식이 결부되어 형성되었다. 이러한 상황에 커다란 충격을 준 것이 1982년의 '교과서문제'이

---

15) 요시다 유타카(吉田裕)는 일본인의 가해자로서의 자각은 베트남전쟁 반대와 중일국교회복을 계기로 지식인의 전쟁관에 대한 비판적 재검토를 통해 드러났지만, 일반 국민의 근본적인 인식전환으로는 이어지지 못했다고 지적한다. 吉田裕, 『日本人の戰爭観-戰後史のなかの變容』, 岩波書店, 1995, pp.129~134. 참조.

16) 중일국교정상화에 대해서는 石井明・朱建榮・添谷芳秀・林曉光編, 『記錄と考證 日中國交正常化・日中平和友好條約締結交涉』, 岩波書店, 2003 ; 井上正也, 『日中國交正常化の政治史』, 名古屋大學出版會, 2010 등을 참조.

17) 전후 독일에서의 민주주의 변용과정과 '68년 세대'의 역할에 대해서는 井関正久, 『ドイツを變えた六八年運動』, 白水社, 2005. 참조.

었다. 문부성은 그 이전부터 일본이 일으킨 전쟁을 '침략'으로 인정하지 않는 검정을 내렸다. 이 검정에 대해 한국과 중국 등 아시아 각지에서 비판의 목소리가 일어났다. 일본의 침략전쟁이 과거 지나간 일이 아니라는 것, 그리고 일본이 전쟁 중에 과연 어떤 일을 자행했는가 하는 구체적인 지적들은 일본인이 과거 사실을 너무도 인식하지 못하고 있다는 심각한 반성을 제기했다.

또 그 해 가을에 등장한 나카소네 야스히로(中曾根康弘) 내각은 개헌을 주창하고 일본열도를 침몰하지 않는 항공모함으로 만들겠다는 발언 등을 통해 일본 영역 외에서 벌어지는 미소전쟁에 적극적으로 참여하겠다는 정책을 내세웠다. 이것은 일본이 미군 기지를 제공하는 정도로 동아시아에 대한 간접적인 가해자에 머무르는 것이 아니라 스스로 직접적인 가해자가 되겠다는 것을 의미했다. 이런 과정에서 일부 지식인들 사이에서 일본의 전쟁책임을 정면으로 제기하는 움직임이 형성되었다. 이에 따라 일본의 가해 사실 발굴작업이 이루어졌는데, 당시 일본 전역에서는 재일조선인을 비롯한 강제연행의 실상이나 동남아시아에서의 주민학살의 사료들이 공개되기에 이르렀다.[18)]

한편 1980년대 후반에는 냉선이 종식되고 동구에 이어 소련 사회주의도 해체되었다. 반공이라는 명목은 더 이상 설득력을 지닐 수 없었다. 또 동시에 한국과 필리핀 등에서는 민주화가 진전되어 갔다. 냉전의 종결과 민주화의 진전에 따라 전쟁피해자들 스스로가 자기 목소리를 낼 수 있게 되었다. 예를 들면 한국사회에서 제기되었던 '군대위안

---

18) 조선인의 강제연행과 관련된 조사보고서는 조총련을 중심으로 광범위하게 이루어졌다. 이들 자료에 의거한 강제연행의 실태에 관한 대표적인 연구로는 朴慶植, 『朝鮮人强制連行の記錄』, 未來社, 1965 ; 金英達, 『朝鮮人强制連行の硏究』, 明石書店, 2003 ; 外村大, 『朝鮮人强制連行』, 岩波書店, 2012 등을 참조.

부' 문제는 일본정부에 대한 비판과 함께 이 문제를 억눌러온 한국정부와 사회에 대한 비판이기도 했다. 민주화의 진전과 전후보상문제는 불가분의 관계에 있는 문제로, 이는 냉전 하에서 형성된 전후 보수파에 대해서만이 아니라 전후 혁신파에 대한 근본적인 문제제기이기도 하다.

3. 부정론으로서의 네오내셔널리즘

1980년대 후반부터 1990년대에 걸쳐 세계사는 격동의 시대를 맞이했다. 동서 독일을 가로지르던 장벽이 해체되고 동구 사회주의체제는 종지부를 찍었다. 1991년에는 사회주의국가의 '맹주' 소련이 붕괴되었다. 소련체제의 붕괴는 '냉전'이 종결되었다는 점에서 21세기를 향한 새로운 역사가 태동한 시기라고 할 수 있다.

이 시기 일본은 거품경제의 붕괴로부터 헤어나지 못했다. 거듭되는 금융위기설, 외국자본의 일본기업 매수, 살아남기 위한 대규모 구조조정에서 엿볼 수 있듯이 '기업국가' 일본의 화려한 영광은 옛이야기로 기억되었다. 대기업 경영자들은 일본이 자랑하던 '종신고용제'를 철회하고 국제경쟁사회에서 살아남기 위해 몸부림쳤다. 정부는 정책 방향을 상실하여 국민 부담을 고려하지 않고 공적 자금을 대기업 구제에 투여했다. 거듭되는 금융위기설, 외국자본의 일본기업 매수, 살아남기 위한 대규모 구조조정에서 엿볼 수 있듯이 '기업국가' 일본의 화려한 영광은 옛이야기로 기억되었다. 장기불황을 의미하는 '잃어버린 10년'은 새로운 사회용어로 정착되었다.[19)]

더욱이 일본은 거품경제의 파탄으로 경제적 자신감을 상실한 터에,

한신대진재(阪神大震災), 오움진리교 사건 등이 겹쳐 무거운 분위기에 빠져들었다. 사회적으로는 관료와 재계 상층부로부터 경찰관, 하급 공무원에 이르기까지 확산된 부패의 실상이 만천하에 드러났다. 대학생과 젊은이들은 정치와 사회에 대한 공적인 관심이 현저하게 줄고 개인 세계에 빠져들었다. 전후 교육의 실패 문제는 하루가 멀다 하고 지적되었고, 대학의 구조개혁을 주장하는 목소리도 높아져 갔다.

1990년대의 경제적 혼란과 사회의식의 혼돈이라는 위기감이 팽배해진 상황을 틈을 타 자국 중심, 자민족 중심적인 '역사관'을 주장하는 '자유주의사관연구회'와 '새 역사교과서를 만드는 모임'은 '건전한 내셔널리즘의 복권'이라는 명분을 내걸고 저돌적인 활동을 시작했다. '자유주의사관연구회'는 1990년대 초부터 일본의 전쟁책임문제를 제기하는 사회운동에 반대하는 사람들을 중심으로 결성되었다. 일부 매스컴이 이에 호응했고 정계와 사회운동계, 학계, 교육 현장에서도 이 모임을 지지하는 등 파장이 적지 않았다. 후지오카 노부가쓰(藤岡信勝), 니시오 간지(西尾幹二), 고바야시 요시노리(小林よしのり)로 대표되는 네오 내셔널리스트들은 종래의 역사관을 '도쿄재판사관', '코민테른사관', '자학사관', '암흑사관'으로 규정했다. 또한 1990년대에 들어와 활발해진 '군대위안부' 할머니를 중심으로 한 전쟁피해자들의 고발과 비판에 대해 극히 반동적인 거부를 표명했다.[20]

---

19) 村上龍 NHKスペシャル, 『村上龍失われた10年を問う』, NHK出版, 2000 ; 岩田規久男・宮川努編, 『失われた10年の眞因は何か』, 東洋經濟新報社, 2003.
20) '자유주의사관연구회'의 등장배경과 활동에 대해서는 개번 매코백, 「일본 '자유주의사관'의 정체」, 『창작과 비평』98, 1997 ; 정재정, 「횡행하는 국가전략적 역사교육론의 망령-역사교과서 비판과 '자유주의사관'」, 『일본의 논리』, 현음사, 1998 ; 후지나가 다케시, 「현대 일본 반동세력의 한국사 인식-

‘자유주의사관’의 대표적 논객인 니시오 간지는 《국민의 역사》(國民の歷史, 産經新聞社, 1999)와 《국민의 도덕》(國民の道德, 産經新聞社, 2000)을 간행하여 ‘국민정사’(國民正史)의 회복을 대규모로 선전했다. 고바야시 요시노리는 《전쟁론》(戰爭論, 幻冬舍, 1998)이라는 만화를 통해 활자체에 익숙하지 않은 신세대 젊은이들의 정서에 파고들었다. 그들은 자신의 주장을 인터넷 홈페이지를 통해 일선 학교 교사들에게 널리 유포하여 지지 계층을 확대해 나갔다. 그들은 또 2000년과 2004년에 중학교 역사, 공민교과서를 독자적으로 편집하고 문부성에 검정을 신청했는데, 이 교과서들은 주변 국가들의 반대에도 불구하고 통과되었다.[21]

일본형 역사수정주의가 등장하기까지-」, 『역사비평』44, 1998 ; 정진성, 「일본의 신민족주의운동」, 『국제지역연구』가을호, 1998 ; 한상일, 「자유주의사관」, 『일본 지식인과 한국-한국관의 원형과 변형』, 오름, 2000 ; 김봉식, 「‘자유주의사관’에 대한 일고찰」, 『일본학연보』9, 2000 등을 참조.

21) ‘새 역사교과서를 만드는 모임’의 주도하에 만들어진 역사와 공민교과서에 대한 비판은 上杉聰・君島和彦・越田稜・高嶋伸欣著, 『「つくる會」教科書はこう讀む!-隠された問題点の数々』, 明石書店, 2005 ; 上杉聰・君島和彦・越田稜・高嶋伸欣著, 『いらない!「神の國」歷史·公民教科書』, 明石書店, 2001 ; VAWW-NETジャパン編, 『ここまでひどい!「つくる會」歷史・公民教科書-女性蔑視・歷史歪曲・國家主義批判』, 明石書店, 2001 ; 和仁廉夫, 『歷史教科書とアジア-歪曲への反駁』, 社會評論社, 2001 ; 小森陽一・坂本義和・安丸良夫編, 『歷史教科書何が問題か-徹底檢証Q&A』, 岩波書店, 2001 ; 永原慶二, 『歷史教科書をどうつくるか』, 岩波書店, 2001 ; 子どもと教科書全國ネット21編, 『教科書攻撃のウソを斬る-新しい歷史教科書をつくる會」がねらうもの』, 青木書店, 2001 ; 俵義文, 『徹底檢証あぶない教科書-「戰爭ができる國」をめざす「つくる會」の實態』, 學習の友社, 2001 등을 참조. 또 한국에서의 관련 연구도 활발히 이루어졌다. 한국내 일본의 역사왜곡에 관한 비판으로는 이충호, 「일본의 교과서 검정과 중학교 역사교과서 왜곡-후소샤(扶桑社)를 중심으로」, 『실학사상연구』19·20, 2001 ; 신주백, 「일본 우익 역사교과서의 교사용지도서에 나타난 역사인식-아시아 태평양전쟁관, 인간관,

문제의 심각성은 전쟁책임과 전후보상 문제를 충분히 해결할 수 있는 토양을 갖추지 못한 상태에서, 특히 전쟁을 경험하지 못한 신세대를 비롯하여 타자의 호소에 귀를 기울이려하지 않는 사람들에게 일본의 침략전쟁과 식민지 지배에 대한 본격적인 부정론이 아무 여과장치 없이 확산되고 있다는 점에 있다. 일본의 우경화 조짐이 어제 오늘의 일은 아니지만, 이제 일본의 우경의식은 신세대 젊은이들에게까지 파고들어 여론을 조성하고 왜곡된 역사인식을 심고 있다는 점이 중대 문제인 것이다.

'자유주의사관'파의 논리에 대한 체계적인 비판에 앞서 역사인식의 문제를 생각해 보자. 역사인식이란 인터넷이나 백과사전을 펼쳐보면 알 수 있는 내용, 예컨대 '어떤 인물이 언제 죽었다', '그 사건은 언제 일어났다'와 같은 과거의 개별 사실이나 인물의 행위를 말하는 것이 아니며, 단순한 사건의 나열이나 짜깁기도 아니다. 역사인식이란 한 시대나 사회의 성질, 중요 사건 등을 둘러싸고 특히 현대적 관점에서 이해하려는 작업, 개별 사실을 객관적 · 실증적 형태로 확정하는 작업에서 출발하여 궁극적으로는 인식하는 사람의 사상적 작업을 동반해야 한다.

역사학에서는 중요 사건에 대해 자유롭고 다양한 역사인식이 존중되어야 한다. 역사인식은 인식 주체가 지닌 역사관에 따라 큰 편차를 드러내기 때문이다. 역사인식은 과거와 현재, 미래에 대한 인식자의 관심과 자세 등 인식 주체와 깊이 관련되어 있다. 역사인식은 과거

미래관을 중심으로-」, 『동방학지』127, 2004 ; 이규수, 「일본 중학교 교과서의 '보통 일본인' 만들기」, 『아시아연구』8-2, 2006 ; 이규수, 「일본의 공민교과서 왜곡 구도와 우경화-'종축(縱軸)의 철학'론 비판」, 『지역과 역사』18, 2006 ; 이신철, 『한일 근현대 역사논쟁』, 선인, 2007 등을 참조.

사실의 확인에 그치지 않고, 현재와 미래로 이어지는 인식이기 때문이다. 따라서 자국의 과거에 대해 국민과 국가 의사를 대표하는 입장에 있는 위정자가 어떠한 역사인식을 갖고 있느냐에 따라, 국민들의 삶의 방식, 국가의 미래를 향한 자세나 정책도 달라지고, 다른 나라와의 관계에도 큰 영향을 끼치게 된다. 앞에 소개한 하시모토 도루의 발언과 같이 연례행사처럼 되풀이되는 일본 위정자의 '실언', '망언'에 우리가 우려를 표명하는 것도 바로 이 때문이다.

전쟁을 둘러싼 역사는 어떻게 인식되어야 할까? 이 문제에 대해 일본에서는 크게 두 가지 논쟁이 전개되었다. 하나는 '군대위안부' 문제를 중심으로 한 '역사 교과서 논쟁'이고, 또 하나는 '역사 주체 논쟁'이다. 논쟁의 수준이나 규모는 다르지만, 두 논쟁에는 몇 가지 공통점이 있다. 하나는 죽은 사람에 대한 애도 방식과 관련된 것으로, '미래로서의 과거'를 어떻게 볼 것인가가 주요 쟁점이다. 다른 하나는 과거의 논쟁에서는 찾아보기 힘들었던 '국민 이야기'에 대한 '욕망' 문제이다. 결론적으로 말해 '자유주의사관'은 자국 중심 사관, 자국 찬미 사관이다. '자유주의사관' 논객들이 어떠한 역사인식을 지니고 있는가는 단지 개인의 사상의 자유로 간주하여 무시할 수 없는 극히 현실적이고 국민적인 문제이다.

'자유주의사관' 논객들은 중・고등학교의 여러 일본 역사 교과서가 근・현대사 부분에서 일본의 제국주의적 침략과 식민지 지배, 전쟁 책임, 전쟁 범죄 등을 과도하게 강조하여 전체적으로 일본의 '어두운' 면만을 부각시키고 있다고 비판한다. 그들은 이를 '코민테른사관'과 '도쿄재판사관'이 결부된 '반일・망국적', '자학적'인 역사관・역사 서술이라 주장한다. 더불어 "대동아전쟁에서 일본만 나빴던 것은 아니다, 일본의 전쟁은 아시아의 식민지, 반식민지의 해방이라는 목표・

역할을 수행했다, 자국사를 배움으로서 자국에 대한 긍지와 로망을 느낄 수 있어야 한다"[22]고 토로한다.

이들의 주장은 기존 우익 인사들만이 아니라 전후 세대의 역사인식에 직접 영향을 미치고 있다. 네오 내셔널리스트들의 일본 사회를 향한 파상적인 공격이 결실을 맺고 있음을 잘 보여주고 있다. 일본 사회 저변에 깊은 뿌리를 두고 있지만 지금까지는 우익들에게서만 돌출적으로 제기되었던 주장들이 최근에는 '자유주의사관'이라는 미명 아래 노골적으로 주창되기 시작했다. 그런데 그들은 어떤 내용을 두고 '자유주의'라 말하는 것인지 분명히 밝히고 있지 않다. '자유스럽게' 또는 '극단에 치우치지 않는' 태도로 역사를 바라보자는 의미 이상의 어떤 이론적 근거를 내놓은 것도 아니다. 그리고는 현행 교과서 비판만으로는 약하다고 생각했는지 스스로 새 역사 교과서를 만든다는 방침을 세워 《국민의 역사》를 집필하기에 이른 것이다.[23]

---

22) 예를 들어 '새 역사 교과서'는 '대동아전쟁'이 서구의 침략에 대항한 '자존자위'(自存自衛)를 위한 전쟁이었고, 대동아회의 또한 대서양헌장에 대항하기 위한 것이라내며 "일본은 미국과 영국에 선전포고하고, 이 전쟁은 '자존자위'를 위한 전쟁이라고 선언했다. 일본정부는 이 전쟁을 대동아전쟁이라고 명명했다.……일본의 서전 승리는 동남아시아와 인도 사람들에게 독립에 대한 꿈과 용기를 키웠다. 동남아시아에서 일본군의 저돌적인 진격은 현지 사람들의 협조가 있어야 가능한 일이었다.……회의에서는 연합국의 대서양헌장에 대항하여 대동아공동선언이 발표되고 각국의 자주독립, 상호제휴에 의한 경제발전, 인종차별 철폐를 강조했다. 이 회의 이후 일본은 구미세력을 배제한 아시아인에 의한 '대동아공영권'의 건설을 전쟁의 명목으로 보다 확실하게 내세우게 되었다.……일본의 남방진출은 원래 자원 획득을 목적으로 한 것이었지만, 아시아 각국에서 시작된 독립의 움직임을 촉발시키는 하나의 계기도 되었다"(『歷史』, pp.204~207)고 주장하고 있다.

23) 《국민의 역사》에 대한 비판은「教科書に眞實と自由を」, 連絡會編, 『徹底批判「國民の歷史」』, 大月書店, 2000. 참조.

4. '자유주의사관' 그룹의 역사관

'자유주의사관' 그룹은 등장과 함께 1990년대 중반부터 세력을 모아 2000년 이후 독자적인 일본사 교과서를 만들겠다고 공언했는데, 그 내력은 역시 전후 반세기에 걸친 사회 추이 속에서 일본인의 정치의식과 역사관을 고찰할 필요가 있다.

일본인들은 일본 직후 1945년부터 1950년대에 걸쳐 전쟁과 패배의 근본 원인을 일본 사회가 안고 있던 '반봉건제'와 '봉건유제'를 극복할 수 없었던 후진성에서 찾았다. 즉 서구에 대한 경제력과 기술의 열세, 그리고 전쟁 과정에서 표출된 군부 독주와 천황제적인 인명 경시 풍조 등 사회적인 후진성에 대한 자각이 폭넓게 이루어졌다. 일본 국민이 전후 민주주의적 개혁을 받아들인 것도 점령 당국의 강압적인 개혁 정책 추진 때문만이 아니라, 생활 실감에 의거한 국민 의식의 개혁이 절실하게 요구되었기 때문이었을 것이다.

이 시기 많은 일본인들은 아시아 태평양전쟁에 대해서도 일본의 조선 식민지화와 중국 침략을 자성해야 한다는 이해를 공유했다. 그러나 1948년부터 표면화된 미소 냉전 속에서 점령정책이 급격히 변화하기 시작했다. 이 시기부터 많은 일본인들은 침략전쟁에 대한 반성이 모호해지면서 구미 열강에 의한 전쟁 피해자라는 기억에 사로잡히고 말았다. 아시아 민중에 대한 가해자로서의 인식은 실제 감각에서는 물론 이론적으로도 심화되지 못했다. 일본인은 가해자가 아니라 피해자라는 인식만 팽배해졌다.

일본의 국민의식을 크게 변화시키게 된 것은 한국전쟁 특수를 기반으로 이룩된 고도경제성장이었다. 1960년대의 고도경제성장으로 인해 이제 일본은 선진국의 일원이 되었다. '경제대국'이라는 인식이 안팎으로 확산되었다. 전전의 '반봉건적 후진성'은 극복되었으며, 메이지 이후 '문명개화'라는 기치 아래 "서구를 따라 잡겠다"는 목표가 달성되었다고 자화자찬하기에 이르렀다. 스스로 '전후는 끝났다'고 선언하기에 이르렀다. 아시아 개발도상국 출신 유학생들도 일본을 자국의 경제적인 성공모델로 상정하는 경우가 많았다.

한편 1960년대 후반부터 1970년대에 걸쳐 '전후 역사학'에 대한 비판적 검토가 활발해 지면서 다양한 각도에서 일본 사회를 바라보게 되었다. '전후 민주주의'와 '전후 역사학'이 비판적 검토 대상이었다. '전후 민주주의'의 재검토와 더불어 태평양전쟁에서의 일본의 가해자적 측면이 본격적으로 검토되고 이와 관련된 사실의 발굴과 그 의미를 묻는 작업이 활발해졌다. 일본의 타이완 · 한국 식민지 지배의 실태, 아시아 태평양전쟁시의 난징 대학살과 731부대의 인체 실험, 군대위안부 등 전쟁 범죄적 사실의 해명 등이 그 대표적인 테마였다. 더불어 오키나와와 아이누 등 일본 본토로부터 차별을 받는 약자나 소수민족에 대한 역사적 연구도 활발해졌다.[24)]

일본 사회 · 역사에 대한 관심과 연구는 이렇게 양극 분화되어 각자의 색깔을 나타내었다. 하나는 '근대의 달성'을 낙천적으로 받아들여 역사 속에서 '일본의 성공과 자신감'을 찾아내려는 방향이다. 또 하나는 일본의 근·현대사에서 잊을 수 없는, 결코 잊어서는 안 되는 '부'(負)의 측면을 인식함으로써 앞으로의 역사 전개와 과제를 찾아내려는 방향이다. 전자의 뿌리에서 싹튼 '자유주의사관'은 후자의 사관을 '자학사관'이라 비난하고 나선 것이다.

---

24) 일본사학사에 대해서는 나가하라 게이지 지음 · 하종문 옮김, 『20세기 일본의 역사학』, 삼천리, 2011. 참조.

그 사이 1965년에는 이에나가 사부로(家永三郞)가 '교과서 검정 소송'을 제기했고, 일본사 연구자 · 교육자의 지원 활동이 폭넓게 전개되었다. 이들은 국가가 교과서의 세세한 부분까지 간섭, 검정하여 학문 · 사상 · 교육의 자유를 침해하고, 정치와 권력으로부터 독립되어 이루어져야 할 교육의 내면까지 지배하려는 데 위기감을 느끼고 이를 저지해야만 한다는 문제의식을 공유하고 있었다.[25)]

'교과서 재판'은 32년에 걸쳐 원고 이에나가씨와 그를 지원하는 역사학 · 법률학 · 교육학 등 수많은 연구자 · 교육자 · 변호사 · 시민 등이 양심을 건 싸움으로 이어졌다. 최고재판소에까지 이어진 긴 재판 기간 중에, 국가의 규정에 따라 몇 번인가 교과서 개정이 시행되었지만, 많은 일본 역사 교과서는 '난징 대학살', '731부대', '군대위안부' 등 중요한 전쟁 범죄를 차츰 새롭게 거론했다. 일부 보수 정치가와 기업인들은 교과서에 '어두운 부분'만 부각시켜, 국가를 사랑하는 마음을 키우지 못하게 되는 것은 아니냐는 우려의 목소리를 드높였다. '어두운 부분'이란 지금까지 은폐되거나 제대로 연구되지 않았던 부분을 말하는 것으로, 전쟁의 본질과 일본의 전쟁책임 · 평화와 관련된 중요한 문제이다. 자국사 인식을 둘러싼 양극 분화와 대립은 1970년대 말부터 1980년대 초반에 걸쳐 한층 심각한 상황을 맞게 된다.

일본 역사 교과서 내용의 왜곡은 집필자 등의 노력과 시민의 높은 관심 덕분에 차츰 개선되었다. '어둡다', '자학적이다'라고 공격하는 입

---

25) 이에나가의 교과서 재판에 대해서는 家永三郞, 『教科書裁判』, 日本評論社, 1981 ; 家永三郞, 『「密室」檢定の記錄―80年代家永日本史の檢定』, 名著刊行會, 1993 ; 家永三郞, 『家永三郞對談集-教科書裁判の30年』, 民衆社, 1995 ; 허동현, 「이에나가 사부로와 교과서 재판의 역사적 의의」, 『한국민족운동사연구』49, 2006 등을 참조.

장에서 본다면 상황은 한층 '나빠졌다'고 말할 수 있다. 1970년대 후반부터 위기감을 느낀 자민당은 '공산당과 일본 교직원 노동조합 계열의 2, 3류 학자들이 만들어낸 교과서'라는 공격을 개시했다. 정권을 담당하는 정당이 전면에 등장하여 1981년도 교과서 검정에서는 이른바 '침략-진출 문제'를 불러일으켰다. 역사적 사실의 정확성을 왜곡시키고 '어두운' 기술을 제거하려 한 것이다.[26)]

이에 대해 교과서 집필자는 물론 매스미디어도 비판적이었다. 특히 1982년에는 한국과 중국 등 아시아로부터의 항의도 거세졌다. 역사적 사실을 숨기거나 왜곡하는 것은 우호와 교류의 기초를 파괴하는 것이기 때문이었다. 한국에서는 이 때 전 국민의 성금을 모아 독립기념관을 건립했을 정도였다. 보수당 정치가 중에는 내정간섭이라고 반발하는 사람도 없지 않았지만, 결국 검정 기준에 '주변 국가를 배려'하는 항목을 추가하여, 이후 '침략'이라는 어휘를 사용하지 않거나 침략 행위와 전쟁 범죄 사실을 은폐·왜곡시키는 강제적인 검정은 하지 않겠다는 양보를 얻어냈다.

그러나 이것이 일본 위정자들이 국가 권력의 개입이나 소위 '어두운' 사실의 은폐를 잘못으로 인정했음을 의미하는 것은 아니다. '주변 국가에 대한 배려'라는 말 자체가 시사하듯이 표면적으로만 물러섰을 뿐이었다. 일본 각료들의 망언은 연례행사처럼 되풀이되는 것이 그 사실을 반증한다.

1986년, '일본을 지키는 국민회의'(日本を守る國民會議, 현재의 일본회의)라는 개헌파 민족주의 그룹이 《신편 일본사》(新編日本史, 原書房) 교과서를 편집·발행했다. 거기에는 ① 일본 전통문화의 흐

---

26) 이에 대해서는 일본교과서바로잡기운동본부 편, 『글로벌화와 인권·교과서』, 역사비평사, 2003 ; 이신철, 앞의 책, 2007 등을 참조.

름과 특색을 존중한다. ② 천황에 관한 역사적 기술을 중시한다. ③ 국가로서 자주 독립의 정신이 중요하다는 것을 이해시켜 대외 관계를 중시한다. ④ 고대사에서는 신화를 통해 고대인의 사상을 명확히 한다. ⑤ 근 · 현대사에서 전쟁과 관련된 부분을 객관적으로 기술한다는 항목들을 편집 방침으로 내세웠다.[27] 이것만 보더라도 국가주의적인 색채가 농후하지만, 내용의 기술이 역사적 사실을 무시하거나 왜곡한 부분이 많아 교과서로 거의 채용되지 못했다.

《신편 일본사》의 편집 방침은 니시오 간지의 《국민의 역사》에 그대로 계승된 것으로 보인다. 《국민의 역사》는 '대동아전쟁'에서의 개전 책임의 '6~7할'은 미국 측에 있다, 일본이 정말로 진 것은 '전후의 전쟁'이다, '전후의 전쟁'이란 일본인의 상식화된 '태평양전쟁관'과 이를 포함한 근 · 현대 일본의 역사는 미국 중심적인 견해의 강요이고 그것이 일본 역사 교과서에도 강렬한 영향을 주고 있다, 이것이야말로 전후 정보전쟁에서의 일본의 패배이자 미국의 승리를 말하는 것이라고 주장한다. 즉 1999년 10월 《국민의 역사》를 발간하기에 이른 1990년대 '자유주의사관' 그룹의 논리는 1980년대의 '일본을 지키는 국민회의'의 주장을 상당 부분 그대로 계승하고 있음을 다시 확인할 수 있다.

이처럼 1980년대에 교과서검정에 대한 국제적 비판, 그에 따른 일본 정부의 일정한 양보가 있었음에도 불구하고, 일본의 국가주의적 역사관은 한층 강화되는 경향을 띠고 있다. 이미 1970년대 이후 전쟁 · 패전을 체험한 전후 1세대의 퇴장과 함께, '어두운' 과거를 모르는 '경제대국' 세대가 주역으로 등장했다. "언제까지 전쟁책임과 전쟁범죄만

---

27) 日本を守る國民會議 編,『新編日本史のすべて-新しい日本史教科書の創造へ』, 原書房, 1987.

을 문제 삼을 것인가, '사죄 외교'의 반복은 이제 그만 두어야한다, 우리가 책임질 일이 아니다"같은 국민감정이 차츰 강화되었다. '자유주의사관'은 '일본을 지키는 국민회의'의 《신편 일본사》의 실패를 기반으로, 자신들은 '대동아전쟁 긍정파'가 아니라고 공언하며 '자유주의'라는 매혹적인 깃발을 휘날리며 등장한 것이다.

맺음말

2000년 12월 8일부터 10일에 걸쳐 일본 도쿄에서는 '일본군 성 노예제를 심판하는 여성 국제 전범 법정'이 개최되었다. '군대위안부' 범죄의 피해자와 지원단체로부터의 고발 혹은 국제인권위원회가 여러 번에 걸쳐 권고한 '책임자 처벌'을 거부해 온 일본 정부에 대항하여 '군대위안부' 범죄의 책임자를 명확히 밝히기 위한 모의법정이었다. 한국, 북한, 중국, 타이완, 필리핀, 인도네시아의 민간단체들이 구미 법률 전문가들과 협력하여 국제법정을 개최한다는 것, 더욱이 대개 여성 주도로 이루어진다는 점에서 큰 의의가 있다.

'여성 국제 전범 법정'에서 남북한 위안부 할머니 31명은 20만 명의 여성을 성 노예로 전쟁에 동원한 혐의로 히로히토(裕仁) 전 일본 천왕 등 전범(戰犯) 8명을 고소했다. 국제 형사법을 과거에까지 소급시켜 적용할 수 없다는 이유로 줄곧 책임을 부인해 온 일본에 대해 동아시아 민중 공통의 '보편적 정의'를 추구하는 계기가 될 것이다. 1967년에 열린 소위 '러셀 법정'은 베트남 전쟁에서의 미국의 '침략'과 '전쟁범죄'를 심판했다. 이것 또한 법적 실효성이 없는 상징적인 재판에 불과했지만, 이 법정의 의장이었던 사르트르는 당시 어떠한 권력으로부터도 지지를 받지 못한다는 사실이 역으로 러셀 법정의 '보편성'과 '정당성'을 보증하는 것이라고 선언했다. '여성 국제 전범 법정' 역시 국가나 국제기관 등 법적 권력과는 관계없이 민간인에 의한 상징적인 법정이므로 법적 실효성은 갖지 않는다. 하지만 '군대위안부' 범죄에 대해 동아시아 국가들 사이에 공통적인 '정의'의 척도를 형성하려는 시도라는 점에서 말 그대로 획기적이라 평가할 수 있다.

또한 2001년 4월에 네덜란드 헤이그에서 열린 '2000년 일본군 성노예 전범 국제 여성 법정'에서도 일본에 대해 유죄를 선고하고 피해자들에 대한 배상을 요구했다. 이 법정은 일본 내에서는 물론 국제사회에서 일본군 성노예제도에 대한 처벌이 전혀 없어 민간 차원에서 이를 처벌하기 위해 구성된 것이다. 이 법정은 가브리엘 커크 맥도널드 전 구 유고전범법정 수석판사가 재판장을 맡았다. 맥도널드 판사는 총 240쪽 분량의 판결문에서 "위안부 제도는 일본 정부와 군대에 의해 입안 · 설치되었다"고 규정하여 일본의 전쟁 범죄 사실을 확인했다.

맥도널드 판사는 이어 "위안부 문제에 대한 책임은 지난 세월동안 관련자를 처벌하지 않고, 공식적으로 충분하게 사과하지 않으면서 배상도 하지 않은 일본 정부에게 있다"고 판결했다. 법정은 일본 정부 관리들이 위안부의 동원이라는 불법적인 행위를 알고 있었거나 또는 알았어야만 했던 위치에 있었으나 이를 중단시키지 않았기 때문에 범죄의 책임이 일본 정부에 있다고 지적했다. 법정은 특히 연합국 측과 유엔이 일본에 대해 과오를 자백하도록 압력을 행사하지 않은데 대해서도 비판했다. 우리들은 이들의 모습을 통해 새로이 대두되는 네오내셔널리스트의 현주소를 절감할 수 있을 것이다.

역사의 부정적 측면을 서술한다는 것은 결코 '자학사관'이 아니다.

독일의 역사 교과서에는 나치즘의 범죄나 비인도적 행위에 관해 상세히 서술하고 있다. 하지만 독일의 학생들은 과거의 잘못을 솔직히 배움으로써 자유와 인권의 국가 현대 독일을 수립할 수 있었다. 또 역사를 기술하는 일에 아무리 공정을 기한다 하더라도 집필자의 현재의 가치관이나 세계관으로부터 이탈할 수 없다. 오히려 현재의 가치기준으로 역사를 객관적으로 검증하기 때문에 역사를 배우는 것이 미래를 개척하는 것으로 연결된다. 왜곡된 교과서의 이데올로기, 그것에 영향을 받은 대중의 감정적인 동의는 결국 일본의 보수화나 군사적 재구축화로 이어지리라는 사실은 명약관화하다. 최근 일본이 직면한 위기를 '비상식적'인 방식으로 회피하려는 움직임을 고려할 때, 전쟁책임문제를 둘러싼 올바른 역사인식의 중요성을 절감한다.*

---

* 이 논문은 「일본의 전쟁책임 문제와 네오내셔널리즘」(『아시아문화연구』 29, 2013, 3)을 수정한 것임.

【참고문헌】

개번 매코백, 「일본 '자유주의사관'의 정체」, 『창작과 비평』98, 1997.
김봉식, 「'자유주의사관'에 대한 일고찰」, 『일본학연보』9, 2000.
송기호, 『동아시아의 역사분쟁』, 솔, 2007.
신주백, 「일본 우익 역사교과서의 교사용지도서에 나타난 역사인식-아시아 태평양전쟁관, 인간관, 미래관을 중심으로-」, 『동방학지』127, 2004.
이규수, 「일본 중학교 교과서의 '보통 일본인' 만들기」, 『아시아연구』8-2, 2006.
이신철, 『한일 근현대 역사논쟁』, 선인, 2007.
이안 부루마 지음·최은봉 옮김, 『근대 일본』, 을유문화사, 2004.
이찬희·임상선·윤휘탁, 『동아시아의 역사분쟁』, 동재, 2006.
이충호, 「일본의 교과서 검정과 중학교 역사교과서 왜곡-후소샤(扶桑社)를 중심으로」, 『실학사상연구』19·20, 2001.
일본교과서바로잡기운동본부 편, 『글로벌화와 인권 · 교과서』, 역사비평사, 2003.
정재정, 「횡행하는 국가전략적 역사교육론의 망령-역사교과서 비판과 '자유주의사관'」, 『일본의 논리』, 현음사, 1998.
정진성, 「일본의 신민족주의운동」, 『국제지역연구』가을호, 1998.
한상일, 「자유주의사관」, 『일본 지식인과 한국-한국관의 원형과 변형』, 오름, 2000.
허동현, 「이에나가 사부로와 교과서 재판의 역사적 의의」, 『한국민족운동사연구』49, 2006.
후지나가 다케시, 「현대 일본 반동세력의 한국사 인식-일본형 역사수정주의가 등장하기까지-」, 『역사비평』44, 1998.
VAWW-NETジャパン編, 『ここまでひどい! 「つくる會」歷史 · 公民教科書-女性蔑視 · 歷史歪曲 · 國家主義批判』, 明石書店, 2001.
「教科書に眞實と自由を」連絡會編, 『徹底批判 「國民の歷史」』, 大月書店, 2000.
ユルゲン · オースタハメル 著 · 石井良 譯, 『植民地主義とは何か』, 論創社, 2005.

家永三郎,『「密室」檢定の記錄—80年代家永日本史の檢定』, 名著刊行會, 1993.
________,『家永三郎對談集-教科書裁判の30年』, 民衆社, 1995.
________,『教科書裁判』, 日本評論社, 1981.
廣渡淸吾,『二つの戰後社會と法の間-日本とドイツ』, 大藏省印刷局, 1990.
吉田裕,『日本人の戰爭観-戰後史のなかの變容』, 岩波書店 1995.
大沼保昭,『戰爭責任論序說-「平和に對する罪」の形成過程におけるイデオロギ-性と拘束性』, 東京大學出版會, 1975.
大嶽秀夫,『二つの戰後-ドイツと日本』, 日本放送出版協會, 1992.
大野英二,「ドイツにおける難民問題と庇護政策」,『思想』822, 1992.
________,「西ドイツの外國人と外國人政策」,『社會科學研究』41-6, 1990.
________,「外國人受け入れの法的論理」,『外國人勞動者-現狀から論理へ』, 弘文堂, 1992.
________,『ドイツ問題と民族問題』, 未來社, 1994.
東京裁判ハンドブック編輯委員會編,『東京裁判ハンドブック』, 青木書店, 1989.
福山秀夫,『平和運動原論』, 学習の友社, 1997.
上杉聰·君島和彦·越田稜·高嶋伸欣著, 『「つくる會」教科書はこう讀む!-隠された問題点の数々』, 明石書店, 2005.
上杉聰·君島和彦·越田稜 · 高嶋伸欣著,『いらない!「神の國」歷史·公民教科書』, 明石書店, 2001.
石井明·朱建榮·添谷芳秀·林曉光編,『記錄と考證 日中國交正常化 · 日中平和友好條約締結交涉』, 岩波書店, 2003.
石川真澄·山口二郎,『戰後日本政治史』, 岩波書店, 2010.
的場敏博,『戰後日本政黨政治史論』, ミネルヴァ書房, 2012.
小森陽一·坂本義和·安丸良夫編,『歷史教科書何が問題か-徹底檢証Q&A』, 岩波書店, 2001.
小田實編,『ベ平連』, 三一書房, 1969.
粟屋憲太郎, 吉田裕編, 『國制檢察局(IPS)尋問調書 全52卷』, 日本圖書センター, 1993.
粟屋憲太郎,『東京裁判への道 上·下』, 講談社, 2006.

__________, 『東京裁判論』, 大月書店, 1989.
__________, 『未決の戰爭責任』, 柏書房, 1994.
__________, 『資料日本現代史2 敗戰直後の政治と社會①』, 大月書店, 1980.
粟屋憲太郎他著, 『徹底検證 昭和天皇「獨白錄」』, 大月書店, 1991.
粟屋憲太郎・三島憲一・望田幸男・田中宏・広渡清吾・山口定, 『戰爭責任・戰後責任-日本とドイツはどう違うか』, 朝日新聞社, 1994.
安田治, 「戰後平和運動の特質と當面する課題」, 渡邊治・後藤道夫編, 『講座現代日本 4 日本社會の對抗と構想』, 大月書店, 1997.
岩田規久男・宮川努編, 『失われた10年の眞因は何か』, 東洋經濟新報社, 2003.
永原慶二, 『歷史教科書をどうつくるか』, 岩波書店, 2001.
外村大, 『朝鮮人强制連行』, 岩波書店, 2012.
子どもと教科書全國ネット21編, 『教科書攻撃のウソを斬る-新しい歷史教科書をつくる會」がねらうもの』, 青木書店, 2001.
前田朗, 『人道に對する罪ーグローバル市民社會が裁く』, 青木書店, 2009.
清水正義, 『「人道に対する罪」の誕生』, 丸善プラネット, 2011.
田中宏, 『在日外國人-法の壁, 心の溝』, 岩波書店, 1995.
井関正久, 『ドイツを變えた六八年運動』, 白水社, 2005.
井上正也, 『日中國交正常化の政治史』, 名古屋大學出版會, 2010.
佐藤健生, 「ナチズムの過去と戰後ドイツ」, 『史海(東京學藝大學史學會)』38, 1991.
中村政則, 『戰後史』, 岩波書店, 2005.
村上龍 NHKスペシャル, 『村上龍失われた10年を問う』, NHK出版, 2000.
俵義文, 『徹底検証あぶない教科書-「戰爭ができる國」をめざす「つくる會」の實態』, 學習の友社, 2001.
和仁廉夫, 『歷史教科書とアジア-歪曲への反駁』, 社會評論社, 2001.
和田進, 『戰後日本の平和意識 - 暮らしの中の憲法』, 青木書店, 1997.
荒井信一, 『戰爭責任論-現代史からの問い』, 岩波書店, 1995.

<부 록>

日本近代における軍神像の変遷

山室建德

はじめに　物語としての歴史

「サア・ウォルタア・ロオレイが、或る日、窓から街の出来事を眺めてゐた。暫くして他の目撃者がまるで違つて同じ出来事を報告したのを読み、書いてゐた歴史の原稿を焼いて了つた。　この有名な逸話も、だぼ沙魚［はぜ］をしやくつてゐる歴史家には、気違ひ染みた笑話に過ぎまいが、彼の驚きや悲しみは全く健康であります」(小林秀雄「歴史と文学」)。[1)]

小林秀雄はここで、歴史叙述を断念したサー・ウォルター・ローリー(Sir Walter Raleighを現在の日本では普通こう表記する)の「驚きや悲しみは全く健康」だと共感しています。私も同じ思いを持ちます。自分にはたしかにこう見えた事柄も、他人からはまったく異なって見えてしまうのは、よくある事です。しかも、史料として後世に残るのは、多種多様だったであろう目撃談の中のごく僅かです。ローリーと同様に日々の生活の中で気づいて良い事柄なのに、後世の

1)『小林秀雄全集』第七巻（新潮社，平成十三年）二〇四頁

我々は目の前の史料と過去の真実との乖離にあまりにも鈍感ではないでしょうか。そもそも、この逸話をローリー自身が読んだら、実際とは違うと反論したかも知れません。この文章自体もあくまで「逸話」であって、「真実」とはほど遠い可能性がないとはいえないのです。

「歴史の真実」というものが確固として実在し、それを人々が正しく把握したり歪曲したりするのではありません。客観的な「真実」は起きた瞬間に消え去り、永遠に闇の中に葬られてしまいます。「歴史」とはすべて、目撃者が主観的に再構成した情報に依っています。手がかりのほとんどは、特定の書き手の記憶を文字化した記録の中にしかありません。映像や音声の記録があったとしても、それはごく限られた時間に特別の視点から録画・録音された場景に過ぎないのです。記録として残されたのは、実際に起きた出来事の中のごく僅かについての偏った見方だけです。ほとんどの事態は、記録すらされないのです。

それゆえ、私自身も小林秀雄が描いたローリーと同じように、「真実の歴史」を語ることは断念せざるを得ないと思っています。史料をたくさん集めれば歴史の真相に近づけると思い込むのでは、「だぼ沙魚をしやくつてゐる歴史家」になるだけです。しかし、ローリーとは異なり、歴史叙述そのものを諦めようとは思いません。断念していないのは、「他の目撃者がまるで違つて同じ出来事を報告したのを読」むというレベルで、歴史を振り返ることです。文章となった世界、情報化された空間を、独立した領域と意識して見続けたい。それが虚構に過ぎないとして歴史探究を放棄するのではなく、当時の人々がそうとらえたいと思った物語、見たつもりのいきさつを探ってみたい。現実に起きた出来事を直接見聞はできないが、そこに当時の人々の意識という光が投影されて、その光によって紙の上に映し出された影絵を見極めたいのです。

それでは、そんな「真実」とはほど遠い「歴史」を振り返ることに、どんな意味があるというのでしょうか。そこから、このような歴史があったと信じている（少なくとも信じていると見られたい）人間がいたという事実だけは明らかにできます。そこには、回想録のように個人が振り返る歴史の場合も、『聖書』のようにキリスト教という同じ宗教を信じる者が共有する歴史もあるでしょう。そしてここでは、同じ言葉や文化を持つ日本という国の「歴史」を考えてみたいわけです。端から見て正しかろうが間違っていようが、共通の記憶を持つことで人々は結束します。身近な例を出せば、家族がその典型です。父母が、伴侶が、子供がなぜかけがえのない存在なのか。その理由ははっきりしています。大切な思い出つまり「歴史」をたくさん共有しているからです。同様に、共通の歴史を経験することで、国民としてのまとまりが形作られます。このため、同じオリンピックのフィギアスケート競技でも、キムヨナの活躍を応援するか、浅田真央のがんばりに感動するか、国が異なれば違う出来事に見えてくるのです。

このようにして歴史を見る場合、日記や手紙あるいは機密文書のように、同時代にはごくわずかな読み手しかいなかった特殊な史料よりも、新聞や雑誌のように多数の読者を抱えたありふれた材料の方が大切になります。より多くの国民に理解され共感されることを期待して、文章が書かれているからです。そして、今日の国民の多くがオリンピックをテレビで見るように、過去の国民は戦争を新聞・雑誌などを通して知りました。前線の将兵を除いて、大多数の日本国民は、昭和二十年〔一九四五〕三月十日以降本格化する無差別空襲が始まるまで、戦争を直接経験しませんでした。 戦争はマスメディアの情報を通して、イメージするものだったのです。その意味でも新聞雑誌は重要な史料です。通常の歴史分析では、珍しい史料の方が重視されますが、ここではそうではありません。また、事の真相よりも過去の日本人が何を考え、どう感じていたかの解明が中心となります。したがって、同時代には秘密であった史料を駆使し、対立しあう勢力の内部動向を同時に把握できるという、後世になって初めて可能な視点から歴史を見るというやり方も、ここでは取りません。このような観点から、日本国民の歴史物語として 「軍神」という問題を考えてみたいと思います。

一　鏡としての軍神

今日の日本ではほとんど忘れ去られていますが、敗戦以前の日本では　「軍神」として多くの日本国民から賞賛を浴びた軍人がいました。これらの軍神は、軍部や政府の認定によって誕生したわけではありません。新聞や雑誌で期せずしてそう呼ばれるようになるのが通例です。最初に軍神となった廣瀬武夫の伝記には、「此の尊号は人々が集つて評議して贈つたので無く、所謂天の声則ち天の命であるから、永久に伝へらるゝものであらう」[2]と書かれています。軍神を顕彰する人びとにとっても、軍神に選ばれた基準が何なのかは、はっきりして

2) 井田麟鹿編『七生報国廣瀬中佐』,(廣瀬家, 昭和三年) 三頁

いなかったわけです。

ここでいう「天の声」の意味を考える上で、興味深い記述があります。アメリカとの戦いで日本側が劣勢に追い込まれた昭和十八年［一九四三］に、ある学生が書いた小説の構想です。彼は後に山田風太郎という著名な小説家になります。この年の五月にアッツ島で玉砕した部隊が、「山崎軍神部隊」と呼ばれるようになったのを聞いた彼は、次のようなあらすじを八月末の日記に記しています。

山崎部隊は全滅したが、「もし不幸、重傷を受けたが死に至らず、人事不省のまま捕虜となった者があったら如何」。「彼らは敵の厳重な監視下に自決の器具なく、やむなく恥じて、舌をかんで続々死ぬ。その中に、例えば一山崎部隊長その人がいたとしたら如何。彼もまた舌をかみ切ったが、敵軍医に発見されてついに死するを得ず、本国に送られる。悶々の捕虜生活。やがて日米血闘の数年去って両国間に和議が成り、その身柄は日本に送還されることになる。」しかし、「捕虜収容所を脱走。一牧師にかくまわれてさらに数年。ようやく旅費を得て、望郷の志にたえずしてひそかに祖国の土を踏む。志操全く衰えて、ただ日本の山河の中にひそかにその晩年をゆだねようとするのである。」

昭和三十ロ年、山崎部隊長の墓の前に茫然としてたたずむ一老人があった。「香煙たえず、その日もまた墓前に泣く少女あり、瞳をかがやかせる少年あり。児童らにその殉忠を訓す老教師あり。ああ、彼はすでに日本の師表となり、英雄となり、神となり、讃仰の的となっているのである。」「苦悶と自嘲と寂寥」が交錯する中、終日そこに立ちつづけた彼は、ついに自決を決意する。「殉忠山崎中将は、昭和十八年五月二十九日より永遠に日本国民の胸に生きている。その幻影をみずから砕くに忍びない。」「その翌朝、参拝した敬虔の一日本人は、墓前にくびれた老醜の一塊を見た。そのからだは醜かったが、顔にはしずかな微笑が残っていた。」新聞には、次のような三面記事が小さく載った。「住所姓名不明の一老人が、軍神の墓の前で縊死していた。おそらく自分の人生と軍神の死との差に絶望したからであろう」。[3)]

ここに描かれた世界は、軍神という存在を考える上で大切な手がかりを与えてくれます。軍神とは、日本国民の胸の中に生きる栄光であり歴史です。実態はこうであったというような説明で、打ち砕けるような「幻影」ではありません。軍神の実像と彼らを軍神に仕立てた陰の原動力を求めて、表に現れた虚像を次々に剥いでいっても、何も出てこないでしょう。これから見ていくように、軍当局の仕掛けで軍神が作られたとは言い切れません。軍神は、戦場の真相を覆い隠し国民を戦争へ駆り立てるための、権力者の小道具に過ぎなかったと決めつける人がいるならば、その人の考え自体が、日本が敗戦した後に作られた「幻影」に過ぎないといえるでしょう。主役は軍神そのものではなく、軍神と同じ時代を生きた日本国民です。軍神は、彼らの「幻影」によって息を吹き込まれた存在なのです。そうだとすれば、軍神を鏡にして、戦争に敗北する前の日本の国民意識を照らし出すことも可能となるでしょう。

軍神には三つの類型があります。一つ目は最前線の指揮官として戦死した佐官級の将校です。彼らは部下思いの行動を取って戦死した立派な人格の持ち主として尊敬されました。第二は、戦争の帰趨を左右

3)『戦中派虫けら日記』(ちくま文庫、一九九八年)二三五一二三七頁

するような大きな作戦を指導したことで有名になった将軍たちです。三番目は昭和期になって登場する新しいタイプの軍神です。彼らは集団で自分の命と引き替えに作戦を遂行した若者でした。以下順を追って説明をします。

二　部下に慕われた高潔な指揮官

廣瀬武夫中佐

明治三十七年［一九〇四］二月に始まった日露戦役は、海上での戦いから始まりました。しかし、すぐにロシアの艦隊は、鞏固な要塞に守られた旅順港に立てこもってしまいます。これに対して日本海軍は旅順港の入口が地形的に狭くなっているため、夜陰に乗じて老朽船を沈没させ、ロシア艦隊を封じ込める作戦をとります。二月二十四日未明に五隻の船によって、この作戦が決行されました。しかし、ロシア側に発見されて砲撃を受けたために、目的を達する前に船は沈没・座礁してしまいました。その概況と船に乗り込んだ七十七名の階級氏名が、二十七日に公表されました。この頃はまだ本格的な衝突は起きておらず、戦死者の数はさほど多くはありませんでした。そのために、閉塞作戦に限らず、実戦に参加した将卒の一人一人の経歴や活躍ぶりが、こと細かく紹介されるような状態にありました。そのなかでも、閉塞作戦がとりわけて紙面を大きく割かれたのです。敵に反撃するすべを持たぬままに、ロシア軍の目の前まで行くという大胆な作戦にこそ、日本人が世界に誇るべき特質が、もっとも良く体現されているとみなされたからでした。たとえば『国民新聞』は「閉塞隊の大胆なる行動は、我が武士的精神を、事実上に発揮し、我が国民的性格の最も精華ある部分を表彰して遺憾なきもの」と述べ、「我が国民が、衷心感謝の情を以て、世界の列国が、嘆賞の念を以て、此の快報を迎ゆるもの、決して其故無しとせざるなり」といいます。それゆえ、結果は予期通りでなくても、「此の一挙、以て敵を気死せしむるに足る」と評価しています。[4]

この作戦で沈められることになっていた五隻の船には、将校が一人（中佐一名、少佐一名、大尉二名、中尉一名）づつ指揮官として乗り込んでいました。その中でも総指揮をとる当時四十四歳の有馬良橘中佐と副指揮者格である三十七歳の廣瀬武夫少佐はとりわけ注目され、彼らの経歴や人となりが雑誌記事の恰好の題材となっています。特に廣瀬については、謹厳実直な軍人というよりも、多くの人から愛される快活な好男子であることを彷彿とさせる逸話が数多く紹介されています。彼は一躍全国に知られる人気のある有名人になったのです。

それから一月後の三月二十九日二回目の旅順閉塞作戦の結果が各紙で発表されました。その中で、廣瀬中佐(戦死により昇進)が、行方不明となった部下の杉野兵曹長を、船内を三度まわって探索したが発見できず、ボートに乗り移った時に敵弾に当って戦死したことが報告されています。「中佐は平時に於ても常に軍人の亀鑑たるのみならず、其最後に於ても万世不滅の好鑑を残せるものと謂ふべし」という

---

4)『国民新聞』明治三十七年二月二十九日

のが、そこでの評価です。

この著名人の戦死に、新聞や雑誌は紙面を大きく割きました。特に目覚ましい活躍をしたとはいえないのに、どこが注目されたのでしょうか。『東京朝日新聞』には「軍神廣瀬中佐」という見出しが掲げられ、「殊に其戦死は、其部下の一人を救はんとするがために起りたり。部下の一人の死を見るよりも、自ら進んで之に死せり。…中佐が日本武士の魂はこれぞと示したる其行為其死、是既に日本に対する大功なり」[5] と記されています。あるいは、閉塞隊の任務が「既に大勇者に非れば能はず」なのに、廣瀬の行動はそのような「勇に加ふるに仁を以てするもの」[6]とも受けとめられています。つまり、軍人としての戦功よりも、「日本武士の魂」や「仁」を示したと捉えられたために、廣瀬の死は大きな反響を巻き起こしたのです。

廣瀬中佐の霊柩は各地で多数の出迎えを受け、四月十三日に東京で盛大な葬儀が営まれました。葬列は「各戸弔旗を掲し其沿道に人垣つくり一里余の両側を埋に埋たる人々」に見送られています。葬列の勇士たちが「其繕はぬ面に包みがたき悲痛の色を浮めて、胸轟かすべき軍楽の哀譜の中を粛々として進行くさまは、実に崇高の極悲壮の限にして、かかる葬列は東京市民が多く見るを得ざりし処、況んや軍国の民此『軍神』とまで慕ふの人の葬式に於て之を見る、むべなり往々感極て稠人［多くの人］の中に涙を拭ふ髯男の多りし事や」[7]という光景が広がります。式場でも、「満場寂として婦人席より嗚咽の声のみ高かりき」[8]という有様でした。

---

5)『東京朝日新聞』明治三十七年三月三十日
6)『讀賣新聞』明治三十七年四月二日
7)『東京朝日新聞』明治三十七年四月十四日
8)『万朝報』明治三十七年四月十四日

こうして近代日本で最初の軍神が誕生しました。その特徴は、軍人として特に輝かしい活躍をしたわけではないところにあります。したがって、戦意や敵愾心を昂揚させるような効果を全く伴いません。優れた人格の持ち主である指揮官が、部下を深く思いやりながら死んでいったことに泣くという物語なのです。

橘周太中佐

日本の陸軍は四月二十九日以降南満洲への進攻を始め、旅順を除く遼東半島を占領します。そして、奉天の南方にある遼陽平野に展開していたロシア軍の主力と、一大決戦を行う作戦を八月下旬から開始しました。日露両軍あわせて三十五万人もの将兵が衝突したこの会戦の結果、日本軍はかろうじて遼陽を占領しますが、力を温存したまま北上したロシア軍を追撃する力はありませんでした。日本側の死傷者だけで約二万四千名（内戦死者五五五七名）にも及ぶような大戦争を、日本はこれまで経験したことがありませんでした。新聞の紙面は戦死した将兵の経歴や人となりを描いた記事で、連日埋められるようになります。 こうした悲痛な気分が広がっていた中で、廣瀬中佐に次ぐ二人目の軍神が登場します。遼陽の手前にあった首山堡のロシア軍防御陣地で繰り広げられた攻防戦を指揮して、八月三十一日に四十歳で戦死した橘周太少佐(死後中佐に進級)です。

彼の場合、廣瀬中佐のように死後直ちに軍神と呼ばれたわけではありません。旅順口閉塞作戦に従事した軍人は数十名に過ぎず、その全員の氏名が新聞に掲載されるなど、注目を浴びる存在でした。これに対して、遼陽会戦は遙かに大規模な戦いであり、橘中佐はその中の一将校に過ぎませんでした。その彼を賞賛する記事が、九月九日以降主な新聞に一斉に載せられるようになります。橘の人となりを紹介するのは、彼と特に親しかったという教育総監部参謀柚原完蔵少佐です。「彼の軍神と称へらるゝ廣瀬海軍中佐は、其の最後の勇壮なりしが為のみにあらで、其の平素に在つて敬仰すべき事の多かりしを以て人の欣慕を受くること深し、この橘少佐も亦其の平生の性行洵に嘆美すべきもの多く、恰も陸軍に於ける廣瀬中佐ならんと思考せらる」と、柚原は言います。これをきっかけに、橘中佐の模範的な軍人ぶりや、部下に慕われながら戦死したいきさつが、詳しく紹介した記事が載るようになります。そこでは、橘は廣瀬と比較されていますが、廣瀬とは異なり、橘に対する国民的な反響は特に見られませんでした。橘の場合は、海軍への対抗心から陸軍からも「軍神」を出したいという陸軍の意向が働いたように見えます。

しかし、やがて海軍の廣瀬に対する陸軍の軍神として、橘の名は広く浸透していくことになります。その最大の媒体となったのは、小学校の国定教科書でした。おそらく陸軍と海軍とは対等に扱わなければならないというバランス感覚が、橘を廣瀬と並ぶ軍神に仕立てたのでしょう。彼らの物語は、敵に打ち勝つ景気の良いものではなく、苛烈な攻撃を受けて死んでゆく指揮官の話です。戦意昂揚につながるような明るい英雄譚ではなく、苦難と涙に縁取られた死出の旅の物語です。その中に、日本人のあるべき姿が見出されて、それが後世の日本人にも共感を呼び起こし、二人は軍神として定着したといえるでしょう。橘が軍神となったのが陸軍主導によるとしても、やはり日本国民が好むキャラクターが選ばれたのです。

銅像建設

近代日本最初の軍神となった廣瀬への熱狂は、彼の事蹟を末永く後世に伝えなければならないという気運を盛り上げました。伝記類や銅像がいくつか造られましたが、最も著名なのは、東京万世橋に建てられた銅像です。 海軍兵学校で廣瀬と同期生だった財部彪(当時は大本営参謀)らが中心となって、戦死から六年後に完成させています。台座の高さ七・三メートル、銅像の身長三・六メートルという堂々たる像でした。[9] この銅像は昭和二十二年〔一九四七〕に撤去されますが、それまでは東京の名所の一つでした。

また、橘周太の銅像も大正八年二月に二体作られ、彼が校長を務めた名古屋陸軍幼年学校と郷里である長崎県の山の上に安置されました。[10]

ここで興味を惹かれるのは、軍神廣瀬や橘を後世に伝える最も良い手段が銅像建立だと考えられた点です。この当時はまだ神社を建立しようとは誰も考えていませんし、碑文の類よりも銅像だと思われました。本人の姿を忠実に再現した銅像を、屋外に置くことが重要だと意識されたのです。公共の場に歴史を思い返させる手がかりとして巨大な銅像を据え置くというやり方は、明治以降に西欧から導入されたばかりの方法です。それ以前の日本では、詩碑や歌碑などが縁のある土地に建てられることはあっても、人の形をした像が立てられることはありませんでした。俗人の像が全く作られなかった訳ではありませ

9)『報知新聞』明治四十三年五月二十九日

10) 江崎惇『遼陽城頭夜は開けて』(スポニチ出版, 昭和五十六年) 二一二一二一三頁

んが、それを公衆の面前に置くという伝統は存在しません。広く一般の人びとの眼にふれるものとして作られた彫塑は、仏像のような宗教関係にほぼ限定されていました。神道ではそのような伝統はありませんでしたが、大陸から伝来した様式を受け継いだ仏教では、仏像や仁王像のような超人間的な存在が彫刻となっていました。

つまり、明治になってから偉人の銅像が造られるようになったのは、西欧文明の影響を受けて、日本社会の中で個人の存在が、その人の風貌と結びついて強く意識されるようになったことの表れだともいえるでしょう。軍神という存在は、そうした新しい自意識と結びついて定着していきました。

三　現代史を象徴する将軍

乃木希典の殉死

明治四十五年［一九一二］七月に薨去した明治天皇の霊柩が、宮城を出発したのは九月十三日の夜のことです。先頭から最後までが通過するまでに一時間半もかかったという大葬列でした。その夜は東京の青山で大喪の儀を行い、翌日未明に御陵となる京都桃山に向けて出発する手はずになっていました。日本中が近代国家建設の父ともいうべき天皇の葬列に思いを寄せていたこの夜に、乃木希典とその夫人は自宅で自決しました。乃木希典は日露戦役で、多大の犠牲者を出しながら旅順を攻略した将軍として有名でした。乃木夫妻が明治天皇に殉死したことは、その夜の内に新聞の号外によって報じられます。

この報道は人々の間に大きな驚きを呼び起こしています。奥保鞏元帥は、これを伝えた副官に対して「そんな馬鹿なことがあるものか」と一言の下に叱咤しましたが、詳細を伝えられると「顔色眞青となり平素沈着の元帥も全く喪心の体」になってしまったといいます。[11] 翌十四日早朝、政友会代議士だった「野田大塊［宇太郎］子は顔を洗つて居

ると、丁度八百屋の小僧が来て『乃木さんは昨晩自殺した相です』と云つたので、『何を馬鹿な事』と矢庭に拳骨を一つ喰はして追ひ払つたが、小僧は大に憤慨して店へ帰つて、号外を持つて来て突付けた」[12]といいます。後世の日本人は、何の驚きもなく乃木希典の殉死を歴史の一こまとして、当たり前に受けとめています。しかし、これを初めて知った同時代の人間にとっては、他人から話として聞くだけではとても信じがたい、意想外の出来事でした。

明治天皇の下で文明開化を成し遂げたこの日本では、殉死など遠い昔に廃れた出来事であり、よもや高位高官の中から古式に則り切腹する者が出るなどとは、誰にも想像できない事態でした。それゆえ、「すべての人は、すさまじい電光にでも打たれたかの如く、愕然として、今尚深い驚きの裡に沈んでゐる。将軍の自殺が与へた深い刺激の何ものであるかは、今尚不可思議なヴェールに包まれてゐる」[13]という状態が、しばらくは続いたのです。人々を不意に襲ったこの衝撃に、どのような説明が与えられて日本社会に受け容れられ

---

11)『東京日日新聞』大正元年九月十四日号外

12)『報知新聞』大正元年九月十七日

13)『太陽』大正元年十月

てゆくのか、先はまったく見えていませんでした。

寺内正毅朝鮮総督は「大将が　明治天皇の崩御に当つて覚悟の自殺をして果てた心事に至りては、誠に立派なもので大に同情すべきに拘はらず、世間或は大将の自殺に対して種々揣摩憶測を逞しうして、精神錯乱の結果とか何んとかいふ愚説をする者あらば、誠に言語道断と謂はねばならぬ」[14] と発言しています。乃木の自決が「精神錯乱の結果」などと貶められるのではないかと危惧したわけです。豊島陽藏陸軍中将のように、「将軍の薨去に対して、種々の想像を挟み之に議論批評を加ふるが如きは最も不可にして、宜しく其死因動機等は一切之を国民の判断に一任すべきものなり」と述べる将軍もいました。[15] 政府なり言論界なりが勝手な憶測で議論をしては、かえって乃木の死をおとしめることになるから、世論全体の判断を黙って受け容れるしかないと考えたのです。これから、乃木の死がどう評価されるようになるのか、誰にも先は見えていませんでした。こうした発言は、身内から殉死者を出した陸軍高官たちの間で、驚きと困惑が広がっていたことをうかがわせます。

実際、乃木の殉死に批判的な論説も、当初は登場しました。 たとえば、『信濃毎日新聞』主筆の桐生悠々が書いた「陋習打破論」(九月十九日~二十一日) は、「一般にもし殉死を善事とし、随ってこれを奨励し、随ってこれを実現せしむれば、君主の崩御とともに国家の功臣はことごとく死んで了わねばならぬ」といいます。さらに、「一国文教の源泉」である文部省が沈黙を保っているのも、殉死を容認できないためだとして、「満腔の同情」を捧げています。しかし、こう

14)『国民新聞』大正元年九月十六日
15)『万朝報』大正元年九月十六日

した乃木に批判的な記事には、読者から強い抗議が寄せられました。これに対して、『信濃毎日新聞』の九月二十七日付社説「丁髷時代に逆戻」は、「憲法政治は輿論の政治である」にもかかわらず、「維新の際の遺物」である元老や「藩閥」が、「世が大正と一変するや［中略］ムクムク頭を擡げ出して来た」ことを嘆いています。なぜそうなつたかといえば、「一人でも藩閥が減れば減るほど帝国々民の為には大利益である。然るに拘らず、世論は藩閥の減つたことを大に悲んで居る、常識を逸した悲み方と賞め方をして居る」からだと言います。名指しこそ避けられていますが、長州出身の乃木の死を指していることは明らかです。「輿論の政治」を支えるはずの国民が思い通りに動かないことに、桐生は憤りを持ち続けてましたが、これ以降はこの問題に発言しなくなります。

こうして、「乃木大将夫妻の自殺に付ては、最早や論評する必要もないやうなものだ、一二異論を挟んだ者もあつたやうだが、天下の公論に圧せられて、今では挙国一様に、其の悲壮なる最期に同情してをる」[16]という状態が現出します。陸軍首脳は乃木批判が起きることを危惧していただけでしたし、文部省は沈黙を守っていました。乃木の死に対する熱狂は、あきらかに国民の側から盛り上がってきたのでした。このため、当初は批判的な記事を載せた新聞も、乃木を賞賛する記事しか出さなくなります。しかし、誰も予期していなかったが讃美すべき乃木の殉死に、どんな意義を見出せば良いのかについて、新聞雑誌ではさまざまな議論が繰り広げられていきます。

当初よく言われたのは、武士道の現れと見る議論です。日本社会

16)『読売新聞』社説大正元年九月十八日

に深く侵入した「堕落の傾向」を、武士道の精神が変えられることを、乃木大将は自決によって提起したという主張です。[17] しかし、桐生悠々が既に指摘しているように、そうだとすると、乃木以外の人間はなぜ乃木に続かないのかという問題が出てきます。そのため、乃木だけは例外的な徳を持つ人格であったとか、理窟を越えて感動的な行いであったという説明が登場します。しかし、死ななくても何の問題もない人間が自決するという行為を、生きている側がそのまま是認することはできないでしょう。乃木大将の殉死から当時の人々が受けた感銘を、論理的に説明することは至難でした。

乃木大将の殉死をめぐる議論を見ると、論者が強く意識している問題があります。それは、欧米諸国の評価であり、それを手がかりに欧米と日本とを比較するという観点です。当時の日本人には、非西欧世界で唯一西欧近代文明の導入に成功したという自負心と、それが日本の伝統を破壊しているという危機感を共に抱えていました。日本人の固有性とは何かを常に思い返さずにはいられなかったのです。それが、この問題にも大きな影を落としていました。

桐生悠々は、先に紹介した「陋習打破論」の中で、自殺を非とする「西洋人の説に賛成して、日本人の旧思想、旧倫理的思想に反対せざるを得」ないといいます。これとは反対に、肯定的な評価をする西欧諸国の新聞があることを「吾人の意想外」と述べ、このように「反響甚大」であるところに「大将の死の権威」を見ようとする者もいました。[18] こうした議論から、欧米から殉死は野蛮だと非難されることを内心恐れていたが、そうではなかったことに安堵している姿を

---

17) たとえば,『日本及日本人』大正元年十月一日別冊
18)『日本及日本人』大正元年十月一日

推測できるでしょう。自決を否定するにしても、肯定するにしても、欧米での議論が大きな拠り所になっているわけです。

他方で、乃木の自決にこそ日本の独自性を見出そうとする議論も多くありました。「外人側では乃木将軍の自殺が未だ腑に落ちぬらしい、又実際それが早速了解出来る位なら、ステッセルは降参もしなかつたらう、日本人は不可解な人間であるとは今もなほ外人一般の輿論らしい、併かし之れが却つて日本人の強い所以であるから、何も骨折つて理解して貰はうとする必要もあるまい」[19]といった論法です。一方で欧米の規準を取り入れながら、他方で日本人としてのアイデンティティを模索するという、日本が近代化＝西欧化する過程で常に直面した問題が、ここにも登場しています。

この記事に登場するステッセルとは、乃木希典が日露戦役で攻略した旅順要塞の司令官です。このように、乃木はやはり日露戦役と深く結びついた人物でした。当時の日本で日露戦役を代表する将軍といえば、海軍の東郷平八郎と陸軍の乃木希典でした。東郷は海軍の全艦船を結集させた聯合艦隊司令長官として、海軍の作戦部隊の頂点にいました。これに対して、陸軍部隊の頂点にいたのは、五軍からなる満洲派遣軍の司令官だった大山巖です。乃木希典は大山の下にある第三軍の指揮官に過ぎません。しかし、大山ではなく、乃木が陸軍を代表する将軍と見られました。これは、長期にわたって苦戦を強いられ、莫大な死者を出した旅順攻略戦を乃木が指揮したためです。東郷が日本海海戦の大勝利を導いた日露戦役の喜びを結びついた名将軍だったのに対して、乃木は悲しみを象徴する存在だったのです。

19)『読売新聞』大正元年九月二十二日

明治天皇の霊柩車に供奉した高官の一人衆議院議長大岡育造は、「大将は旅順の戦争で沢山の人を殺したので、常に父兄に済まぬと云つて居られたから、今度死なれたのも多分恁［こう］云ふ事が自殺の原因になつたのであらう、其他に別に深い原因とてもあるまい」と語っています。これに対して軍事参議官大島義昌大将は「自分もさう思ふ、さう云ふ事から明治天皇に殉ずる事にもなつたのであらう」と応じています。[20] 乃木の自決を聞いて真っ先に思い返されるのは、旅順の犠牲者だという人が実は一番多かったようです。

この当時の日本にとって、白人キリスト教の大国ロシアと戦って勝利を収めたことは、大きな誇りでした。これで日本は世界の一等国になったと信じていました。同時に十万人近くの戦死者を出したことは、深い傷となっていました。乃木希典は、日露戦役があったがために、陸軍大将にまで上り詰め著名な軍人になりましたが、旅順攻略で多くの犠牲者を出し、二人の子息を戦場で失ってもいます。そうした人物が、現代日本の基礎を形作った明治天皇の跡を追って自らの生涯を終えたところに、日本社会が深い感動を示したといえるでしょう。

このため、新聞や雑誌に寄稿するインテリだけではなく、一般庶民もこのできごとに大きな関心を示します。それは、九月十八日に行われた夫妻の葬儀の際に一気に表に現れました。参列者数は五、六万人と予想されていましたが、実際にはこれをはるかに上回り、「葬に会するもの廿万人／人臣として空前の盛儀」[21] といわれる葬儀になったのです。葬列の様子について、興味深い証言を一つだけ紹介

20）『報知新聞』大正元年九月十六日
21）『万朝報』大正元年九月十九日

しておきましょう。乃木の子息たちの幼なじみであり、夫妻と晩年まで交際があったため、親戚に準じた扱いで葬列に加わった長谷川正道の回想です。

「青山斎場に至る間の両側は人垣を以て埋め、前方の数列は土下座し十重二十重に群集は無慮二十万洵に前代未聞の光景であった。やがて進み来る将軍の霊柩を拝した群衆は敬虔なる態度を以て迎へ厳粛なる気持に粛として声なく、霊柩を見送る眼には、奇代の忠臣のその遺骸に対し最後の別れを致さんとする姿が反映して居り、筆者の胸を打つた最も尊き感激であつた。然るに次いで来れる夫人の柩、その間三十歩、その柩を見た瞬間に群衆の態姿は一変し敬慕、愛惜、悉くが涙であつた、合掌礼拝するもの、感極つて嗚咽するもの、涙を拭ふもの、土下座せる老媼は地に顔を摺り付けて慟哭する有様、沿道の総べてがそれであつた。

棺側にあつてこの光景を見つゝ進む筆者は、一つ一つ胸に迫る衝動に、抑へんとして抑へ兼ぬる涙が次ぎから次ぎへと込みあげて来る、漸く堪へてその場を通り過ぎると、又新たなる同じ感激の場面に遭遇する、遂に我慢し切れずに涙は頬に伝つて落ちて来る。それを無理に堪らへんとする苦しさは今日尚忘れ兼ねる筆者が一生の尊き感激であつた」。[22]

葬列を迎えた群集は、将軍の霊柩に「敬虔なる態度」を示したのに対して、夫人の柩には一変して「悉くが涙で」迎えたといいます。しかも、葬列が進むにつれて、沿道の人々が次々に同じような反応を示すことに、長谷川は深い感動を覚えています。当時の人々にとっ

22) 長谷川正道『敬仰乃木将軍』宮越太陽堂書房, 昭和十七年) 三三七一三四〇頁

て、夫と運命をともにした靜子夫人が大きな存在感を持っていたようなのです。乃木一人の自決ならば、それは遠くに仰ぎ見る偉人の悲劇的な最期という話に止まります。しかし、それだけではなく、二人の愛児を戦争で喪った夫妻がともに自決することで、乃木家が終焉するという家族の物語となりました。夫に黙ってつき従った妻の存在が、とりわけ女性にこの出来事をより身近に、より悲痛に感じさせたのでしょう。

神社創建

乃木の場合、廣瀬や橘のように銅像は建設されず、神社が創建されました。神社が出来ることで、乃木希典は文字通り軍神となったわけです。 東京の旧乃木邸の隣に鎮座された神社を始め、日本全国の乃木に縁があった場所合計六カ所に乃木神社が、大正五年［一九一六］から昭和八年［一九三三］にかけて創建されています。[23] なぜ銅像ではなく神社造営の気運が高まったのでしょうか。 それは、乃木が跡を追った明治天皇を記念するやり方と重なり合ったためと考えられます。明治天皇の場合も、個人の姿を生々しく再現するという、元来日本の伝統にはなかった銅像ではなく、神宮創建がふさわしいと考えられました。このために、大正九年［一九二〇］に明治神宮が創建されています。明治天皇第一の忠臣もそれに準ずるべきだと意識されたのでしょう。ちなみに、個人を神として祀り、その個人名を冠した神社が出来たのは、この時からです。

また、廣瀬や橘は戦死者だから靖國神社に祀られましたが、乃木

23）乃木神社ホームページ

は靖國神社に入ることはできません。さらに、乃木の殉死によって乃木家は断絶していました。 乃木とその一族の霊は、直接国民が祀る以外にはあり得ないと一般に考えられたのでしょう。

昭和に入ると、廣瀬武夫と橘周太を祀る神社をそれぞれの出身地に創建する申請が出されますが、各地に作られた乃木神社に影響された面もあるように思えます。また、昭和に入ると、十一月三日の明治天皇誕生日が明治節という祝日となり、陸海軍記念日の式典が大規模になるなど、栄光の明治を盛大に祝おうとする動きが出てきます。その偉大な時代に活躍した軍神を、彼らの生まれ育った郷里で祭礼したいという意識が、地元に芽生えたのではないでしょうか。

廣瀬神社は、日露戦役戦捷三十周年に当る昭和十年［一九三五］五月に鎮座されています。興味深いことに、かつて銅像建設を熱心に進めた廣瀬の同期生財部彪大将は、この時神社創建に水をさすような発言をしています。彼は、「一体人間が神様になると云ふのは、人間が之れを拵へてさう云ふことをやつても到底駄目である」といいます。 単に彼一人がそう思うだけではなく、兵学校の 「同窓生の間でも段々研究して」「皆の意見が一致」したとのことです。その結果、かつて東京でも神社創建の話があったが、「どうも人が強ひて神様を作ると云ふやうな感じがしてならなかつた」ために、これを退けたといいます。 それゆえ、竹田町の関係者が神社創建の話を持ってきたときも、神様に祀ることは 「自然に出来るものであつて人が拵へるべきものでない、若し失敗するやうな事があれば故人の徳を毀けるものである」といって反対しています。しかし、その関係者は独力でもやり遂げると決意を示し、遂に廣瀬神社の創建が実現した。「其の経緯を考へてみますと、廣瀬中佐の事蹟と云ふものは、日本国民の各個人の心の琴線に触れるものが多少あつたものと思はれます」と財部は見ます。結局、「吾々は?々神社創建に水をさして来たが、今日遂にかうした立派な神社が建られた事は無理のない極めて自然的な成行であると思ふ」と述べています。[24]

銅像を造るのは、西洋伝来の偉人顕彰のやり方です。ここまでは、財部も当然やるべきことだと考えました。しかし、廣瀬を文字通り神様として祀ることには、廣瀬の人となりをよく知る財部を始めとする同窓生は、強い抵抗感をいだきました。そして、あえて鎮座祭というめでたい場で、このように述べたのは、廣瀬が日本の神様の一員になることに、まだ違和感があったからなのでしょう。廣瀬を郷土が生んだ英雄と敬う人々を核にして、彼を神に祭り上げようとする動きがわき上がり、財部がいだいたような懸念を押し切って神社が造られたのです。

こうして、日本を世界有数の大国にさせた日露戦役の英雄は、神社に祭られるのが当然であるという意識が、昭和期の日本社会に拡がっていきます。すでに、乃木希典と廣瀬武夫の神社があるのですから、東郷平八郎と橘周太も神社が造られるのは必然でした。昭和九年［一九三四］に亡くなった東郷は、晩年に神社を建てたいという話を聞いて、「なにッ、わしを神様にするのか！もってのほかでごわす」[25]と断ったといいますが、もはや本人の意志など問題ではありませんでした。紀元二千六百年にあたる昭和十五年［一九四〇］、東郷神社は東京原宿に、橘神社は橘の郷里長崎県千々石町に鎮座されています。

このように昭和期に入ると、軍神に対する扱い方が大きく変わっ

24）『豊州新報』昭和十年五月二十四日
25）佐藤国雄『東郷平八郎元帥の晩年』（朝日新聞社，一九九〇年）二三五頁

てきましたが、それと同時に、新しい形の軍神が注目を浴びるようにもなります。年長の将校が部下を思いつつ死んでいくではなく、若者が集団で作戦成功のために進んで命を捧げるというパターンです。その先駆けとなった爆弾三勇士を、次に見てゆきます。

四　作戦に命を捧げた若者たち

爆弾三勇士への熱狂

昭和六年［一九三一］九月十八日に勃発した満洲事変は、翌年に入ると上海に飛び火し、二月には同地に派遣された日本陸軍と中国第十九路軍との間で激しい戦闘が行われました。戦況が連日報じられる中で、二月二十四日の新聞各紙は、我が身を犠牲にして敵の防禦線突破を図った三名の工兵、江下武二、北川丞、作江伊之助各一等兵の活躍を大きく報じました。『東京朝日新聞』によれば、頑強に張り巡らされた鉄条網に前進を阻止された時に、「わが工兵隊の工兵三名は鉄条網を破壊して敵陣の一角を切崩すため爆死して皇軍のために報ずべく、自ら死を志願し出たので、工兵隊長もその悲壮なる決心を涙ながらに『では国のために死んでくれ』と許したので、右三人は今生の別れを隊長始め戦友等に告げ身体一ぱいに爆弾を巻きつけ点火して『帝国万歳』と叫びつゝ飛だして行き深さ四メートルの鉄条網に向つて飛込んで直に壮烈無比なる戦死を遂げた、これがため鉄条網は壊れ大きな穴が出来敵の陣地の一部が破れ、これによつてわが軍はこゝより敵陣に突入するを得」たというのです。「この三工兵の鬼神をも泣かしめた爆死は往年の日露戦争における旅順港閉そく船の決死隊以上の悲壮の極みで万に一つの生還を期せず必ず死すの挙にして、これを聞いた師団長始め戦友等は涙を流して、その最期を弔ひ『帝国なほ亡びず』の感に打たれた」とも報じられています。点火した爆弾を身につけた三名の工兵が、一身を犠牲にして鉄条網を破壊したというのが、第一報の中身でした。三名からの志願を隊長が許可したこと、「万に一つの生還」も期していなかつた点で、旅順閉塞隊を上回る「悲壮の極み」であること、「帝国なほ亡びず」と感じ入った師団長以下の仲間が涙を流して弔ったことが、指摘されています。その後「肉弾三勇士」あるいは「爆弾三勇士」として喧伝されるようになった逸話の核心は、これらの点にありました。

満洲事変が始まってからの日本軍将兵の奮戦振りや戦死の様相を、マスメディアは連日大きく取り上げていました。たとえば、聯隊長という要職にありながら、圧倒的な数の敵に囲まれながら奮戦し、死んでいった古賀傳太郎中佐は、新聞報道だけではなく、映画が作られたり、ラジオで追悼講演が放送されたりしています。あるいは、大隊長の戦死として大々的に報じられた後、瀕死の重傷を負ったところを捕虜となっていたことが判明し、日本側に引き渡された二日後にピストル自殺を遂げた空閑昇少佐も著名でした。これを『読売新聞』(三月二十九日)は「上海事変最大の悲劇」と報じており、映画や芝居の題材になりました。三勇士もその一つとして報じられたのです。他にも数多くの将兵の戦死が美談として報じられましたが、その中では三勇士に対する国民の反響が圧倒的に大きかったのです。新聞報道からわずか一週間後には、三勇士を主人公にした四本の映画が封切られ、三月中だけでも他に八本が上映されています。また、新聞各紙は三勇士の歌を募集し、三月二十九日にはラジオでこれらが一斉に放送されています。また、舞台劇がラジオ中継されたりもしています。死ぬことが分っているのに、二十歳過ぎの平凡な若者が集団で作戦を遂行する姿を思い描いて、涙を流すというのが、多くの人々の反応でした。たとえば、三勇士の出身地にある高等女学校の生徒は次のように書いています。

「全然実に万に一つも生きる術、望みはないのですもの、此の強さを大和魂の発露だと云はぬ人はないでせう。［中略］是を或る方面から見たら無謀だとも狂的だとも見られませう。ですが其の場合そうせねばならぬ、或る偉大な何ものかの力が三勇士の身体に心に閃いたのでせう。［中略］生とし生ける者で一人として長命長寿を希はぬ者はありません。それを思ひきつた。こう云へば一口ですが、其の覚悟をするまでの本人の気持。三勇士が最後まで自己を問はずに偏に君国を思つた其の崇高な心根には誰でも涙なくして考へる人はありますまい。「鬼神も泣く」とは三勇士の行為に対してのみ適当だと考へられます。魂ある人はどんな人でも百人が百人、千人が千人、誰でも泣かぬ人はありません。涙を流さぬ人はありません。此の涙、あつい清い涙、これこそ私達の真情のシムボルとも云ふべきものです。感激の涙です。美しい涙です」。[26)]

廣瀬武夫や乃木希典の場合と同様に、本人の心持ちを思いやって

---

26) 江頭伊三太編『肉弾三勇士略伝』（長崎県北松浦郡教育会，昭和七年）九九頁

皆で涙を流すのが、日本の軍神でした。そして、日本国民が三勇士のような覚悟をすれば、難局は打開できるとみます。小学校六年の男子児童は「今又米国が日本に向つて戦争をしかけようとしてゐる、[中略] ばかりでなく場合によつては世界の強国全体を相手に戦はねばならぬ様になるかもしれぬ。そんな大問題が起つた場合には、吾々国民は老いも若きも此の三勇士の精神を以て精神とし、義勇奉公の実を挙げねばならぬ」[27] と覚悟します。先程とは別の高等女学校生徒も「あなたのやうな忠烈な軍人の居る日本は外国と戦つても必ず勝ちます。米国が何です。英国が何です。私達のかよはい腕でも日本は護ります」と健気な決意を披瀝しています。[28]

陸軍工兵の異議

しかし、このような三勇士像は、軍隊という組織のあり方から見て、大きな問題を抱えていました。このことを当時指摘したのが、陸軍築城部本部部員を務める陸軍工兵中佐小野一麻呂でした。彼は三勇士の戦死した過程を詳細に調査しました。そして、三勇士同様に点火した爆弾筒をかかえて走った兵士がもう一組いたこと、そして彼らは無事帰還したが、三勇士は途中で銃撃されいったん倒れたために、目標地点に着くのが遅くなり、爆死したと指摘します。「一組は悉く殪れてしまい、一組は皆健かである之れ全く天命と謂ふより外ない」[29] と彼は言います。つまり、間違いなく死ぬ作戦を、志願を

27) 同前，七九頁
28) 同前，八八頁
29) 小野一麻呂『爆弾三勇士の真相と其観察』（小野一麻呂，昭和七年）三二—三三頁

募って決行したわけでもないし、上官が強要したわけでもない。通常の作戦遂行を命令したところ、たまたま戦死者が出たに過ぎないと見ているのです。一般に広がった三勇士像において、上官の命令には絶対服従するという軍隊の常識が覆されている点に、彼は最も大きな違和感を持ちました。

「此の選に当つた勇士は各々決死隊の応募者である様に演劇、映画、文献に於て見たけれども予は甚だ不審とした所であつたのである。出征した軍隊は之れ悉く決死隊である。何ぞ其上に決死隊を募る要があらうか。出征する者も亦之を送る者も互に生還を期せない覚悟であるべき筈である。それだのに我が帝国軍隊が危険の任務に当るに際し一々志願を求めなければ之れに当るものがない様になつたならば国軍の破壊が近きに迫つた秋ではあるまいか。［中略］今回の破壊班に加はることが出来なかつた兵士や其の家族の人々が斯かゝる劇又は映画等を見たとしたならば何んと感ずるだらうか」。[30]

多くの人が三勇士の死に感動したのは、死ぬことが分っていたのに、作戦の成功のために進んで我が身を捧げた点にありました。しかし、上官の命令に従っただけだとすると、生きのびる可能性が皆無の行動を強要されたに過ぎなくなり、その上官はあまりにむごいとみられるでしょう。それゆえ、自らの志願という要素がどうしても必要となります。しかし、そうなると、上官に絶対服従する軍隊組織の原則に反することになります。同じ命令を受けた二組の内、一方が三勇士となり他方は無事生還しているのですから、上官は決して万死の

30）同前，十九一二〇頁

作戦を強制したわけではありません。 そう見ると、数多くの他の戦死者との違いはなくなり、三勇士だけを取り上げて、ここまで大騒ぎをする理由は見当たらなくなります。小野も三勇士を帝国軍人の典型と見るだけで、他の軍人とことなった資質を持つとはとらえません。それゆえ、彼は三勇士だけが称賛される理由を、「天の命ずる所に外ならない」としか説明できないのです。

このように、陸軍は極力正確な調査を行い、その結果を率直に公表しています。しかし、いったんはずみのついた世論は、最初に受けた衝撃と感激を、その後に得られた情報によって冷静に見直して修正しようとはしませんでした。言論界でも、勇士は三人に限らない、鉄条網を破壊する作戦に参加した全員の三十六勇士である、あるいはこの作戦で戦死した工兵七名と工兵隊から出たもう一人の戦死者を合わせて八勇士であるといった議論も登場しますが、三勇士というイメージが揺らぐことはありませんでした。つまり、「爆弾三勇士」とは、陸軍が戦意昂揚のために創り出したのではなく、国民が膨らませたイメージだったのです。

爆弾三勇士を顕彰する方法としては、廣瀬武夫らと同様に、銅像の建設というやり方が取られました。三勇士が所属していた工兵第十八大隊の所在地・福岡県久留米市に建てられたものと、東京芝の青松寺前のものの二つです。前者は久留米市長や久留米商工会議所会頭などが中心になって、後者は十名の貴族院議員が発起人になって、それぞれ寄附金を募って建立されています。[31] これまでの銅像と同じように、陸海軍は直接関与せず、民間主導で作られています。ちなみ

31) 國防義会編『爆弾三勇士』(同会, 昭和八年) 古川誠助編『肉弾三勇士銅像建設会報告』(同会, 昭和十一年)

に、工兵第十八大隊にも記念物が建設されました。三勇士を生んだ戦いで戦死した工兵八名の偉勲を伝えるための「上海事変爆破勇士記念塔」です。[32] つまり、工兵大隊としては、三勇士だけではなく同じ作戦で死んだ他の五名も、命と引き替えに鉄条網爆破を成功させた点で、同様な貢献をしたと判断していたわけです。

おわりに　軍神の三類型

爆弾三勇士の登場を以て、最初に掲げた軍神の三類型はすべて登場しました。以後何人もの軍神と呼ばれる軍人が出ますが、この三類型から大きく外れる例はありません。そこでそうした人々にも触れながら、近代日本の軍神たちの特徴と変遷について、まとめておきます。

軍神に共通するのは、戦いの最中なのに、心浮き立つ栄光の武勇談よりも、涙に縁取られた物語が好まれた点です。関心の焦点は、敵との戦いぶりよりも、戦死してゆく軍人自身の心持ちの方にありました。つまり、有能な軍人として、いかに大きな戦果を挙げたかという敵との関係よりも、涙ながらに語られる日本人自身の美質が注目を浴びたのです。中には、昭和十二年［一九三七］八月渡洋爆撃に参加し、中国揚州で撃墜された梅林孝次郎海軍中尉のように、炎に包まれた機上からハンカチを振りながら僚機に別れを告げただけで、国民の大反響を呼び、軍神と賞賛された例もあります。日本人は泣きながら戦争をしていたという感慨がわいてきます。大戦果をあげて、軍

---

32)『福岡日日新聞』昭和八年五月八日

神として崇められたのは、近代日本では、日本海海戦の東郷平八郎と真珠湾攻撃の山本五十六くらいでしょう。その山本五十六も、最後は搭乗機が撃墜されて戦死するという悲劇的な最期によって、軍神となりました。軍神とは、輝かしい勝利によって戦意を昂揚させる手だてとなるというよりも、涙によって日本人のすぐれた資質を確認する存在であり続けたのです。

大きな作戦の司令官を務め、その結果として軍神になった将軍には、旅順攻略をした乃木希典、先に挙げた東郷平八郎と山本五十六がいます。このうち、明治天皇に殉死することで、乃木が乃木神社に祀られて軍神となります。東郷は天寿を全うしたのですが、乃木と常に比較される存在だったために、神社に祀られる神となりました。山本も昭和十八年［一九四三］に戦死した後、神社創建の声もありましたが、戦時中故に巨大なコンクリート製の像が作られるにとどまりました。

次に廣瀬武夫や橘周太という明治の軍神と、爆弾三勇士という昭和の軍神の違いをまとめておきます。

廣瀬や橘が戦闘現場で部隊を指揮する立場にあったのに対して、三勇士は兵卒に過ぎません。現場の指揮官の役割は、状況に応じて適確な判断をするところにあります。これに対して、兵卒は上官の命令を忠実に実行する存在にすぎません。それゆえ、ある軍人の独自の判断をすばらしいと称賛するのは、指揮官に対してならば可能でしょうが、兵卒の場合はほとんどその余地はありません。三勇士の場合、この部分が一人歩きし、小野中佐が指摘するように、軍隊の原則からはずれたイメージが作られてしまいました。

明治の軍神の内、廣瀬と乃木は士族出身、橘は庄屋の家系という、どちらかといえばめぐまれた階層の出身で、将校を職業として選んでいます。そして、軍神となる前から、その人柄によって一目置かれる存在でした。最後に戦場の指揮官として、部下の前で至情あふれる行動をとって軍神となりましたが、意図して戦死したわけではありません。乃木は自決でしたが、旅順攻略戦で、自分の息子を含め多数の将兵を死なせた重荷を背負って死んでいったと、一般には解釈されました。彼らが自分の部下と強い絆を持って死んでいったことに、残された者は悲しみを深くかき立てられています。部下とのつながりは家族関係に擬せられ、中年以上の年齢であった彼らは、父親のように仰ぎ見られる存在でした。

これに対して、三勇士はみな戦死する前年の一月に徴兵によって入営したばかりの一等兵でした。生前には特に目立つところのなかったごく普通の青年たちです。そんな若者が三人一緒になって、これからという人生とひき替えに、目前の作戦を成功に導きました。そうした極限の自己犠牲が、人々の感動をさそったのです。そして、彼らの死後は母親たちが注目を浴び、立派な母親の良き息子たちとしてほめたたえられました。

中年以上の指揮官か若き兵卒か、個人か集団か、思いがけない死か作戦成功とひきかえの覚悟の戦死か、という違いが両者の間にはありました。こうした変化は偶然の産物だったのかも知れません。廣瀬も三勇士も戦争が始まった直後に登場し、戦いの最中にもかかわらず、多くの国民が泣きました。つまり、極論すれば人々は感動して泣くことができるような人格の登場を、無意識のうちに求めており、それがたまたま廣瀬であり、三勇士であったともいえるでしょう。

そこに時代意識の変化を読み取ろうとするならば、まだ、封建時代からの社会階層が厳然として残っていた明治期には、選ばれた立派な人物の崇高な行為を仰ぎ見るという視点が一般に好まれました。これに対して、江戸時代に生を享けたものがほとんど退場し、大衆社会化がすすんだ昭和初期には、ごく平凡な日本人が究極の自己犠牲を達成することの方に、より強く共感したという違いがあったのかも知れません。昭和七年という時点では、古賀聯隊長や空閑少佐よりも三勇士が好まれたのです。彼らは、もともと「豪傑偉人」の一員だったわけではなく、「私達と同じ棟続きに住む且つ同じものを食べてきた平凡な隣人である」。それゆえ、「隣の家から出た英雄」のような「驚きと親しみ」の両方を感じさせるという指摘[33]もありました。自分たちの仲間から登場した英雄という側面が、三勇士への共感を支える大切な要素だったのです。

変化の理由はこうなのだと断言することはできませんが、昭和の初めに三勇士という新しい軍神像を生み出したこと自体は、その後の歴史に大きな影響を与えました。明治の軍神たちの物語では、偉人を主役とする哀愁に満ちた話に人々は泣きましたが、そこから分りやすい教訓が得られるわけではありません。彼らの人格は容易にまねできるものではないからです。これに対して、三勇士は傑出した人格ではなく、具体的な行動によって注目を浴びました。国民は、自分たちと同じような普通の人間による究極の自己犠牲を目の当たりにして、涙を流しました。このような行動は日本人ならば誰にでも出来るはずである、三勇士の偉大さは、自らの決断でそれを実行に移

33)『婦人世界』昭和七年四月

した点にあると受けとめられました。

三勇士型の軍神が次に登場するのは、昭和十六年十二月の真珠湾攻撃の時です。特殊潜航艇で真珠湾に行き、全員が未帰還となった将兵が、「九軍神」となったのです。ちなみに、二人乗りの潜航艇五隻による作戦だったのですが、一人が初の米軍捕虜となったため、その詳細を公表しないままに、九軍神と称されました。当時「特別攻撃隊」と呼ばれた部隊によるこの作戦では、大型潜水艦が帰還のために待機していましたが、出撃前から戦死を覚悟しており、実際そうなったことが、大反響を呼んでいます。このように、三勇士から始まり九軍神に引き継がれた精神が、戦争末期の特攻作戦につながったといえるでしょう。*

本論文は, 拙著『軍神』(中公新書, 二〇〇七年) を基にして作成したものである。

* 이 논문은 2012년 9월에 출간한 『日本學研究』 37에 수록되었던 것을 그대로 전재한 것임.

学徒兵像の変容*

- 戦後日本における「戦争体験」の力学 -

福間良明

一九六九年五月二〇日、京都の立命館大学において、わだつみ像が破壊されるという事件が起きた。わだつみ像とは、戦没学徒[1]の遺稿集『きけ、わだつみのこえ』(東京大学組合出版部、一九四九年)にちなみ、反戦・平和を祈念して建てられたものである。全共闘系の学生が三人がかりで丸太のベンチを投げつけて像を倒し、周囲の学生たちは像の首に縄をかけて引きずり回した。

この出来事は社会的に大きな衝撃を与えた。全国紙でも大きく取り上げられた。学校法人立命館の理事会も、「粗暴な暴力学生の所業」と断罪した。

たしかに、破壊した学生たちをこう指弾することはたやすい。だが、破壊した学生を問責するだけでよいのだろうか。実際、マス・

*本論文は、檀国大学東洋学研究院主催の第17回研究課題学術シンポジウム(テーマ:「近代期日本の戦争と戦争責任」、2012年12月7日)において口頭発表した論文(「学徒兵像の変容と戦後日本 」)を改めたものである。

1) 戦時期および戦後の日本では,「学徒兵」は,大学・高等専門学校在学中(もしくは卒業後間もなく)出征した若者を指すものとして認識されてきた。本稿も同様の意味で「学徒兵」という語を用いることにする。

メディアはこぞって事件を非難した一方で、この出来事を高く評価する動きもみられた。『きけ わだつみのこえ』を契機に創設された反戦市民運動団体で、わだつみ像ともつながりが深い日本戦没学生記念会(わだつみ会)においてさえ、少なからず、像破壊を支持するむきが見られた。

だとしたら、考えるべきは、像破壊を行った学生の「先の戦争への無理解」「狂信的な暴力性」ではあるまい。むしろ、像破壊が引き起こされ、それが一定程度支持される社会背景はいかなるものであったのか。それこそを問わねばならない。

そこから浮かび上がるのは、戦後日本における学徒兵像の変容である。一九四九年に刊行された遺稿集『きけ、わだつみのこえ』は大ヒットし、戦没学徒は「反戦」「戦争批判」のシンボルとなった。だが、それから二〇年も経過すると、戦没学徒は新左翼系の学生にとって、憎悪の対象へと変わっていた。では、こうした変化はなぜ、生じたのか。そして、その後も含めて、戦後日本において、戦没学徒兵像はいかなる変化を辿ってきたのか。

本稿では、わだつみ像をめぐる言説史に焦点を当てながら、戦後日本の学徒兵像の変容プロセスを明らかにしていきたい。[2)]

2) 戦没学徒兵をめぐる言説変容については，拙著『「戦争体験」の戦後史』(中公新書，二〇〇九年)で詳述している。

一　「反戦」と教養

戦没学徒への共感

一九五三年、立命館大学広小路キャンパスにわだつみ像が建立された。日本戦没学生記念会の依頼で一九五〇年に完成したこの像は、もともと、東京大学構内での設置が意図されていた。しかし、大学に直接的な功績があった人物以外の像は設けないとの理由で、東京大学はこの像を受け取らなかった。その結果、この像は約三年の間、設置場所が見つからず、倉庫に入れられたままにされていた。そのことを耳にした法学者・末川博が、自らが総長を務めていた立命館大学で引き取ることを申し出た。わだつみ像が立命館大学に置かれたのは、こうした経緯による。

末川はもともと、京都帝国大学で教鞭をとっていた。しかし、一九三三年の滝川事件(思想弾圧により法学部教授・滝川幸辰が辞任に追い込まれた事件)に際し、抗議の意味を込めて、辞職していた。その自由主義的な姿勢もあって、末川は戦後の立命館の改革を託された。「平和と民主主義」という教学理念を掲げたのも、末川であった。

ちなみに、この像が設置されたのは、一二月八日、つまり、対米英戦の開戦の日であった。戦後日本では、玉音放送でポツダム宣言受諾が国民に伝えられた八月十五日が「終戦の日」とされているが、「戦争に敗けた日」ではなく、「戦争を始めた日」にあえて「反戦」を象徴する像を建立したところに、「戦争を引き起こしたことの責任」を捉え返そうとする意図がうかがえよう。

ここで押さえておくべきは、「反戦」の理念と知識人・教養との接点である。立命館では、わだつみ像建立式典の一環として、「不戦の誓い」と題した集会を行った。それは、著名な自由主義知識人であり大学総長の末川と教員・事務職員、そして学生たちがともに「不戦」「反戦」を考える場であった。これを契機に、毎年一二月八日に、大学総長出席のもと、「不戦の誓い」が行われるようになった。こうした空間から浮かび上がるのは、インテリや教養といったものと「反戦」が何の矛盾もなく接合していることである。

むろん、この集会は大学で行われるものであっただけに、教授陣と学生たちがともに「反戦」を語り合うことは、特に奇異には見えないかもしれない。だが、教養と「反戦」の結びつきは、何も大学キャ

わだつみ像建立を記念した「不戦の誓い」(立命館大学, 一九五三年一二月八日)
中央で演説しているのが, 立命館大学総長・末川博。

ンパスのなかに留まるものではなかった。むしろ、戦後初期の日本のメディア状況全般に広く見られることであった。そのことは、遺稿集『きけ、わだつみのこえ』の受容状況からもうかがうことができる。

「わだつみ」の殉教者効果

遺稿集『きけ、わだつみのこえ』は一九四九年十二月、東京大学協同組合出版部より刊行された。 これは、全国各地の大学・高等専門学校に在学の、もしくは卒業して間もない戦没将兵七五名の手記を集め、抜粋・編集したものである。そこには、戦争や軍隊のあり方に対する違和感が少なからず吐露されていた一方、哲学・文学・思想等への言及も多く、彼らが憧れ求めた学問を振り切ってまでも戦争に駆り出されなければならなかった悲哀が浮き彫りにされていた。この書物は、同年度のベストセラー第四位を記録する大ヒットになった。

版元の東京大学協同組合出版部は、のちに東京大学出版会へと改組されるが、当時は、東京大学の教員の講義録の印刷を請け負う小規模な組織でしかなかった。そこが同書の出版を手掛けたのには理由があった。東京大学協同組合出版部は、一九四七年に東京帝国大学に在学していた戦没学徒の遺稿集を編纂し、『はるかなる山河に』と題して刊行した。 初版は三〇〇〇部ほどであったが、同出版部の予想とは異なり、短期間で幾度も増刷を重ねる大ヒットになった。新聞をはじめ、さまざまなメディアでも書評類が取り上げられ、大きな反響を呼ぶ一方、別の大学の出身の戦没学徒の遺稿も交えた書物を編んでほしいとの声も、彼らの遺族から多く寄せられた。さまざまな大学・高等専門学校の戦没学徒の遺稿を収めた『きけ、わだつみのこえ』が東京大学協同組合出版部から出された背景には、こうした事情があった。

だが、それにしても、この書物はなぜ全国的なベストセラーになったのか。そもそも、当時の大学・高等専門学校進学率は、世代人口の二、三パーセントにすぎない。つまり、戦没学徒の体験は、戦没者全般を見渡して決して一般的なものではない。当然ながら、日記や手紙(それらは少なからず、軍内部の検閲を免れて遺族に手渡された)にカントやクローチェ、田辺元に言及する思考様式は、他の一般的な将兵にはほとんど見られなかった。だとすると、戦没学徒の体験や思索・煩悶は、決して、日本国民全般の戦争体験を代表するものではない。むしろ、それはごく限られた特殊な戦争体験でしかなかった。そうした体験が綴られた『きけ、わだつみのこえ』は、なぜ多くの国民の涙を誘う大ヒットとなったのか。

ひとつには、遺稿集に浮かび上がる「戦争への疑念」のようなものに対する社会的な共感があった。敗戦からまだ四年ほどしか経過しておらず、戦争の悲惨さ、肉親を失った悲しみ、経済的な生活苦は多くの国民が共有していた。かつ、冷戦構造が明確になり、資本主義圏と共産主義圏のあいだで戦争が勃発しかねないことが懸念されていた。ことに、一九四九年十月の中華人民共和国成立は、その緊張を高めることになった。翌年六月に朝鮮戦争が勃発すると、米軍基地が点在していた日本が再び戦火に巻き込まれる懸念が現実味を帯びるようになった。こうした社会情勢が、「反戦」「不戦」への思いを新たにさせるものとして、この遺稿集を受け入れた側面は否めない。

だが、それとともに見落とせないのは、人々の教養に対する憧憬である。旧制高校や大学のキャンパスでは、「歴史・哲学・思想の・文学の古典にふれることで人格を陶冶しなければならない」という教養主義の規範が多く見られた。だが、教養(的なるもの)への憧れは、一般庶民のあいだにもしばしば見られた。一九四六年に西田幾多郎全集が岩波書店から刊行された際、店頭に長蛇の列ができたことはよく知られている。西田哲学が多くの人々のあいだで理解されたとは思われないが、食糧すら事欠く時期において、近代日本を代表する哲学者の著作にふれたいという人々の心性を示唆するものではあろう。

一九四九年には人生雑誌『葦』(葦会)が創刊された。これは、経済的な事情で、高校・大学(新制)への進学がかなわなかったものの、「人生の意味」「真実の人生」を模索する青少年をターゲットにしていた。そこでは、読者の作文も多く掲載されたほか、柳田謙十郎、小田切秀雄といった同時代の著名知識人の論説も収載された。これらは決して難解な哲学・思想の古典を扱うものではなかったが、読書を通じた人格陶冶という点で、教養主義的な価値観を内面化していた。

人生雑誌は『葦』にとどまらず、一九五二年には、柳田謙十郎を中心に『人生手帖』が創刊され、一九五〇年代半ばには人生雑誌ブームが出現することとなった。

では、大学生のようなインテリ予備軍に限らず、一般庶民にも教養への憧憬のようなものが見られたのは、なぜだったのか。そこには、教養(主義)の殉教者効果があった。これについて、竹内洋は『教養主義の没落』(中公新書、二〇〇三年)のなかでこう指摘している。

旧制高校をはじめとする高等教育文化の解体や教養主義の衰微と軍国

『人生手帖』,『葦』表紙

主義の昂進は共変関係にあった。共変関係はしばしば因果関係に読み替えられやすい。高等教育文化の解体や教養主義やマルクス主義が抑圧されたがゆえにあの戦争があったのだ、教養主義やマルクス主義の復活こそ軍国主義にならないためのものである、と。高等教育や教養主義は、殉教者効果をもち、リバイバルに威光が増した。[3]

戦時期のマルクス主義・自由主義の弾圧により、大正期や昭和初期に見られた教養主義は衰退した。だが、戦後、教養主義は、殉教者としての威光をもって、戦後によみがえった。これは何も旧制高校や大学のみならず、一般庶民のあいだにも、教養(的なるもの)への憧憬が少なからず垣間見られた。

遺稿集『きけ、わだつみのこえ』が読まれた背後にも、こうした大

3) 竹内洋『教養主義の没落』中公新書，二〇〇三年，一九八頁。

衆的な心性があった。「学徒兵＝若きインテリ」に浮かび上がる教養の芳香は、人々にとって、それなりに香しいものであった。たしかに、学徒兵たちは、学歴・教養・読書経験の面で一般庶民から隔絶した存在ではあったが、彼らが身にまとう教養は、人々の憧憬の念を掻き立てた。

このことは、同書をもとにした映画『きけ、わだつみの声』(関川秀雄監督、東横、一九五〇年)にも明瞭に見て取ることができる。この映画には、東京帝国大学の助教授(フランス文学)の身分で徴兵された二等兵と、彼の教え子であった学徒将校が登場する。回想シーンとして、モンテーニュの原書講読の授業風景が映されるほか、映画のラスト近くでは、その学徒将校の死を前にして、彼と助教授はモンテーニュについて語り合う。

当時の大学進学率を考えると、一般庶民には縁遠い光景であり、見ようによってはペダンティックに思えなくもない。だが、映画は遺稿集との相乗効果も相まって、大ヒットを記録した。教養や知、インテリに対する庶民的な憧れをうかがうことができよう。

占領前後の連続と不連続

もっとも、立命館にわだつみ像が建立される時期になると、『きけ、わだつみのこえ』をめぐる状況には変化が見られるようになる。

一九五二年〇月、白鷗遺族会編『雲ながるる果てに』が刊行された。これは海軍飛行予備学生第十三期生の遺稿を集めたものであり、その多くが特攻隊員であった。

海軍飛行予備学生とは、大学卒業者を初級士官として戦闘機搭乗員を養成する機関である。したがって、『雲ながるる果てに』に収められた手記は、すべて学徒将兵のものであった。さらに言えば、『きけ、わだつみのこえ』に遺稿が収められた者の手記も一部、掲載されていた。だが、同じ戦没学徒の遺稿集ではあっても、『雲ながるる果てに』の編纂意図は『きけわだつみのこえ』とは異なっていた。同書の「発刊の言葉」には、次の文章が綴られていた。

戦後、戦歿学徒の手記として『きけわだつみのこえ』といふ本が刊行され、そしてそれが当時の日本の青年の気持の全部であつたかのやうな感じで迎へられ、多大の反響を呼んだのであります。

確かにあゝした気持の者も、数多い中には相当居つたことと思います。

しかしながら、それが一つの時代の風潮におもねるが如き一面からのみの戦争観、人生観のみを画き、そしてまた思想的に或いは政治的に利用されたかの風聞をきくに及んでは、「必死」の境地に肉親を失はれた遺家族の方々にとつては、同題名の映画の場合と同様に、余りにも悲惨なそれのみを真実とするには、余りにも呪はれた気持の中に放り出されたのではないかと思ひます。

勿論私達は現実を直視し、事実に眼をみひらくのにやぶさかではありません。それだけに、本当に紙一重の生活の中から生還した者達として、当時の散華して行かれた方々の気持はもつと坦々とした、もつと清純なものであつたことを信じて、これを世に訴へるべきだと思つたのであります。[4)]

彼ら第十三期の生存者や遺族が書籍・映画の『わだつみ』に見てい

4) 白鷗遺族会編『雲ながるる果てに』日本出版協同，一九五二年，二頁。

たものは、「一つの時代の風潮におもねるがごとき一面からのみの戦争観」であった。彼らは、「反戦」という戦後の価値観から過去を断罪することに、違和感を抱いたのであった。

この遺稿集は刊行されると、『きけわだつみのこえ』ほどではないにせよ、その売れ行きは良好だった。一九五二年七月中旬には、「週間ベスト・セラーズ」(一般向け書籍)で第六位を記録した。[5] そこで読者が評価したのは、「亡くなった人々の叫びを偽りなく出す」姿勢であった。たとえば、劇作家の三好十郎は、この書物について、「編集者が自分の観点によって取捨選択したり解説したりしないで、ただ素直に手記そのものを並べてあるのが良い」と評した。三好は、「わだつみ」に比べ「『雲ながるる』には戦争を肯定した手記が多い」ことを認めたうえで、「私自身の見聞と調査によれば、その数と度合いにおいて後者が多かった」と感じていた。それだけに、三好にとって、この遺稿集は、「『きけわだつみの声』を読んだ時よりも真実な感じがした」という。[6]

ここに浮かび上がるのは、「反戦」の政治主義への違和感であった。

折しも当時は、戦記ブームが高揚していた。GHQの占領下では、国家主義的な言説やアメリカ批判、占領軍批判は、抑え込まれる傾向にあった。だが、一九五二年四月に占領が終結すると、それらの言説が堰を切ったようにあふれるようになった。『出版ニュース』(一九五二年六月上旬号)でも、「独立が恢復されたからと云うので、急にアメリカ批判、占領批判、軍事裁判批判の読みものが盛に出て来る」「反米気分に便乗して固陋化・国粋化の傾向」という現象が報じられて

5) 『読売新聞』一九五二年七月十三日，朝刊四面。
6) 三好十郎「愚者の楽園」『読売新聞』一九五二年十一月十四日。

いた。[7]

「反戦」「戦争批判」とは異なる意図で編纂された『雲ながるる果てに』は、こうした社会背景のなかで生み出されたものであった。そこには、学徒兵を「反戦」のシンボルとし、「反戦」の政治主義のために流用することへの違和感が示唆されていた。

わだつみ像の建立

立命館大学にわだつみ像が建てられたのは、まさにこのような時期であった。では、学徒兵を「反戦」の象徴とする見方に疑義が呈せられつつあった時期において、なぜ、わだつみ像は迎えられたのか。

ひとつには、戦記ブームや東京裁判批判のような言説に対する社会的な違和感があった。たしかに、ＧＨＱの占領終結後、旧軍人を肯定的に描く出版物が多く出されたわけだが、他方で、それへの反感も広く見られた。『雲ながるる果てに』の書評(『図書新聞』一九五二年六月二三日)においても、「いま徒らに彼らの姿を称揚していゝものであろうか」という指摘も見られた。[8] また、この遺稿集は一九五三年に映画化されたが、それに対する映画評(『朝日新聞』一九五三年六月九日夕刊)でも、「全体の調子が特攻隊員に対する賛仰になっているのは見逃せない」「戦争に対する怒りよりも、隊員の英雄的な悲劇

7) 「アメリカ批判，軍事裁判批判，占領批判の書，続々刊行さる」『出版ニュース』一九五二年六月下旬号，一頁。

8) Ｉ・Ｔ「今週のダイジェスト――『雲ながるる果てに』」『図書新聞』一九五二年六月二三日。

が前面に出すぎている」と評されていた。[9)]

こうした動きは、当時の社会状況を映したものであった。一九五〇年六月の朝鮮戦争勃発に伴い、日本はマッカーサー指令のもと警察予備隊を創設し、再軍備に踏み切った。これは、一九五二年一〇月には保安隊に、その二年後には自衛隊へと拡充された。それとともに、憲法改正の議論も高まり、一九五三年四月の総選挙では、鳩山一郎派自由党が、憲法改正と再軍備を掲げた。これらの政治状況は、国民のあいだに再び戦禍に巻き込まれることの懸念を生起した。とくに徴兵制が施行されかねないことへの不安は大きかった。日本戦没学生記念会は、一九五二年から一九五四年にかけて徴兵反対署名運動を展開し、約三〇万の署名を集めた。

反戦平和運動は、学生たちの間でも一定の浸透を見せていた。『きけわだつみのこえ』の収益をもとに一九五〇年に発足した日本戦没学生記念会(第一次わだつみ会)は、日本共産党の影響も受けながら、多くの学生会員を獲得していった。それは大学だけではなく、高校生にも広がっていた。かくして、わだつみ会は当時の代表的な反戦平和運動団体へと成長していった。

かつ、拙著『「戦争体験」の戦後史』(中公新書、二〇〇九年)でも記したように、これら学生会員のなかには、『人生手帖』『葦』といった人生雑誌の読者も少なくなかった。『人生手帖』を主宰していた柳田謙十郎は、戦争末期に長男を軍隊内の事故で喪っていたこともあり(柳田の長男の遺稿も『きけわだつみのこえ』に収められている)、わだつみ会の理事長の職に就いていた。『葦』を主宰していた山本茂實も、

9)「特攻賛美に終わる――『雲ながるる果てに』」『朝日新聞』一九五三年六月九日，夕刊。

わだつみ会の理事を務めていた。両誌でたびたび、わだつみ会が紹介されていたこともあり、人生雑誌経由でわだつみ会に参加する高校生・大学生は少なくなかった。

わだつみ像が、一九五三年に立命館に迎えられた背景も、こうした状況に重なるものであった。戦記ブームの時期であったにもかかわらず、というより、そのゆえに、「反戦」「不戦」を訴える議論も盛り上がりを見せつつあった。他方で、大学キャンパスでは、先述のような殉教者効果もあり、教養主義文化が盛り上がりを見せていた。また、高校生を含む庶民層においても、人生雑誌が少なからず読まれていた。「反戦」と「教養」を象徴するものが「わだつみ(像)」であったとすれば、これらが共感をもって迎えられたことは想像に難くない。「不戦の誓い」の幕とわだつみ像を背に、著名知識人でもある大学総長が講話を行い、それを教授陣・事務職員・学生がともに聴講している写真には、「反戦」の理念と「教養」の価値観の結びつきを垣間見ることができる。 そして、それは、大学キャンパスに留まらず、人生雑誌に浮かび上がるような庶民的教養主義も相まって、人々に広く受け入れ可能なものであったのである。

二　「わだつみ」への憎悪

政治主義への違和感と戦中派

しかし、一九六〇年代の末にもなると、「反戦」と「教養」の調和は崩れるようになってくる。それをよく象徴するものが、冒頭でもふれたわだつみ像破壊事件であった。その背景を考えるうえでは、一九六〇年代後半に見られた戦争体験の世代間ギャップを見ておく必要がある。

当時、戦争体験を語る上で、大きな発言力を有していたのは、戦没学徒の世代にあたる戦中派であった。二〇歳前後の時期に戦争末期を過ごした彼らは、戦争の前線に多く投入され、膨大な死者を出した世代であった。戦後を生き延びた彼らが四〇歳前後になり、社会的な発言力を有するようになってくるのが、ちょうど一九六〇年代半ばから後半にかけての時期であった。[10)]

彼らがたびたび強調したのは、戦争体験と政治主義を直結させることへの違和感であった。なかでも、評論家で日本戦没学生記念会(第二次わだつみ会)常任理事の安田武は、その代表的な論者であった。安田は『戦争体験』(未来社、一九六三年)のなかで、こう綴っている。

---

10) 戦時期に学生時代を送った彼らは、たとえ旧制高等学校や大学に進んだとしても、十分な高等教育を受けることができなかった。それもあって、戦後しばらくは、前後の世代に比べて、自分たちは知識・教養を欠いているというコンプレックスを吐露することも少なくなく、また、社会的にそうみなされることも多かった。彼らが一九六〇年代後半まで、さほどの社会的な発言力を持たなかったことには、こうした背景もあった。福間良明『「戦争体験」の戦後史』(中公新書、二〇〇九年)参照。

戦争体験の意味が問われ、再評価され、その思想化などということがいわれるごとに、そうした行為の目的のすべてが、直ちに反戦・平和のための直接的な「運動」に組織されなければならぬ、あるいは、組織化のための理論にならねばならぬようにいわれてきた、そういう発想の性急さに、私はたじろがざるを得ない。[11]

ここで念頭に置かれているのは、六〇年安保闘争である。新安保条約案では、基地の貸与期間が原則一〇年の長きに及び、かつ、在日米軍基地が攻撃を受けた場合は、日本が攻撃されたとみなして対処することが記されていた。このことは、日本が再び戦争に書き込まれるかもしれないという不安を醸成した。これは、岸内閣の強引な国会運営もあいまって、全国民的な反対運動を招いた。必然的に、「安保改定反対」と十五年前の戦争の記憶とが結びつけられることは多かった。

しかし、安田武ら戦中派世代の知識人のなかには、こうした議論のあり方に違和感を抱くむきも少なくなかった。安田は、学徒出陣により応召し、軍隊内部の凄惨な暴力を経験するとともに、終戦前後に朝鮮半島北部で激戦を経験していた。これらの体験の語り難さを、安田はこう記している――「戦争体験は、長い間、ぼくたちに判断、告白の停止を強いつづけてきたほどに異常で、圧倒的であったから、ぼくはその体験整理の不当な一般化を、ひたすらにおそれてきた」。[12]

安田にとって、戦争体験とは「ペラペラと」語れるようなものでは

11) 安田武『戦争体験』未来社，一九六三年，一三七頁。
12) 同上，九二頁。

なかった。それを語ろうとすると、「恥」「ためらい」「疲労感」、そして「『戦争体制』そのものに加担し協力したという自覚」といった感情が複雑にうずまいた。[13] それゆえに、安田にとって、戦争体験や「死者の声」を政治的な主義主張に安易に結びつけることには、つよい反感を示した。

他方で、戦争体験に固執することは、「死者の顕彰」に抗うことでもあった。安田は、靖国神社国家護持の動きを批判しながら、「『他人の死に感銘を受ける』というのは生者の傲岸な頽廃である」と記していた。[14] 安田にとって、死者を英霊として称揚することは、死や体験の語り難さから目をそらし、生者にとって心地よい意味を紡ぐ傲慢さを意味するものでしかなかった。その意味で、「反戦」の政治主義と「英霊の顕彰」は等価であった。

若い世代の反感

だが、戦中派知識人の姿勢は、若い世代との軋轢を招くこととなった。安田らが体験へのこだわりを公言することは、年少の世代にしてみれば、体験を振りかざす所作に思われた。年少世代が戦場体験を有しない以上、戦争体験を議論するとなれば、必然的に体験者の劣位に立つことになる。戦中派の言動は、若者たちにとって、体験を有する年長者への跪拝を強いるものに見えたのである。

しかも、彼ら一九六〇年代の若者たちは、安保闘争や大学紛争と

13) 安田武『人間の再建』筑摩書房，一九六九年，六一頁，六二頁，七〇頁。
14) 安田武『戦争体験』(前掲)，一四二頁。

いった学生政治運動の担い手であった。当然、彼らには政治主義と戦争(体験)を接合しようとする志向が強くみられた。だとすれば、戦争体験と「反戦」の接続を拒む戦中派のスタンスは、若い層の政治への関心のあり方を否認するものに思われた。

日本戦没学生記念会の機関誌『わだつみのこえ』(第二号、一九六〇年)には、「一橋大学“不戦の集い”経過報告」が掲載されているが、そこでは、「戦中派の実感からくる体験を同情的にみたりするようなセンチメンタリズムには我慢ならない。われわれ学生には現在の反動的改活状況をラジカルに打破していく氏名がある。そのためには階級的立場に立つて独占資本、改活権力に立向うためのエネルギーを結集する方が一層緊急の課題だ」と記されている。[15]

同じく機関誌『わだつみのこえ』(第二〇号、一九六四年)に掲載された座談会記事でも、「戦中派の中には、戦後のいろいろな過程ではじきだされて戦争体験に閉じこもってしまい、ぼくらとは通路がないようなところに入ってしまっている人がいるんじゃないか」「何か八ッ当り的に戦後派の若い奴にも、あるいは平和運動をやっている人達にも当っている」という発言が見られる。[16]

戦争体験をめぐる戦中派と若い世代との軋轢は、すでに一九六〇年代には、広く見られていたのである。

---

15) 「一橋大学“不戦の集い”経過報告」『わだつみのこえ』第二号, 一九六〇年。
16) 座談会「わだつみ会の『今日』と『明日』」『わだつみのこえ』第二〇号, 一九六四年。

教養主義の没落

あわせて、教養主義の規範が衰退しつつあったことも、見落とすべきではない。

高度経済成長に伴い大学進学率が上昇したが、その結果、大学卒業者はエリートとしての地位を失った。そうなると、かつてはエリートの指標であった教養の有用性は低下する。ただのサラリーマンという未来しか見えないのであれば、苦労して教養を獲得し、ノン・エリートとの差別化をはかることの積極的な理由など見当たらない。むしろ、そこで際立つようになったのは、教養の暴力であった。

教養とはそもそも、それを持つ者の持たない者に対する差異化・優越化の戦略であった。和辻哲郎は、「教養」(一九一四年)と題したエッセイのなかで、「世界には百度読み返しても読み足りないほどの傑作がある。そういう物の前にひざまづくことを覚えたまえ」と記している。[17] それは言うなれば、古典に知悉している知識人のまえに、若者たちが「ひざまづく」ことを強要するものであった。

たしかに、戦前期において、内省的な教養主義とマルクス主義的教養主義が拮抗することはあった。だが、いずれも古典なり『資本論』なりの教養に知悉していることを要求するものであり、それに劣る者に跪拝を強いるものであった点では等価であった。

それでも、教養主義がキャンパス文化において規範として機能していたときには、教養の暴力はさほど露見しなかった。学生たちに

---

17) 和辻哲郎「教養」『和辻哲郎全集』第二〇巻，岩波書店，一九六三年，二五九頁。

とって、教養は憧憬の対象であったからである。しかし、教養の有用性が見出せない時代になると、学生にとって、教養を身にまとった大学人は、憧憬の対象ではなく、むしろ、居丈高な存在でしかない。

大学紛争において、学生たちはさかんに知識人を吊るしあげ、彼らの存在意義を執拗に問いただした。一九六八年一二月に東大法学部研究室が全共闘に占拠された際、丸山眞男は「軍国主義者もしなかった。ナチもしなかった。そんな暴挙だ」と非難した。それに対し、学生たちは「あんたのような教授を追い出すために封鎖したんだ」と言い放ったという。[18] そこには、知識人や教養に対する若者たちの怨恨を見ることができよう。

わだつみ像破壊事件

これらが絡まりあって生じたのが、わだつみ像破壊事件であった。冒頭でも述べたように、この事件は一九六九年五月二十日に起きた。像破壊を主導した立命館大生・鮎原輪は、一九七〇年のエッセイ「死者たちの復権」のなかで、わだつみ像が「戦後民主主義革命の挫折と敗北」「擬制『平和と民主主義』路線のゆるやかな腐敗過程」を象徴するものであるとしたうえで、「わだつみ像破壊の思想」を次のように記している。

18)『毎日新聞』一九六八年一二月二四日。

「わだつみ像」破壊は、わたしたちが空白の戦後、あるいは指導者、知識人たちに向けて放った反乱の狼火であるのだ。実に、わたしたちはむしろ倫理的とも言っていい要因でもって「わだつみ像」を空白の戦後に立つ虚像として、あるいは戦後の生者たちの倣岸が死者たちに押売った免罪符だと判断するがゆえに計画し、そして破壊したのである。[19]

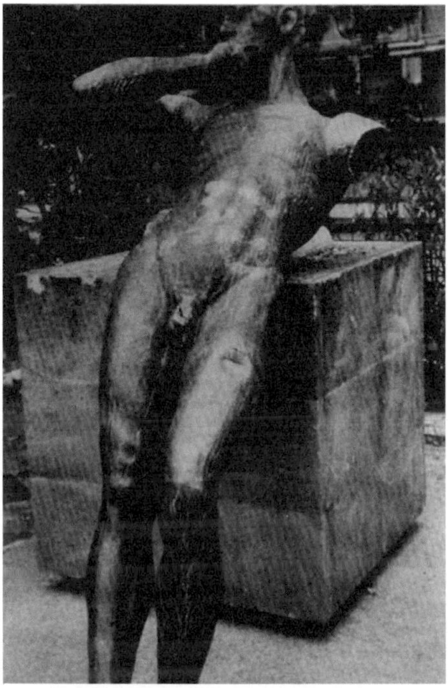

破壊されたわだつみ像(1969年5月20日)

鮎原にとって、像破壊は、「戦後民主主義」の「傲岸」「腐敗」、そして、そうした体制を支えてきた教養知識人たちを象徴的に非難する行為であった。そこには、教養主義に対する若者たちの憎悪が透けて見える。

もっとも、このような行為は、一部の過激な学生によるものと見ることも可能ではあろう。鮎原自身も、立命館全共闘のなかで、像破壊の実行に反対する者もいたことをのちに記している。[20] だが、全共闘学生を含

19) 鮎原輪「死者たちの復権－わだつみ像破壊の思想」『朝日ジャーナル』一九七〇年二月八日号, 四一頁。

20) 吉林勲三「糸切れた凧、飛ばぬ鳥の空」松田政男・高橋武智編『群論ゆきゆきて神軍』倒語社、一九八八年。 鮎原輪、吉林勲三はともに、和田洽史の

む若い世代のあいだには、この像破壊を支持するむきも少なくなかった。さらに言えば、日本戦没学生記念会に集う若者のなかにも、像破壊を支持する議論は少なくなかった。東京大学のある学生は、日本戦没学生記念会の座談会において、像破壊事件を念頭に置きながら、「東大闘争が激化して来た時、『きけわだつみのこえ』を読まなければいけないという発想は僕らにはない。あの本は戦争中何も出来なかった人々の遺言であり、わだつみ像自身が戦中派が何も出来なかったということを証拠立てるもの」でしかないと語っている。21)

また、わだつみ会の会員で、全共闘にも近かった別の学生は、一九六九年一月十八日・十九日の安田講堂攻防戦を念頭に置きながら、次のように述べている。

> [一九六九年の]一・一八、一・一九、その日、二十数年前、多くの学徒兵達が従順に権力の意志に従って、銃を肩に死地へ向って出た安田講堂で、学友達は旗をふり、石を投げて、権力と対決した。そして二十数年前多くの学徒兵達を「複雑な」、あるいは「晴れやかな」気持ちで見送った教官たちは、血だらけになって[機動隊に]連行される学友をこずき、「君はそれでも学生か」とののしり、権力の侍女同然に、いじけた顔で検問をする。……もはや対比は明らかではないか。22)

ペンネーム。また、「一九六九年一月の安田講堂攻防戦くらいまでは[全共闘による闘争を]好意的に見ていた」という吉川勇一は、「あの像が壊されたときは、困ったなあというか、問題提起するにしても違うやり方があったはずだ」という思いを抱いたという。吉川勇一(小熊英二によるインタビュー)「国境をこえた『個人原理』」岩崎稔ほか編『戦後スタディーズ２』紀伊国屋書店，二〇〇九年，二五九頁。

21) 座談会「大学闘争と『わだつみの理念』」『わだつみのこえ』四七号，一九六九年，四五頁。

22) 田中仁彦「戦没学生は二度死ぬ」(『朝日ジャーナル』一九六九年六月八日号，

若い世代にとって、「多くの学徒兵達を『複雑な』、あるいは『晴れやかな』気持ちで見送った」戦時期の教官たちは、大学紛争下、機動隊に連行される学生をののしる「権力の侍女」同然の教官たちに重なり合うものであった。そして、その当時の中堅教官の年代がまさに戦中派世代であった。

若者たちにとって、「わだつみ＝戦中派」の教官たちは、教養の衣装を身にまといながら、「権力に迎合」し、かつ、若い時分には「何の抵抗もできなかった無気力な大人たち」でしかなかった。しかも、彼らは自らの戦争体験にこだわり、政治主義への近接を批判することで、若い世代を押さえつける。それは言うなれば、「戦争体験という教養」が若者たちに跪拝を強いていることにほかなかった。これらに対する若者たちの鬱屈が、わだつみ像破壊事件やそれを支持した若者たちの議論には、投影されていたのである。

三 「憎悪という関心」の衰退

防弾ガラスケースのなかのわだつみ像

破壊事件から七年が経過した一九七六年五月、立命館大学はわだつみ像を再建し、新設された衣笠キャンパスの図書館二階に設置された。ただし、それは防弾ガラスケースのなかに収められた。像破壊

一〇八頁)に引かれている矢作彰の文章を重引。原文は東大駒場のわだつみ会機関誌『道標』に掲載されているようだが、現物の入手は叶わなかった。

事件は、あまりに衝撃的な事件であり、二度とそのような「不祥事」を起さないために、大学側はこうした過剰防衛とも思える措置を取ったのであった。

だが、そこにはいくつかの象徴的な意味を読み込むことも可能であろう。大学紛争自体は、一九六九年一月に東大安田講堂攻防戦が鎮圧され、さらに一九七二年の連合赤軍事件でその凄惨さが大々的に報じられると、社会的な支持を大きく失い、運動は下火になっていった。わだつみ像が再建されたのは、そのような時期であった。

防弾ガラスケースに収められたわだつみ像
(立命館大学, 1976年5月20日)

にもかかわらず、立命館大学はこの像を防弾ガラスで防御しようとした。そこには、まだ、若者たちが「わだつみ」「戦争体験」「戦中派」への憎悪を抱いているかもしれないという恐れがうかがえる。

換言するならば、まだしも当時は、「憎悪」という形で「わだつみ」への関心が持たれていたとも言うことができよう。憎悪はそもそも、無関心から生まれるものではない。何かへの憧れや期待があり、それが裏切られたとき、初めて憎悪は生まれる。つよい関心がなければ、憎悪が生み出されることはない。

わだつみ像破壊事件にしても、そこにあったのは、戦争体験への無理解・無関心ではない。むしろ、教養や戦中派、戦争体験へのつよい関心や憧れ、期待がありながらも、それが裏切られたと感じたがゆえに、「わだつみ」に憎悪を抱き、像の破壊に至ったのである。

その意味で、再建わだつみ像があえて防弾ガラスケースに収められたことには、まだ、「わだつみ」に対する「憎悪という関心」があったことが伺える。少なくとも、社会的にそれらの存在が認知されていた。

防弾ガラスケースからの脱却

これは、その後のわだつみ像と対比してみると示唆的である。像破壊事件からちょうど二三年目にあたる一九九二年五月二〇日、立命館国際平和ミュージアムの開館に合わせて、わだつみ像は同館エントランス付近に移設された。防弾ガラスケースは外され、わだつみ像はいわば剥き出しの状態で設置された。

それは一見、学生たちが像を破壊しようなどと思わなくなったことを浮き彫りにしているようにも見える。だが、「わだつみ」への憎悪が消失したことは、換言すれば、「憎悪という関心」が消えたことをも意味していた。若者たちがわだつみ像を破壊しないことは、戦争体験への関心や共感が深まっていることを示すものではない。逆にそれらへの無関心を表すものである。関心がなければ、憎悪が生じることはなく、当然ながら像を破壊しようという動きがあらわれることもない。

防弾ガラスケースから出されたわだつみ像(立命館大学国際平和ミュージアム, 1992年5月20日)

このことは、遺稿集『きけわだつみのこえ』の出版状況にもうかがうことができる。『きけ、わだつみのこえ』は、一九八二年になって、岩波文庫に収められた。だが、かつて、その企画は頓挫していた。

日本戦没学生記念会は一九五九年にも、岩波文庫化を模索したことがあった。岩波文庫は、「いやしくも万人の必読すべき真に古典的価値ある書」(「岩波文庫発刊に際して」)を集めた、いわばエリート的な教養主義のメディアであった。戦没学生たちは、読書が困難な時代にあって、少しでも知・思想にふれようと、岩波文庫を多く手にした。それもあって、編者の日本戦没学生記念会は、同書の岩波文庫化を目指したわけだが、岩波書店はそれを受けなかった。その結果、光文社カッパ・ブックスという大衆的な新書のシリーズに収められた。カッパ・ブックスは、あくまで一般大衆に知識・教養(ときには娯楽も)を提供する庶民的教養メディアであった。

逆に言えば、『きけわだつみのこえ』はエリートに閉じた「古典的」なものとみなされていたのではなく、庶民層に広く読み継がれるものとして、社会的に位置づけられていた。

その『きけわだつみのこえ』は、一九八二年になってようやく岩波文庫に収められるに至った。初刊刊行から三三年を経て、ようやくこの遺稿集は「いやしくも万人の必読すべき真に古典的価値ある書」として、正典化されたのである。

その一方で、「わだつみ」と庶民的教養との結びつきは希薄になっていったように思われる。既述のように、一九五〇年代には、「わだつみ」は庶民的教養の代表的なメディアである『人生手帖』『葦』に結びついていたし、一九五九年には、カッパ・ブックスという庶民的教養メディアに収められた。しかし、一九八〇年代にもなると、すでに庶民的教養主義は衰退していた。『人生手帖』は一九七四年に、『葦』は一九六〇年に終刊した。カッパ・ブックスは一九六〇年代に黄金期を迎え、ベストセラーを独占したが、七〇年代になると、七年近くに及ぶ労働争議の影響もあり、かつての勢いを失った。大学において教養主義が没落し、「読書する大学生」が少なくなっていたなか、一般大衆のあいだでは、それ以上に「読書を通じた人格陶冶」という規範は失われていた。

教養の価値観を内面化していた戦中派世代や戦没学徒の遺族にしてみれば、岩波文庫化による「わだつみ」の正典化は感慨深いものであったろうが、そうした教養の価値観を持ち合わせていない多くの大衆にとって、岩波文庫化された「わだつみ」は、遠い存在であったのではないだろうか。

そのことは、「わだつみ」への社会的な無関心を浮き彫りにする。二〇世紀末の時期において、『きけわだつみのこえ』を手にするのが、岩波文庫を日常的に購入する知的な層に限られていたとすれば、そこには「わだつみ」への社会的な無関心が透けて見える。わだつみ像が防弾ガラスケースから出されることが可能になったことには、こうした背景があった。

わだつみ像は、かつては知識人や学生とともに「反戦」を謳うことができ、またある時は、学生たちによって破壊された。その後も、防弾ガラスケースに収められたり、それらから出されたりと、さまざまな変化にさらされた。それは、学徒兵に対する社会的な共感、憎悪、無関心を浮き彫りにするものでもあった。

そこには反戦運動や学生運動を取り巻くさまざまな政治状況や世代間ギャップが関わっていた。だが、そればかりではない。「教養」をめぐる社会的な価値観の変遷も、分かちがたく絡まり合っていた。戦後日本における「わだつみ＝学徒兵」像の変容過程には、「戦争体験」の語りの背後にあるさまざまな力学が浮き彫りにされていたのである。[23] *

---

23) 本稿では、戦後日本における加害責任の議論や天皇の戦争責任論の変遷には言及できなかった。それらに関し、思想史・社会運動史に焦点を当てたものとしては、『「戦争体験」の戦後史——世代・教養・イデオロギー』(中公新書, 二〇〇九年),『焦土の記憶——沖縄・広島・長崎に映る戦後』(新曜社, 二〇一一年)を、映画などのポピュラー文化を扱ったものとしては,『「反戦」のメディア史——戦後日本における世論と輿論の拮抗』(世界思想社, 二〇〇六年),『殉国と反逆——「特攻」の語りの戦後史』(青弓社, 二〇〇七年)を著している。適宜, 参照されたい。

* 이 논문은 2013년 5월에 출간한『日本學研究』39에 수록되었던 것을 그대로 전재한 것임.

【参考文献】

小熊英二,『<民主>と<愛国>』, 新曜社, 二〇〇二年.

竹内洋,『教養主義の没落』, 中公新書, 二〇〇三年.

福間良明,『「反戦」のメディア史——戦後日本における世論と輿論の拮抗』, 世界思想社, 二〇〇六年.

福間良明,『殉国と反逆——「特攻」の語りの戦後史』, 青弓社, 二〇〇七年.

福間良明,『「戦争体験」の戦後史——世代・教養・イデオロギー』, 中公新書, 二〇〇九年.

福間良明,『焦土の記憶——沖縄・広島・長崎に映る戦後』, 新曜社, 二〇一一年.

安田武,『戦争体験』未来社, 一九六三年.

安田武,『人間の再建』筑摩書房, 一九六九年.

색 인

〈필자 소개〉

야마무로 겐토쿠(山室建德)

일본 근대사 전공. 역사학자. 도쿄대학 문학부를 졸업하고 동 대학 대학원 인문과학연구과 석 · 박사과정을 수료. 현재 데이쿄대학(帝京大學) 이공학부 준교수(準教授).

근대 일본의 전쟁 중에 만들어진 군신(軍神)에 대해서 그 탄생과 반향, 그 말로를 추적한 대표적 저서 『軍神 - 近代日本が生んだ「英雄」たちの軌跡』(中央公論新社, 2007)을 비롯해, 「社会大衆党小論」, 近代日本研究会編, 『年報 · 近代日本研究　第5巻　昭和期の社会運動』(山川出版社, 1983), 「1930年代における政党基盤の変貌」, 『年報政治学1984 - 近代日本政治における中央と地方』(岩波書店, 1985), 「政党内閣期の合法無産政党」, 『社会科学研究』 38号(1986), 「史料調査は止められない」, 『日本歴史』 515号(1991), 「普通選挙法案は, 衆議院でどのように論じられたのか」, 有馬学 · 三谷博編, 『近代日本の政治構造』(吉川弘文館, 1993), 「昭和戦前期選挙の二つの見方」, 『日本歴史』 544号(1993), 「鳩山一郎」, 渡辺昭夫編, 『戦後日本の宰相たち』(中央公論社, 1995), 「日露戦争の記憶——社会が行う〈現代史教育〉」, 『帝京大学文学部紀要』 26号(2001) 등의 다수의 논문이 있다.

이형식(李炯植)

일본근현대사 전공. 고려대학교를 졸업하고 동경대학 일본사학과연구실에서 박사학위를 받았다. 현재 고려대학교 아세아문화연구소 HK교수(조교수)로 재직 중이다.

조선총독부관료를 중심으로 한 정치사를 연구해 왔으며, 『朝鮮総督府官僚の統治構想』 외 다수의 논문이 있다.

후쿠마 요시아키(福間良明)

역사사회학, 미디어사 전공. 도시샤(同志社)대학 문학부 졸업 후 동대학 대학원 문학연구과 석사과정 졸업. 2003년 교토(京都)대학 대학원 인간환경학연구과에서 「'변경'에 비치는 내셔널리티 '일본'이라는 공간의 융해/재구축」으로 박사(인간 · 환경학)학위 취득. 현재 리쓰메이칸(立命館)대학 산업사회학부 준교수로 재직중.

저서로는 『邊境に映る日本——ナショナリティの融解と再構築』(柏書房, 2003), 『「反戦」のメディア史——戦後日本における世論と輿論の拮抗』(世界思想社, 2006), 『殉国と反逆——「特攻」の語りの戦後史』(青弓社, 2007), 『「戦争体験」の戦後史——世代 · 教養 · イデオロギー』(中央公論新社 [中公新書], 2009), 『焦土の記憶——沖縄 · 広島 · 長崎に映る戦後』(新曜社, 2011), 『二 · 二六事件の幻影　戦後大衆文化とファシズムへの欲望』(筑摩書房, 2013) 등이 있고, 『「はだしのゲン」がいた風景——マンガ · 戦争 · 記憶』(梓出版社, 2006), 『博覧の世紀——消費／ナショナリティ／メディア』(梓出版社, 2009) 등의 공저와 다수의 논문을 발표하고 있다.

정형(鄭灐)

단국대문과대학 일어일문학과 교수. 동교 동양학연구원 평의원 및 연구위원. 동교 일본연구소장. 국제일본문화연구센터 객원교수 역임. 한국일본사상사학회 회장 및 한국일어일문학회 회장 역임. 일본근세문학, 일본근세사상, 일본문화론 전공.

저역서로는 『일본일본인일본문화』(다락원, 2004), 『日本永代藏』(2009, 소명출판), 『일본문학 안의 에도도쿄표상연구』(제이앤씨, 2009) 및 『日本近世文學과 神佛』(제이앤씨, 2008), 『일본의 전쟁영웅 내러티브연구』(단국대학교 일본연구소 학술총서 05, 제이앤씨, 2013), 『슬픈 일본과 공생의 상상력』(논형, 2013) 등 30여 권, 학술논문으로는 「사이카쿠(西鶴)

의 우키요조시(浮世草子)에서 본 자연 - 본조이십불효(本朝二十不孝)의 천(天)의 용례를 중심으로-」(『日本思想』 24호, 2013), 「韓国における日本近世古典人文学資料の翻訳出版および研究の動向」(『日本近世文学と朝鮮』, 勉誠出版, 2013) 등 40여 편이 있다.

이권희(李權熙)

일본의 상대문학 및 근대 교육사상 전공. 단국대학교, 한국외국어대학교 대학원 일본어과 석사과정을 졸업하고 일본 도쿄대학 총합문화대학원 비교문학비교문화 전공과정에서 석·박사과정을 수료했다. 문학박사. 현재 단국대학교 일어일문학과 연구교수(Research Fellow).

고대가요를 중심으로 하는 내러티브 분석을 통해 『古事記』의 구조론 연구에 진력해 왔으며, 최근에는 창가(唱歌) 중심으로 하는 근대 일본의 교육사상 연구에 주력하고 있다. 저서로는 『古事記 왕권의 내러티브와 가요』(제이엔씨, 2010), 『근대 일본의 국민국가 형성과 교육』(케포이북스, 2013) 등이 있고, 「근대일본의 '소리문화'와 창가(唱歌)」, 「근대기 일본의 국민국가 형성과 창가(唱歌)」, 「메이지기(明治期) 국민교육과 전쟁·전쟁영웅」 등 다수의 논문이 있다.

김정희(金靜熙)

일본의 헤이안 문학 및 동아시아 문화교류 전공. 덕성여자대학교, 한국외국어대학교 대학원 일본어과 석사과정을 졸업하고 일본 도쿄대학 인문사회계연구과 일본문화연구 일어일문 전공과정에서 석사 및 박사과정을 수료했다. 문학박사. 덕성여자대학교, 한국외국어대학교 등에서 강의하고, 현재 단국대학교 일본연구소 학술연구교수로 재직 중이다. 최근에는 동아시아와 일본과의 문화교류의 양상을 통시적인 관점에서 연구하고 있다.

저서로는 『일본명작기행』(공저, 한국방송통신대학교, 2011), 『공간으로 읽는 일본고전문학』(공저, 제이앤씨, 2013) 등이 있고, 「'벚꽃'을 통해서 본 일본의 자국문화의식 고찰」, 「노리나가의 와카론에서 보이는 표현과 심정」 등 다수의 논문이 있다.

이규수(李圭洙)

한일관계사 및 동아시아근현대사 전공. 고려대학교 문과대학 사학과 졸업하고, 일본 히토쓰바시대학(一橋大學) 사회학연구과 지역사회연구 전공으로 박사학위를 취득했다. 사회학박사. 가천대학교 아시아문화연구소 연구교수.

동아시아의 평화와 공존을 염두에 두면서 근대 일본과 일본인의 한국 인식과 상호인식을 규명하기 위한 글쓰기에 노력하고 있고, 앞으로도 그러한 작업은 계속될 것이다. 지은 책으로는 『近代朝鮮における植民地地主制と農民運動』(信山社, 1996), 『식민지 조선과 일본』(다할미디어, 2007), 『제국 일본의 한국 인식, 그 왜곡의 역사』(논형, 2007), 『布施辰治と朝鮮』(공저, 高麗博物館, 2008), 『근대 한일 간의 상호인식』(공저, 동북아역사재단, 2009), 『근대전환기 동아시아 속의 한국』(공저, 성균관대학교출판부, 2004) 등이 있고, 옮긴 책으로는 『서양과 조선』(학고재, 1998), 『내셔널 히스토리를 넘어서』(삼인, 1999), 『기억과 망각-독일과 일본, 그 두 개의 전후』(삼인, 2000), 『일본의 전후책임을 묻는다』(역사비평사, 2000) 등의 번역서 외에 다수의 관련 논문이 있다.